全国高等职业教育汽车类“十二五”规划教材

发动机构造与维修

主　编　吴永建
副主编　岳现杰　校振华　张　伟

黄河水利出版社
·郑州·

内 容 提 要

本书以发动机构造与维修的知识为主线，主要内容包括发动机的基本构造与工作原理、曲柄连杆机构、配气机构、电控汽油喷射系统、柴油机燃料供给系统、冷却系统、润滑系统、发动机的装配磨合与调试等，共八个模块。

本书内容符合国家对技能型紧缺人才培养培训工作的要求，注重以就业为导向、以能力为本位，面向市场、面向社会，根据经济结构调整和科技进步服务的原则，体现了职业教育的特色，适用于高职高专院校汽车维修、汽车运用等专业教学使用，也可供汽车发动机构造与维修培训使用。

图书在版编目(CIP)数据

发动机构造与维修/吴永建主编．—郑州：黄河水利出版社，2013．12

全国高等职业教育汽车类“十二五”规划教材

ISBN 978－7－5509－0440－8

Ⅰ．①发…　Ⅱ．①吴…　Ⅲ．①汽车－发动机－构造－高等职业教育－教材②汽车－发动机－车辆修理－高等职业教育－教材　Ⅳ．①U472．43

中国版本图书馆 CIP 数据核字(2013)第 046625 号

组稿编辑：王文科　电话：0371-66025273　E-mail：wwk5257@163.com

出 版 社：黄河水利出版社

地址：河南省郑州市顺河路黄委会综合楼 14 层　　邮政编码：450003

发行单位：黄河水利出版社

发行部电话：0371-66026940、66020550、66028024、66022620(传真)

E-mail：hhslcbs@126.com

承印单位：郑州海华印务有限公司

开本：787 mm×1 092 mm　1/16

印张：13.25

字数：322 千字　　　　印数：1—3 000

版次：2013 年 12 月第 1 版　　　　印次：2013 年 12 月第 1 次印刷

定价：29.00 元

前　言

为了响应国家对汽车运用技术领域高素质专业实用人才培养的需要，黄河水利出版社组织编写了本套教材，本书是其中一本。本书内容编写以高职高专教育人才培养模式和宗旨为导向，注重实践能力的培养，体现理实一体化的教学标准，采用模块化进行编写。本书详细讲解了汽车发动机构造与维修的基础知识、曲柄连杆机构和配气机构、汽油机和柴油机燃料喷射系统、冷却系统和润滑系统、发动机的装配磨合与调试等，使学生能够在本课程结束时掌握汽车发动机构造与维修的基础知识。

本书的编写人员及编写分工如下：河南交通职业技术学院岳现杰编写项目一、八，河南交通职业技术学院吴永建编写项目二，河南农业职业学院校振华编写项目三，安阳职业技术学院张伟编写项目四，河南交通职业技术学院张正华、李杨编写项目五、七，河南农业职业学院李韬、冯亚磊编写项目六。本书由河南交通职业技术学院吴永建担任主编，由河南交通职业技术学院岳现杰、河南农业职业学院校振华和安阳职业技术学院张伟担任副主编。

本书在编写过程中得到了很多同仁的帮助与支持，在此表示衷心的感谢。

由于编者经历和水平有限，教材内容难免有许多不尽如人意之处，敬请广大读者及时提出修改意见和建议，以便再版修订时改正。

编　者

2013 年 10 月

目录

项目一　发动机的基本构造与工作原理

【任务介绍】

通过认识发动机的内部构造，为学习发动机机械系统构造与维修课程奠定必要的基础，使学生掌握发动机各总成、各零部件及其相互间的连接关系。

【任务分析】

本任务的主要学习内容包括发动机基本知识。

学习完本任务后应能够：

1. 叙述发动机的基本构造与术语、工作原理、各总成的组成和作用；

2. 掌握发动机的分类、型号。

【相关知识】

发动机是一种将其他形式的能量转变为机械能的机械装置。现代发动机主要采用四冲程往复活塞式内燃机，它具有功率大、热效率高、体积小、质量轻、操作简单、移动方便、启动性好等优点。

单元一　发动机的分类与基本构造

一、发动机的分类

任何机器都必须由动力驱动，汽车的动力来源于发动机。

目前，汽车所采用的发动机绝大多数是各种型号的往复活塞式内燃机。发动机的分类方法很多，按照不同的分类方法可以将发动机分为不同的类型。

（一）按照所用燃料分类

发动机按照其所用燃料的不同可以分为汽油机和柴油机。以汽油为燃料的发动机称为汽油机；以柴油为燃料的发动机称为柴油机。

（二）按照冲程分类

发动机按照完成一个工作循环所需的冲程数可分为四冲程发动机和二冲程发动机。曲轴转动两周，活塞在汽缸内上、下往复运动四个行程完成一个工作循环的发动机称为四冲程发动机；曲轴转动一周，活塞在汽缸内上、下往复运动二个行程完成一个工作循环的发动机称为二冲程发动机。

（三）按照冷却方式分类

发动机按照冷却方式的不同可分为水冷发动机和风冷发动机。水冷发动机利用在汽缸体和汽缸盖冷却水套中进行循环的冷却液作为冷却介质进行冷却；风冷发动机利用空气作为冷却介质流动于汽缸体和汽缸盖外表面散热片之间进行冷却。水冷发动机冷却均匀、冷却效果好、工作可靠，因而广泛应用于现代车用发动机。

（四）按照汽缸数目分类

发动机按照汽缸数目不同可分为单缸发动机和多缸发动机。仅有一个汽缸的发动机称为单缸发动机；有两个以上汽缸的发动机称为多缸发动机。四缸发动机、六缸发动机、八缸发动机应用最为广泛。

（五）按照汽缸的排列方式分类

发动机按照汽缸排列方式的不同可分为单列式发动机（又称为直列式发动机）和双列式发动机。单列式发动机的各个汽缸排成一列，多是垂直布置，但为了降低高度，有时也会把汽缸布置成倾斜的，甚至是水平的；双列式发动机的汽缸排成两列，两列之间的夹角小于180°的称为V型发动机，夹角等于180°的称为对称式发动机，如图1-1所示。

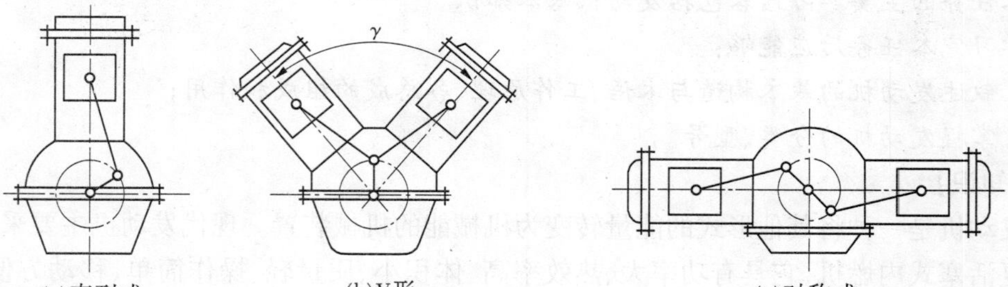

图1-1　多缸发动机的排列形式

（六）按照气门数目分类

发动机按照气门数目不同可分为双气门发动机和多气门发动机。一个汽缸中仅有一个进气门和一个排气门的发动机称为双气门发动机；一个汽缸中有两个以上气门的发动机称为多气门发动机。

（七）按照进气系统是否采用增压方式分类

发动机按照进气系统是否采用增压方式可分为自然吸气式发动机和强制进气式发动机。

二、发动机的基本构造

汽车发动机的类型很多，其具体结构也不尽相同，但为完成发动机工作循环所需的基本构造则大同小异。汽油机通常由两大机构和五大系统组成，柴油机则由两大机构和四大系统组成。

下面以桑塔纳AJR型发动机（见图1-2）为例，介绍汽车发动机的一般结构。

（一）曲柄连杆机构

曲柄连杆机构是发动机实现工作循环、完成能量转换的主要运动零件。它由机体组、活塞连杆组和曲轴飞轮组等组成。在做功行程中，活塞承受燃气压力在汽缸内作直线运动，活塞的直线运动通过连杆转换成曲轴的旋转运动，并由曲轴对外输出动力。而在进气、压缩和排气行程中，飞轮释放能量，又把曲轴的旋转运动转换成活塞的直线运动。曲柄连杆机构如图1-3所示。

（二）配气机构

配气机构的功用是根据发动机的工作顺序和工作过程，定时地开启和关闭进气门和排气门，使可燃混合气或空气进入汽缸，并使废气从汽缸内排出，实现换气过程。配气机构大多采用顶置气门式配气机构，一般由气门组、气门传动组和气门驱动组组成，如图 1-4 所示。

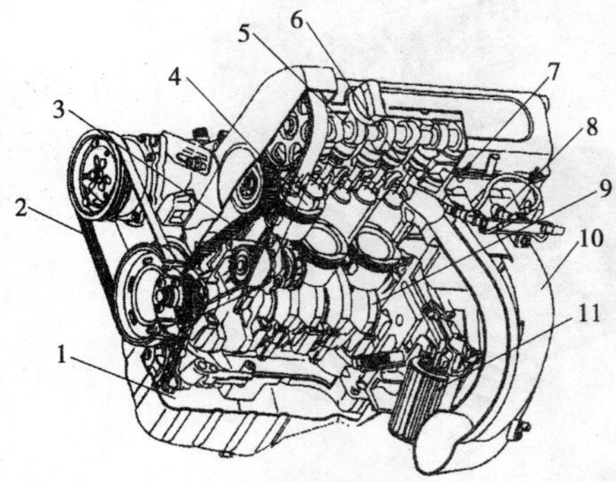

1—油底壳；2—皮带；3—齿形皮带；4—活塞；5—凸轮轴；6—气门；7—喷油器；8—火花塞；9—曲轴；10—排气管；11—机油滤清器

图 1-2　AJR 型发动机的剖面图

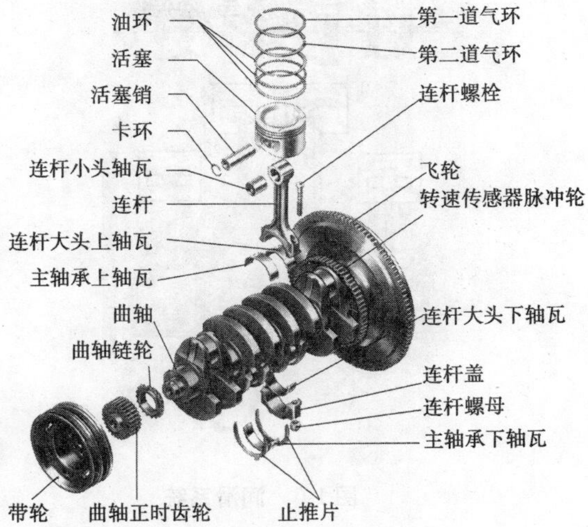

图 1-3　曲柄连杆机构

（三）燃料供给系统

汽油机燃料供给系统的功用是根据发动机的要求，配制出一定数量和浓度的混合气并供入汽缸，然后将燃烧后的废气从汽缸内排出到大气中；柴油机燃料供给系统的功用是把柴油和空气分别供入汽缸，在燃烧室内形成混合气并燃烧，最后将燃烧后的废气排出。燃料供给系统如图 1-5 所示。

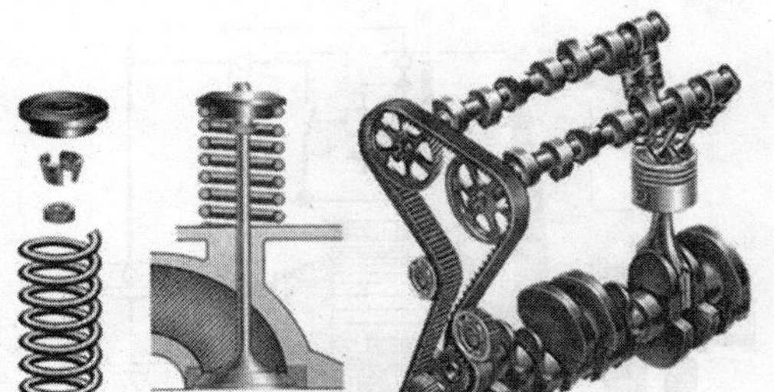

图 1-4　配气机构

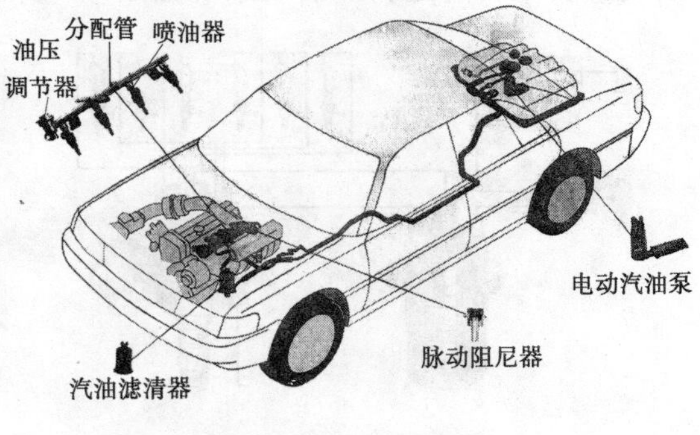

图 1-5　燃料供给系统

（四）润滑系统

发动机的润滑系统包括机油泵、集滤器、限压阀、润滑油道、机油滤清器、油底壳等机件。其作用是向做相对运动的零件表面输送定量的清洁润滑油，以减小摩擦、降低机件磨损，并能部分冷却摩擦零件、清洗摩擦表面。润滑系统如图 1-6 所示。

（五）冷却系统

水冷式发动机的冷却系统通常由散热器、风扇、水泵、节温器、水套等机件组成。其作用是将受热零部件吸收的部分热量及时散发到大气中，使发动机始终处于正常的工作温度。

冷却系统如图 1-7 所示。

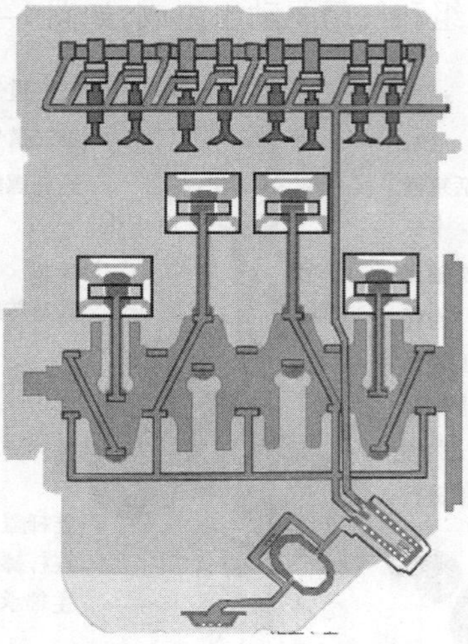

图 1-6　润滑系统

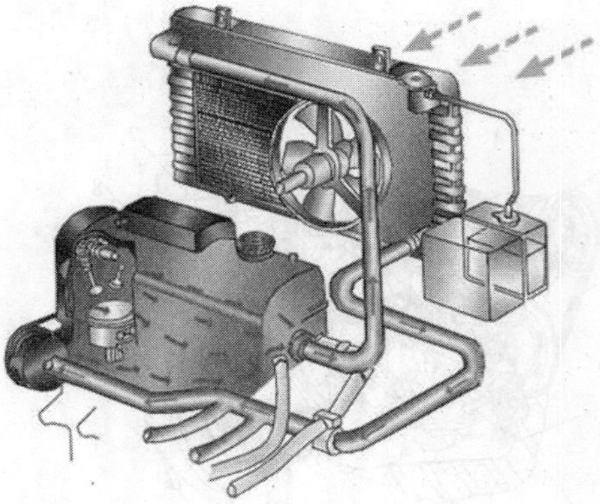

图 1-7　冷却系统

（六）点火系统

汽油机汽缸内的可燃混合气是靠电火花点燃的，因此在汽油机的汽缸盖上安装有火花塞。火花塞头部伸入到燃烧室内，其作用是在压缩冲程接近结束时产生高压电火花点燃混合气。点火系统如图 1-8 所示。

（七）启动系统

启动系统主要由起动机及附属装置组成，其作用是在任何温度下都能使静止的发动机启动并转入自行运转。启动系统如图 1-9 所示。

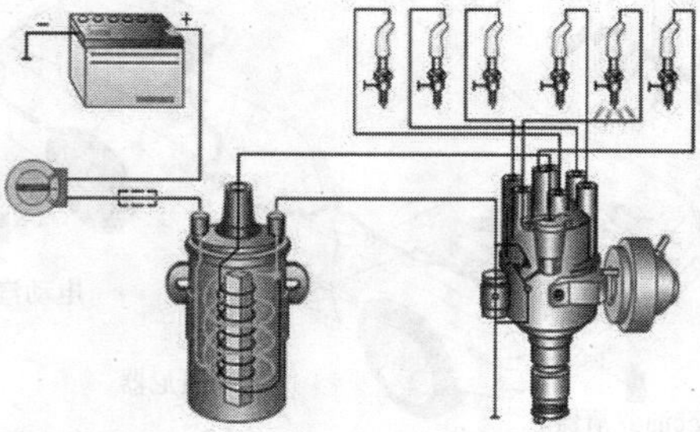

图 1-8　点火系统

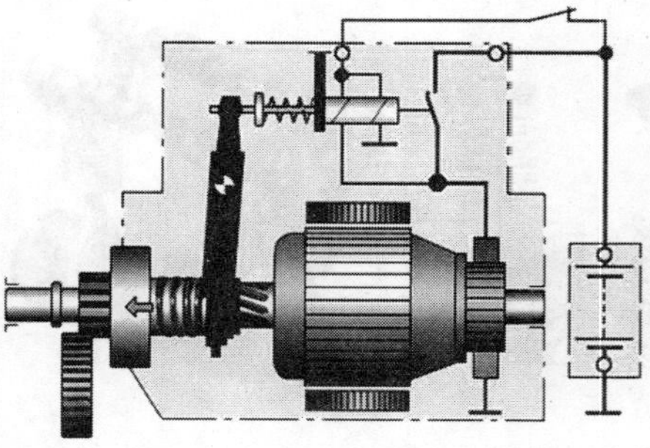

图 1-9　启动系统

单元二　发动机的常用术语与工作原理

一、发动机的常用术语

（一）上、下止点与活塞行程

1. 上止点

活塞顶距离曲轴中心最远的极限位置称为上止点。

2. 下止点

活塞顶距离曲轴中心最近的极限位置称为下止点。

3. 活塞行程

上、下止点间的距离称为活塞行程，用 S 表示，如图 1-10 所示。四冲程发动机的活塞每移动一个行程，曲轴必旋转半周（即 180°）。若曲柄半径为 R，则

$$S = 2R$$

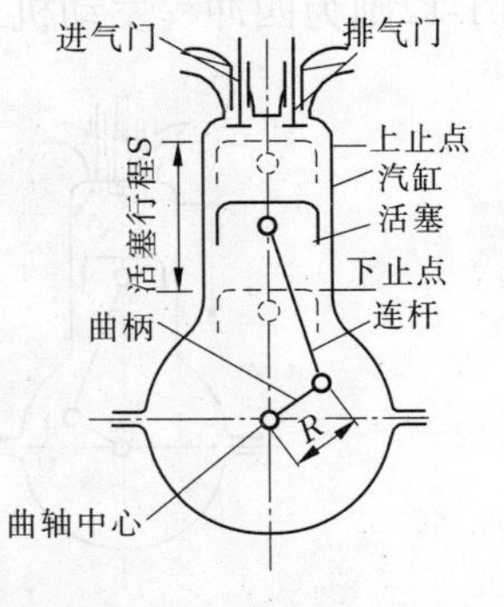

图 1-10　发动机的常用术语

（二）汽缸容积

1. 燃烧室容积 V_c

活塞位于上止点时，活塞顶上方的空间称为燃烧室容积，用 V_c 表示。

2. 汽缸工作容积 V_h

活塞从上止点运动到下止点所扫过的容积称为汽缸工作容积，用 V_h 表示（单位为 L）。

$$V_h = \frac{\pi D^2}{4} \times S \times 10^{-6}$$

式中　D——汽缸直径，mm；

S——活塞行程，mm。

3. 发动机工作容积

多缸发动机各汽缸工作容积的总和称为发动机工作容积或发动机排量，用 V_L 表示。若发动机的汽缸数为 i，则

$$V_L = iV_h$$

4. 汽缸总容积

活塞位于下止点时，活塞上方的整个空间称为汽缸总容积，用 V_a 表示。汽缸总容积等于汽缸工作容积与燃烧室容积之和，即

$$V_a = V_h + V_c$$

5. 压缩比

汽缸总容积与燃烧室容积之比称为压缩比，用 ε 表示，即

$$\varepsilon = \frac{V_a}{V_c} = \frac{V_h + V_c}{V_c} = 1 + \frac{V_h}{V_c}$$

ε 表示活塞从下止点运动到上止点时，汽缸内气体被压缩的程度，也表示缸内气体膨胀时体积变化的倍数。不同类型的发动机对压缩比的要求各不相同，一般柴油机的压缩比较高（$\varepsilon = 16 \sim 22$），汽油机的则较低（$\varepsilon = 6 \sim 9$，轿车 $\varepsilon = 9 \sim 11$）。

二、四冲程发动机的工作原理和工作特点

发动机每个汽缸内每产生一次动力，都要经过进气、压缩、做功和排气四个工作过程。这四个工作过程称为发动机的一个工作循环。如果发动机的一个工作循环是在曲轴旋转两周（即 720°），活塞在汽缸内上、下运动共四个活塞行程内完成的，则称之为四冲程发动机。

（一）四冲程发动机的工作原理

单缸四冲程发动机气体进入汽缸燃烧产生动力，其具体工作过程如图 1-11 所示，

图 1-12则为四冲程发动机示功图。

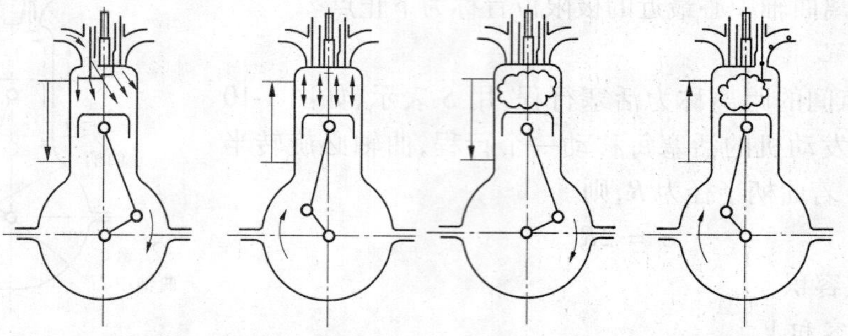

(a)进气冲程　(b)压缩冲程　(c)做功冲程　(d)排气冲程

图 1-11　四冲程发动机的工作过程

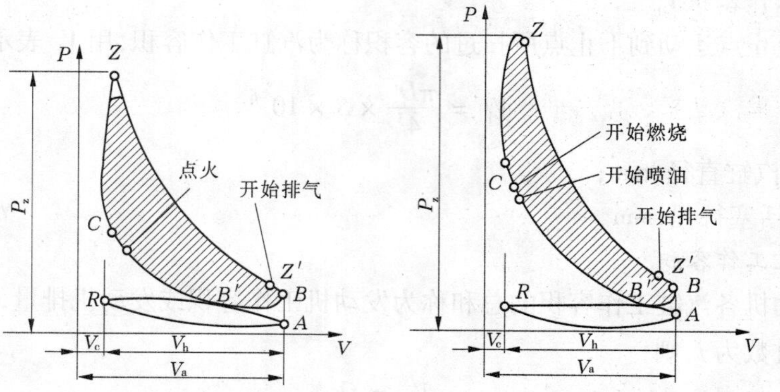

(a)汽油机示功图　(b)柴油机示功图

V—汽缸容积；P—汽缸气体压力；V_c—燃烧室容积；V_h—汽缸工作容积；V_a—汽缸总容积；

RA—进气冲程；AC—压缩冲程；CZ—燃烧过程；ZB—做功冲程；BR—排气冲程

图 1-12　四冲程发动机示功图

1. 进气冲程

进气冲程开始时，进气门打开，排气门关闭。曲轴旋转，通过连杆带动活塞由上止点向下止点运动，活塞顶上部容积逐渐增大，汽缸内产生真空吸力，将可燃混合气经进气管、进气门吸入汽缸，如图 1-11(a)所示。

当活塞运行到下止点时，曲轴转过半周(即转过 180°)，进气门关闭，进气冲程结束。进气冲程结束时，汽缸内的压力略低于外界大气压力，如图 1-12(a)中的 RA 曲线所示。

2. 压缩冲程

压缩冲程如图 1-11(b)所示，进、排气门均保持关闭状态。活塞由下止点向上止点运动，汽缸内的可燃混合气被压缩。当活塞到达上止点时，曲轴转过第二个半周(即总共转过 360°)，压缩冲程结束。压缩冲程结束时，燃烧室内的气体压力达到 0.6～1.5 MPa，温度达到 600～700 K。压缩冲程在示功图上用 AC 曲线表示，如图 1-12(a)所示。

3. 做功冲程

做功冲程如图 1-11(c)所示。压缩冲程结束后，进、排气门仍保持关闭状态。点火系统通过火花塞产生高压电火花，点燃燃烧室内的可燃混合气。混合气迅速燃烧，缸内气体温度、压力急速升高(见图1-12(a)中的CZ曲线),温度可达2 200 ~ 2 800 K,压力达3 ~ 5 MPa。燃烧后的高温高压气体推动活塞迅速向下运动(见图1-12(a)中的ZB曲线),通过连杆使曲轴旋转,产生扭矩做功,完成一次将热能转变为机械能的过程。

当活塞到达下止点时,曲轴转过第三个半圈(此时已经转过540°),做功冲程结束。做功冲程结束时,汽缸内的温度和压力分别降至1 300 ~ 1 600 K和0.3 ~ 0.5 MPa。

4. 排气冲程

排气冲程如图1-11(d)所示。在排气冲程接近完成(见图1-12(a)中Z'点)时,排气门开启。汽缸内做功后的废气在残余压力作用下,大部分经排气门自行排出。活塞从下止点向上止点运动时,进一步将废气排出。活塞到达上止点时,曲轴转过第四个半圈(即转过720°),排气冲程结束(见图1-12(a)BR曲线)。排气冲程结束,汽缸内的废气温度为900 ~ 1 200 K,压力降至0.105 ~ 0.115 MPa。

排气冲程结束,排气门关闭,进气门开启,活塞继续向下运动,开始下一个工作循环,如此循环往复。

单缸四冲程汽油机工作时,曲轴转角、活塞运动、气门状态、汽缸内的温度及压力等情况如表1-1所示。

表1-1 单缸四冲程汽油机的工作过程

曲轴转角	冲程	活塞运动	气门状态		汽缸内	
			进气门	排气门	压力(MPa)	温度(K)
0° ~ 180°	进气	向下	开启	关闭	进气结束:0.08 ~ 0.90 (0.80 ~ 0.95)	进气结束:370 ~ 440 (320 ~ 350)
180° ~ 360°	压缩	向上	关闭	关闭	压力结束:0.6 ~ 1.5 (3 ~ 5)	压缩结束:600 ~ 700 (800 ~ 1 000)
360° ~ 540°	做功	向下	关闭	关闭	最大压力:3 ~ 5(5 ~ 10) 做功结束:0.3 ~ 0.5 (0.2 ~ 0.4)	最高温度:2 200 ~ 2 800 (1 200 ~ 1 500)
540° ~ 720°	排气	向上	关闭	开启	排气结束:0.105 ~ 0.115 (0.11 ~ 0.115)	排气结束:900 ~ 1 200 (800 ~ 1 000)

注:括号内的数字表示柴油机对应的冲程的压力与温度。

(二)四冲程发动机的工作特点

(1)在四冲程发动机的一个工作循环中,曲轴转两圈(即转过720°),每一个冲程曲轴转半圈(即转过180°),进气冲程时进气门开启,排气冲程时排气门开启,其余两个冲程进、排气门均关闭。

(2)发动机运转的第一个循环,必须有外力使曲轴旋转完成进气、压缩冲程,并且在着火燃烧完成做功冲程后,依靠曲轴和飞轮储存的能量便可自行完成以后的冲程,此后的工作循环发动机无须外力即可自行完成。

(3)发动机在换气过程中若能做到进气充分、排气彻底,即可提高充气系数,增大发动机输出的功率。

(4)单缸四冲程发动机只有做功冲程产生主动力,其他三个冲程则消耗动力,但不可或缺地为做功冲程做准备。因此,单缸发动机的工作很不平稳。为了提高发动机转速的均匀性,一般采取在单缸发动机的曲轴上安装一个质量和尺寸均较大的飞轮,或采用多缸发动机。

对于多缸四冲程发动机,在曲轴每转两圈的过程中,所有汽缸都要完成一个工作循环,且各汽缸所有的工作循环完全相同,并严格按进气、压缩、做功、排气的次序进行。在结构上采用适当型号的曲轴,可以使各汽缸的做功冲程间隔角(曲轴转角 $=720°/i$)均匀,做功顺序相互交错,保证发动机运转平稳。例如,四缸发动机的各汽缸做功冲程间隔角为180°(720°/4),八缸四冲程发动机的各汽缸做功冲程间隔角为90°(720°/8),汽缸数越多,各汽缸做功间隔角越小,发动机的工作越平稳。但汽缸数越多,结构越复杂,结构尺寸和整体质量均增加。

三、内燃机的名称与型号编制

(一)国产内燃机的名称及型号编制

根据国家标准(GB/T 725—1991)规定,国产内燃机产品名称根据所采用的燃料命名,其型号由阿拉伯数字和汉语拼音组成,分为以下四个部分:

(1)首部:由制造厂根据需要自选相应的字母表示,经主管部门或由部门主管标准机构核准的产品系列符号或换代标志符号。

(2)中部:由缸数符号、冲程符号、汽缸排列形式符号和缸径符号组成。

(3)后部:用字母表示结构特征和用途特征的符号。

(4)尾部:为区分符号,同系列产品因改进等需要区分时,由制造厂选用适当符号表示。

内燃机产品型号的排列顺序及符号代表的意义规定,如图1-13所示。

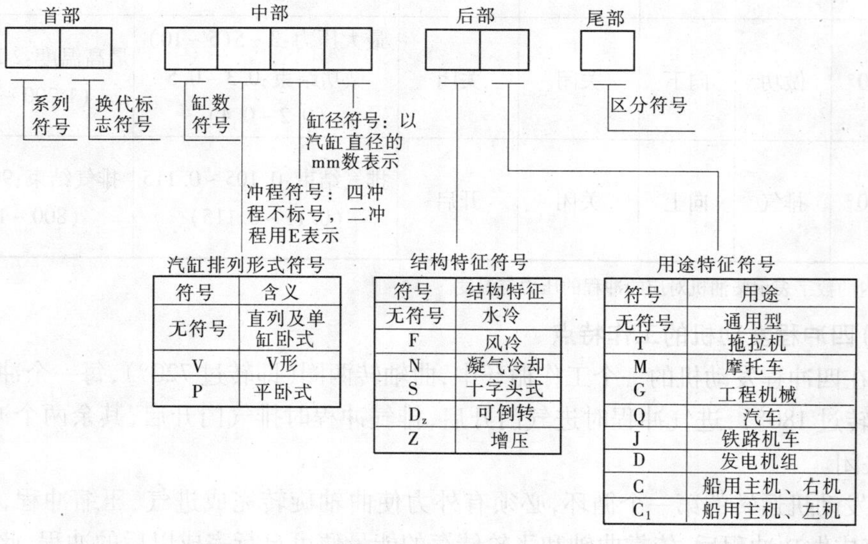

图1-13 内燃机产品型号的排列顺序及符号代表的意义规定

(二)型号编制示例

1. 柴油机

12V135ZG——12 缸、V 形、四冲程、缸径 135 mm、水冷式、增压、工程机械用发动机。

2. 汽油机

(1)462Q——四缸、四冲程、缸径 62 mm、水冷式、汽车用发动机。

(2)EQ6100Q－1——六缸、四冲程、缸径 100 mm、水冷式、EQ6100Q 的第一种变形产品、汽车用发动机。

单元三　发动机基本理论

一、发动机的性能指标

发动机的性能指标包括指示性能指标、有效性能指标、标定性能指标。

(一)指示性能指标

指示性能指标是指以可燃混合气(工质)对活塞做功为基础建立的指标,常用指示功和指示热效率表示,是用以评定发动机工作循环优劣的指标。

1. 指示功 W_i

在发动机示功图(见图 1-12)中的封闭曲线分别构成两个封闭的面积,阴影面积$B'CZB'$的大小表示发动机内可燃混合气(工质)对活塞做功的多少,此时发动机做的功是正功,称为循环的指示功 W_i。$B'RAB$ 面积的大小表示进、排气冲程所消耗的能量,此时发动机做的功是负功,称为泵气损失。

2. 指示热效率 η_i

进入汽缸的可燃混合气在压缩冲程上止点附近开始着火燃烧,放出热量,使混合气的温度、压力急剧升高,混合气膨胀推动活塞移动而转换成机械功。在膨胀结束时,混合气的温度、压力仍高于大气的温度、压力。这样,相当数量的热量通过排气冲程排放到大气中,还有一部分热量通过汽缸壁传给冷却系统。所以,在整个实际循环中,混合气所放出的热量 Q 不可能全部转换为指示功。热能转换的百分率称为发动机实际循环的热效率或指示热效率,即

$$\eta_i = \frac{W_i}{Q}$$

式中　W_i——发动机工作循环的指示功,kJ;

　　　Q——为得到指示功所消耗的燃料的热量,kJ。

实际情况表明,发动机的热效率均不高,η_i 值的大致范围:汽油机 η_i 为 0.25～0.4,柴油机 η_i 为 0.4～0.5。

(二)有效性能指标

发动机有效性能指标主要包括有效功率 P_e、有效转矩 M_e、平均有效压力 p_e、有效燃油消耗率 g_e。它是以发动机曲轴输出的净功率为基础建立的指标,同时它综合反映了发动机的工作情况,对描述发动机的性能特点、检测发动机性能有着重要的指导意义。

1. 有效功率 P_e

有效功率是指发动机运转时曲轴输出的功率，用 P_e 表示。其值可由发动机测功机实际测得。

2. 有效转矩 M_e

有效转矩是指发动机运转时由曲轴输出给传动系的有效旋转力矩，用 M_e 表示。由试验测得，转矩 M_e、功率 P_e、转速 n 三者的关系可用下式表示，即

$$M_e = 9\ 550 \frac{P_e}{n}$$

式中 M_e——有效转矩，N·m；

P_e——有效功率，kW；

n——发动机转速，r/min。

3. 平均有效压力 p_e

发动机在单位汽缸容积中所做的有效功，称为平均有效压力 p_e。平均有效压力可由下式计算：

$$p_e = \frac{30\tau P_e}{iV_h n} \times 10^3$$

式中 p_e——平均有效压力，kPa；

τ——发动机冲程数；

P_e——有效功率，kW；

V_h——汽缸工作容积，L；

i——汽缸数，个；

n——发动机转速，r/min。

平均有效压力越高，发动机单位汽缸工作容积中所做的有效功越大。因此，可用平均有效压力来比较各种不同排量发动机的动力性。p_e 值的大致范围：汽油机 p_e 为 588～981 kPa；柴油机 p_e 为 588～883 kPa。

4. 有效燃油消耗率 g_e

单位有效功的燃油消耗量称为有效燃油消耗率或有效耗油率，用 g_e 表示，即

$$g_e = \frac{G_T}{P_e} \times 10^3$$

式中 G_T——发动机单位时间内的实际耗油量，kg/h；

P_e——发动机的有效功率，kW。

g_e 越小，发动机曲轴输出的净功率所消耗的燃料越少。发动机产品说明书中通常给出发动机的最低燃油消耗率。g_e 实际上随发动机的工作状况的改变而发生变化。g_e 值的大致范围：汽油机 g_e 为 270～410 g/(kW·h)，柴油机 g_e 为 215～285 g/(kW·h)。

（三）标定性能指标

发动机铭牌上标示的有效功率、有效转矩、有效燃油消耗率等性能指标即为标定性能指标。铭牌上所给出的有效功率和有效转矩都是最大值，有效燃油消耗率则为最小值。

在标定发动机的有效功率时，考虑到发动机运用场合，通常给出两种或两种以上的标定功率，如 15 min 功率、1 h 功率、12 h 功率及 24 h 功率等，分别表示发动机连续工作 15 min、

1 h、12 h 和 24 h 允许发动机发出的最大功率。

根据国家有关标准规定，在标定有效功率和有效转矩时，应同时注明相应转速。

二、充气系数

(一)充气系数

在一个工作循环中，实际充入汽缸的空气质量 ΔG 与大气状态下汽缸工作容积内能够充入的空气质量 ΔG_0 之比称为充气系数，用 η_v 表示，即

$$\eta_v = \frac{\Delta G}{\Delta G_0}$$

充气系数 η_v 恒小于 1。不同类型的发动机的充气系数有较大的差别。汽油机 η_v 为 0.7 ~ 0.85，柴油机 η_v 为 0.75 ~ 0.9。

(二)提高充气系数的措施

提高充气系数是提高发动机动力性的先决条件，提高充气系数除在结构上有合理的气道结构形式与尺寸、合理的进排气歧管的配置、适宜的配气相位以及采用多气门结构外，在使用过程中还应注意：定期清洗空气滤清器，以减小进气系统的阻力；定期检查调整配气相位，以消除因配气机构零件磨损导致的配气相位变化，从而提高充气系数。

三、混合气的浓度及燃烧过程

(一)混合气的浓度

燃料在燃烧过程中，空气与燃料之间有一定的浓度要求，混合气的浓度通常用空燃比和过量空气系数表示。

空燃比是指混合气中所含空气质量(单位为 kg)与燃料质量(单位为 kg)之比，用 R 表示，即

$$R = \frac{\text{空气质量}}{\text{燃料质量}}$$

理论上，1 kg 汽油完全燃烧大约需要 14.7 kg 空气，即空燃比 $R = 14.7$。这种混合气称为理论混合气。若 $R < 14.7$ 则称为浓混合气，而 $R > 14.7$ 的混合气则称为稀混合气。对于不同的燃料，其理论空燃比是不同的。

过量空气系数是指燃烧过程中实际供给的空气质量(单位为 kg)与理论上燃料完全燃烧时所需要的空气质量(单位为 kg)之比，用 a 表示，即

$$a = \frac{\text{燃烧过程中实际供给的空气质量}}{\text{理论上燃料完全燃烧时所需要的空气质量}} = \frac{\text{实际空燃比}}{\text{理论空燃比}}$$

由上述定义可知，无论使用何种燃料，$a = 1$ 时可燃混合气即为理论混合气(又称为标准混合气)；$a < 1$ 时则为浓混合气，$a > 1$ 时则为稀混合气。

在发动机的实际循环过程中，发动机对混合气的浓度要求是随发动机的各种负荷工作状况的变化而变化的。

(二)燃烧过程

燃料在汽缸内从着火到燃烧是极其复杂的热反应过程。由于汽油机和柴油机中混合气形成过程和形成原理的不同，其燃烧过程、特点也大不一样。

1. 汽油机的正常燃烧过程

如图 1-14 所示,汽油机的正常燃烧过程分为诱导期、速燃期、补燃期等三个明显不同的阶段。

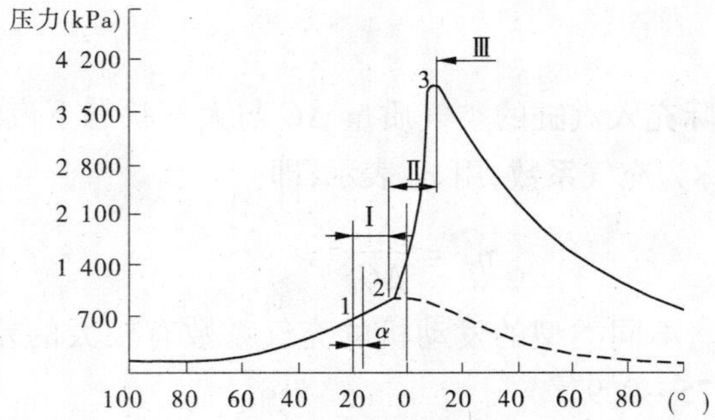

Ⅰ—诱导期(着火延迟期);Ⅱ—速燃期;Ⅲ—补燃期;

1—开始点火;2—形成火焰中心;3—最高压力点

图 1-14　汽油机的正常燃烧过程

1) 诱导期

诱导期,如图 1-14 中的阶段Ⅰ所示。在化油器中形成的可燃混合气在进气冲程中被吸入汽缸,被压缩后,其温度、压力明显提高。当压缩至上止点前某一时刻(α 为点火提前角)时,点火系统通过火花塞产生高压电火花,首先在火花塞电极周围形成火焰中心。因只有少量的混合气燃烧,对汽缸内的温度、压力影响不大,其过程曲线与压缩冲程曲线相差不大,因此又将此过程称为着火诱导期或着火延迟期。

2) 速燃期

速燃期,如图 1-14 中的阶段Ⅱ所示。随着火焰的形成及压缩冲程的继续,汽缸内部温度、压力迅速升高,缸内气体扰流加剧,火焰以 20 ~ 30 m/s 的速度向四周迅速扩散,直至掠过整个燃烧室,缸内混合气迅速完全燃烧,混合气燃烧放出的热量多且速度快,压力明显上升,很快出现很陡的尖峰,最高燃烧温度和最大爆发压力分别为 2 200 ~ 2 800 K,3 ~ 5 MPa。

3) 补燃期

补燃期,如图 1-14 中的阶段Ⅲ所示。在工作循环过程中,由于时间很短,混合气中汽油蒸发不良以及与空气混合不均匀,部分颗粒较大的油滴在火焰前锋掠过后,处于表层的部分被燃烧,尚有少量未被燃烧的部分在膨胀过程中继续燃烧。由于补燃期间汽缸容积已明显扩大,燃烧放出的热量产生的压力比速燃期低得多,热量不能充分地转换为机械能,反而使排气温度上升,通过缸壁时热量被冷却水带走,因此应尽量缩短补燃期。

2. 汽油机的不正常燃烧

汽油机的不正常燃烧包括爆震燃烧和表面点火。

1) 爆震燃烧

爆震燃烧是指火焰达到燃烧室的末端前,末端的部分未燃混合气受已燃混合气的强烈压缩和热辐射作用,其温度、压力都急剧升高,当火焰前锋到达前,未燃混合气已达到其自燃温度即自行着火燃烧,形成新的、多个自发的火焰中心,这些火焰的扩散速度比电火花点火后的正常火焰扩散速度快几十倍,使未燃混合气瞬间燃烧完毕,气体的容积来不及膨胀,局部温度压力迅猛增加,与周围气体形成极大的压力差而产生超音速冲击波,撞击燃烧室、汽缸壁、活塞顶部，使之振动而发出尖锐的金属敲击声。

汽车上坡时，在最大转矩、转速附近有轻微的爆震声是允许的，这是点火正时的最佳标志。强烈的爆震使活塞、连杆、曲轴、轴瓦等机件过载产生变形甚至损坏。

爆震时的局部高温会加速燃料的热分解，产生游离碳、一氧化碳、氢、氧等不能燃烧的产物，并冒出黑烟。膨胀过程中补燃期延长、机体过热、功率下降、油耗增加。

2）表面点火

由于燃烧室内部局部机件过热或高温积炭点燃混合气的燃烧现象称为表面点火。在火花塞正常点火前的表面点火称为"早火"，在火花塞正常点火后的表面点火称为"后火"。由于表面点火不受点火系控制，燃烧过程不稳定，工作粗暴，从而使发动机的动力性、经济性下降。

3. 使用因素对燃烧过程的影响

（1）点火提前角对燃烧过程的影响。点火提前角过大，将导致缸内压力升高过快、压缩冲程消耗的功率过多、有效功率下降、爆震燃烧的可能性增大。点火提前角过小，将导致燃烧过程的最高压力下降、膨胀过程的热损失增多、排气温度过高、机体过热。

（2）转速与负荷对燃烧过程的影响，如表 1-2 所示。

表 1-2　转速与负荷对燃烧过程的影响

影响因素	点火提前角	爆震可能性	影响因素	点火提前角	爆震可能性
转速高	大	小	负荷大	小	大
转速低	小	大	负荷小	大	小

发动机转速越高，进气系统的流速增加，压缩冲程活塞的挤气作用、气体的涡流作用加强，混合气混合越均匀；燃烧速率越高，燃烧过程缩短，爆震燃烧的可能性越小。但由于转速增加，燃烧过程中曲轴转角相应增加，点火提前角也相应增大。因此，在汽油机传统的点火系统中，分电器上设置有自动点火提前装置，以适应发动机转速变化对点火提前角的要求。

发动机在小负荷运行时，油门（节气门）开度小，进气量少，汽缸内残余废气比例较大，燃烧速度和最高压力相对较低，爆震燃烧可能性小。由于燃烧速度变缓，燃烧过程有所延长，点火提前角应相应增大。为此，在汽油机传统的点火系统中，应在分电器式点火装置中设有真空点火提前装置。

小　结

四冲程汽油机由两大机构和五大系统组成，分别是曲柄连杆机构、配气机构、冷却系统、润滑系统、燃料供给系统、点火系统、启动系统，每完成一个工作循环，需要经过进气、压缩、做功、排气四个行程。在一个工作循环中，实际充入汽缸的空气质量与大气状态下汽缸工作容积内能够充入的空气质量之比称为充气系数，用 η_v 表示，充气系数 η_v 恒小于1。不同类型的发动机的充气系数有较大的差别。汽油机 η_v 为 0.7～0.85，柴油机 η_v 为 0.75～0.9。提高充气系数是提高发动机动力性的先决条件，提高充气系数除在结构上有合理的气道结构形式与尺寸、合理的进排气歧管的配置、适宜的配气相位以及采用多气门结构外，在使用过程中还应注意：定期清洗空气滤清器，以减小进气系统的阻力；定期检查调整配气相位，以消除因配气机构零件磨损导致的配气相位变化，从而提高充气系数。

技能训练

实训　汽车发动机的总体拆装

（一）实训内容

1. 汽车发动机的总体拆装；

2. 发动机的基本结构与工作原理。

（二）实训目的与要求

1. 学会汽车发动机的总体拆装方法；

2. 了解汽车发动机的基本结构与工作原理。

思考题

一、选择题

1. 上止点是指活塞离曲轴回转中心最（　　）处。

A. 远　　B. 近　　C. 高　　D. 低

2. 下止点是指活塞离曲轴回转中心最（　　）处。

A. 远　　B. 近　　C. 高　　D. 低

3. 压缩比是指汽缸（　　）容积与（　　）容积的比值。

A. 工作；燃烧室　　B. 总；燃烧室　　C. 总；工作　　D. 燃烧室；工作

4. 汽缸总容积等于汽缸工作容积与燃烧室容积（　　）。

A. 之比　　B. 之差　　C. 之和　　D. 之积

5. 四冲程发动机在压缩行程时，进气门（　　），排气门（　　）。

A. 开；关　　B. 开；开　　C. 关；开　　D. 关；关

6. 四冲程发动机一个工作循环，曲轴共旋转（　　）周。

A. 1　　B. 2　　C. 3　　D. 4

二、判断题

1. 活塞行程是指上、下两止点间的距离。（　　）

2. 发动机排量是所有汽缸工作容积之和。（　　）

3. 四冲程发动机在压缩行程时，进、排气门都是关闭的。（　　）

4. 柴油机没有点火系统，而汽油机有点火系统。（　　）

5. 在汽油机的进气行程中，进入汽缸的是纯空气。（　　）

三、简答题

1. 简述发动机的作用。

2. 简述发动机的常用术语定义和汽缸工作容积、总容积、压缩比的计算公式。

3. 简述发动机的主要组成部分的名称和每个组成部分的主要部件名称。

项目二　曲柄连杆机构

【任务介绍】

汽车发动机运转一段时间后，活塞环和汽缸壁的磨损会使两者之间的间隙变大，汽缸盖和汽缸体之间的结合面由于使用过程中的操作不当等原因变得不平整，都会产生汽缸压力下降现象。汽缸压力是衡量发动机动力性的一个指标，也可以用来检测汽缸的密封性。设置本任务的目的：一方面是掌握检测步骤、方法；另一方面是掌握汽缸方面的知识。若汽缸漏气，将导致发动机功率下降，加速困难等。了解汽缸磨损规律，通过测量值计算圆度和圆柱度。若发动机在运转过程中由于工作环境或安装不当等加速汽缸不正常磨损，这样将导致汽缸压力下降、发动机动力不足等现象。

【任务分析】

引导学生学习汽缸体的作用、类型、磨损的部位，汽缸磨损的规律，汽缸盖的结构、功能、变形部位及连杆等相关知识，然后实施检测步骤。

学习完本任务后应能够：

1. 叙述汽缸体的作用；
2. 叙述汽缸体的类型；
3. 叙述汽缸磨损的原因、规律；
4. 叙述汽缸盖的结构、功能以及变形原因；
5. 叙述检测部位、方法；
6. 叙述曲轴轴颈磨损的原因、规律；
7. 了解曲轴的组成和各组成部分的功用；
8. 对曲轴主轴、主轴承的间隙进行正确的检查；
9. 了解连杆轴承的结构及其种类；
10. 正确使用测量工具、应用检测方法。

【相关知识】

曲柄连杆机构是发动机实现热能与机械能相互转换的主要机构，其功能是将汽缸内燃气作用在活塞顶上的气体压力转变为曲轴的旋转力矩并输出动力。

曲柄连杆机构由机体组、活塞连杆组和曲轴飞轮组三部分组成。

单元一　机体组的构造与检修

一、汽缸体与曲轴箱

汽缸体是组装发动机的基础件，它可以保持发动机各运动件相互之间的位置关系。

（一）汽缸体的结构

汽缸体是汽缸的壳体，曲轴箱是支承曲轴作旋转运动的壳体，两者组成了发动机的机体,其结构形式有整体式和分体式两种。

水冷式发动机通常采用整体式结构,即将汽缸体与曲轴箱铸成一体,统称为汽缸体,如图 2-1 所示。

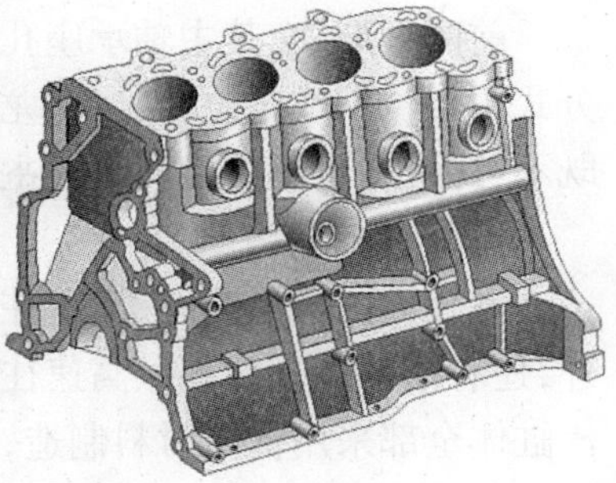

图 2-1　汽缸体

(二)工作条件与要求

汽缸体承受着在发动机运转情况下,车辆行驶时自身质量引起的各种冲击力。同时,燃烧气体给予汽缸壁的热量主要通过缸体来散失,汽缸体也承受着较复杂的热负荷。因此,要求汽缸体具有足够的强度、刚度和良好的耐热性、耐腐蚀性等。需要强调的是,汽缸体的变形会破坏各运动件间的相互位置关系和降低其使用寿命。

(三)汽缸体结构形式

汽缸体有三种结构形式:平分式、龙门式和隧道式,如图 2-2 所示。

1. 平分式

曲轴的主轴承座孔中心线位于曲轴箱的分界面上,如图 2-2(a)所示。它的特点是制造方便,但刚度小,且前后端呈半圆形,与油底壳接合面的密封较困难,不便维修,多用于中小型发动机。

2. 龙门式

主轴承座孔中心线高于曲轴轴线的分界面,如图 2-2(b)所示。它的特点是结构刚度较大,且油底壳前后为一平面,其密封简单可靠,便于维修,在大中型发动机中广泛采用。

3. 隧道式

主轴承座孔不分开,如图 2-2(c)所示。它的特点是结构刚度最大,主轴承同轴度易保证,多用于机械负荷较大的、主轴承采用滚动轴承的发动机中。

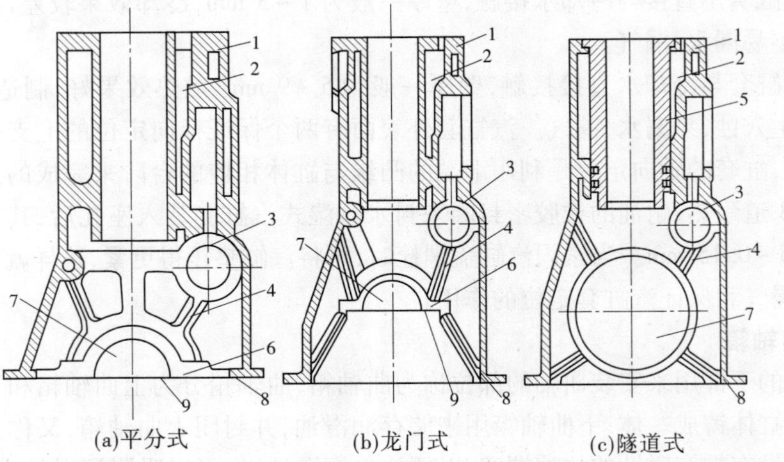

1—汽缸体;2—水套;3—凸轮轴孔座;4—加强肋;5—湿缸套;6—主轴承座;7—主轴承座孔;8—安装油底壳的加工面;9—安装主轴承盖的加工面

图 2-2　汽缸体的结构形式

前两种形式，其主轴承座孔均为分开式，内孔和端面的加工是在主轴承盖上进行的，平分式用定位销或定位套定位，龙门式在主轴承盖两侧平面定位，并用螺栓固定，因而轴承盖既不可换位，也不可换向。在主轴承盖上都有位置和方向的记号，以避免错装。

（四）汽缸与汽缸套

汽缸为圆柱形空腔，活塞在其内部做往复直线运动。汽缸的工作表面除承受高温高压外，还有活塞在其内部做高速往复运动，故汽缸表面必须耐磨、耐高温、耐高压、耐腐蚀。如汽缸体全部采用优质材料制造，成本较高。为此，现代汽车多采用在汽缸内镶入汽缸套，汽缸套可用耐磨性较好的合金铸铁或合金钢制造，而汽缸体则用价格较低的普通铸铁或铝合金等材料制造，这样既延长了使用寿命，又节省了材料。

汽缸套有干式和湿式两种，如图2-3所示。

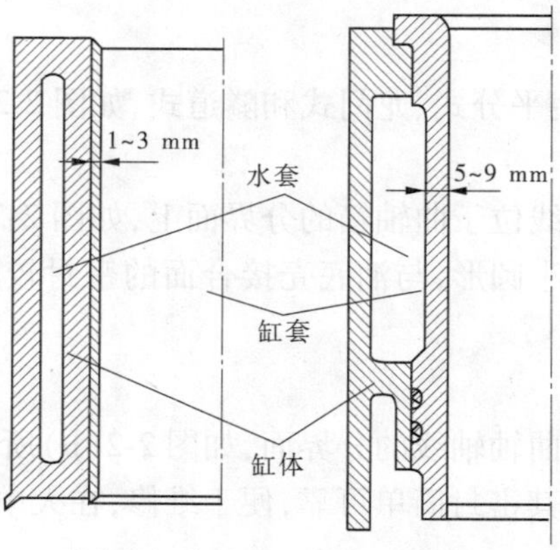

(a)干式汽缸套　　(b)湿式汽缸套

图2-3　汽缸套

干式汽缸套不直接与冷却水接触，壁厚一般为1~3 mm，冷却效果较差，与缸体承座孔过盈配合，不易漏水、漏气。

湿式汽缸套与冷却水直接接触，壁厚一般为5~9 mm，散热效果好，制造容易，便于维修，但易产生穴蚀，易漏水、漏气。汽缸套外表面有两个保证径向定位的上支撑定位带和下支撑密封带，缸套的轴向定位是利用上端的凸缘与缸体相应的台阶来完成的。下支撑密封带上有1~3道耐热、耐油的橡胶密封圈来封水。湿式汽缸套装入座孔后，其顶面高出汽缸体平面0.05~0.15 mm。当紧固汽缸盖螺栓时，可将汽缸垫压得更紧，这样就具有防止水套漏水、汽缸漏气和保证汽缸套定位的作用。

（五）曲轴箱

汽缸体的下部用来安装曲轴的部位称为曲轴箱，曲轴箱分为上曲轴箱和下曲轴箱。上曲轴箱与汽缸体铸成一体；下曲轴箱用来储存润滑油，并封闭上曲轴箱，又称为油底壳。在最低处一般设有带有磁性的放油螺塞，以便放出润滑油，也可以吸附润滑油中的铁屑，以减小发动机的磨损。为了防止发动机振动时油底壳油面产生较大的波动，在油底壳的内部设有稳油挡板，如图2-4所示，由于油底壳受力很小，一般用薄钢板冲压而成，有些铝合金油底壳还带有散热片。

曲轴箱与油底壳之间为了防止漏油，两者之间装有软木衬垫或涂密封胶。

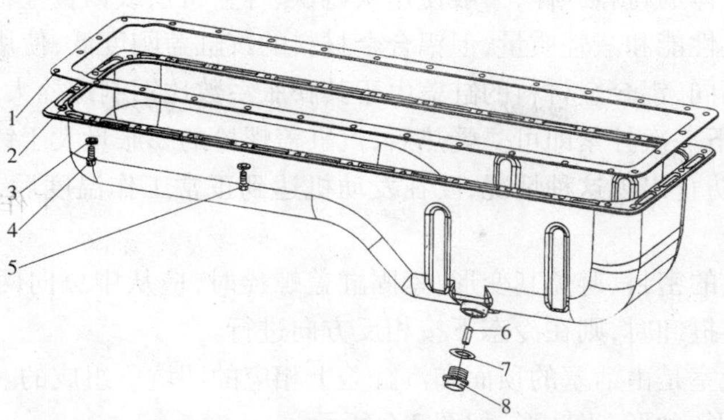

1—密封垫;2—油底壳;3—垫圈;4、5—螺栓;6—放油螺塞磁铁;

7—组合密封垫圈;8—螺塞

图 2-4　油底壳的设置位置

二、汽缸盖与汽缸垫

(一)汽缸盖的功用与结构

1. 功用

汽缸盖用于密封汽缸的上部,并与活塞、汽缸壁等共同构成燃烧室。汽缸盖的燃烧室壁面同汽缸一样承受着混合气燃烧时所造成的热负荷及机械负荷,由于它接触温差很大的燃气的时间较汽缸体长,因而汽缸盖承受的热负荷更甚于汽缸体。

2. 结构

汽缸盖的结构随气门的布置、冷却方式以及燃烧室的形状而异,如图 2-5 所示。

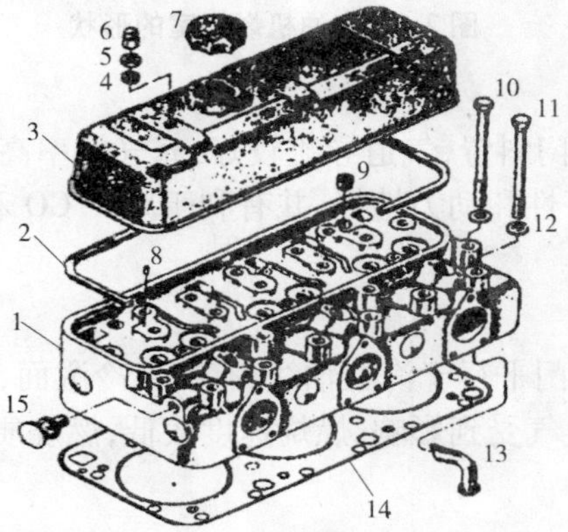

1—汽缸盖;2—汽缸盖罩垫片;3—汽缸盖罩;4—垫圈;5—垫圈盘;6—盖形螺母;

7—加油孔盖;8—圆形销;9—方孔锥形螺塞;10、11—汽缸盖螺栓;

12—垫圈;13—喷水管;14—汽缸垫;15—起重螺栓

图 2-5　汽缸盖的结构

顶置气门式水冷发动机汽缸盖设有冷却水套、燃烧室、进气道、排气道、气门导管孔和进、排气门座等,汽油机汽缸盖设有火花塞孔,而柴油机汽缸盖设有安装喷油器的座孔。

为了制造和维修方便,减小变形对密封的影响,缸径较大的发动机多采用分开式汽缸盖,有一缸一盖、二缸一盖和三缸一盖。缸径较小的发动机多采用整体式汽缸盖。

汽缸盖同汽缸体的材料一样，一般使用灰铸铁、合金铸铁或铝合金材料。铝合金材料可提高汽油机的散热性能和减轻质量，但铝合金材料的汽缸盖刚度低，使用过程中易变形。由于材料膨胀系数不同，铝合金材料的缸盖由于其膨胀系数比钢制螺栓大，在发动机热起来后紧度更大，在冷态下一次拧紧即可。受热后，汽缸盖螺栓的膨胀量大于铸铁缸盖的膨胀量而使紧度降低，为了防止出现这种情况，要在发动机达到正常工作温度后，对铸铁缸盖进行第二次拧紧。

为了保证汽缸的密封、避免其变形，紧固缸盖螺栓时，应从中央向两边交叉分次逐步地按规定力矩拧紧。拆卸时，则在冷态下按相反方向进行。

汽油机的燃烧室是由活塞的顶面和汽缸盖上相应的凹坑所组成的。汽油机常见的燃烧室类型有三种：楔形、盆形、半球形，如图 2-6 所示。

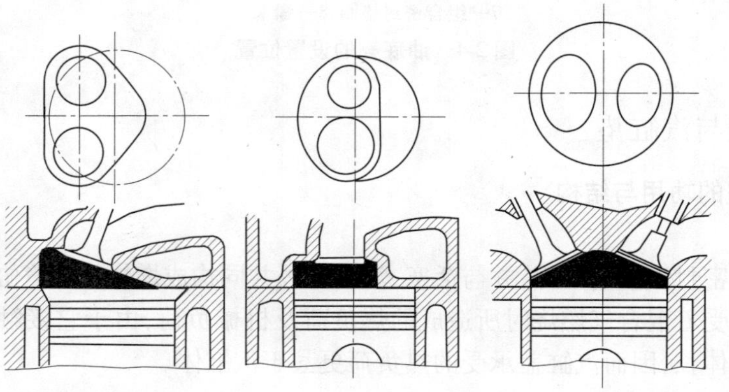

(a)楔形燃烧室　(b)盆形燃烧室　(c)半球形燃烧室

图 2-6　汽油机燃烧室的形状

1）楔形燃烧室

如图 2-6(a)所示，其气门斜置，气道导流较好，充气效率高，有挤气冷激面，能形成挤气涡流，因而燃烧速度快、经济性和动力性好，并有利于减少 CO 和 HC 的排放量，但 NO_x 排放量稍高。

2）盆形燃烧室

如图 2-6(b)所示，其气门平行于汽缸轴线，有挤气冷激面，可形成挤气涡流。但形状狭窄，使气门尺寸受到限制，换气受到影响，燃烧速度较低，燃烧质量稍差，CO 和 HC 排放量较高，但 NO_x 的排放量较低。

3）半球形燃烧室

如图 2-6(c)所示，其气门成横向 V 形排列。因此，气门头部直径可以做得较大，换气好，火花塞多位于燃烧室的中部，使火焰由中心向四周扩散，行程短、燃烧剧烈且完全，抗爆性、经济性、动力性好，CO 和 HC 排放量低，但 NO 排放量较高。高速发动机常用半球形燃烧室。

由此可见，不同形状的燃烧室其废气排放的含量有所不同。

（二）汽缸垫

1. 汽缸垫的作用与要求

汽缸垫用来保证汽缸体与汽缸盖的密封，防止漏气、漏水。

汽缸垫应满足以下要求：

(1)具有一定的弹性，能补偿接合面的不平度，以保证密封。

(2)在高温、高压的作用下有足够的强度，不易损坏。

(3)耐热和耐腐蚀，即在高温、高压燃气或有压力的机油和冷却水的作用下，不烧损和不变质。

(4)拆装方便，能重复使用，寿命长。

2. 汽缸垫的结构

汽缸垫的结构如图 2-7 所示，目前汽缸垫的结构有金属－石棉垫、金属骨架－石棉垫和纯金属垫。

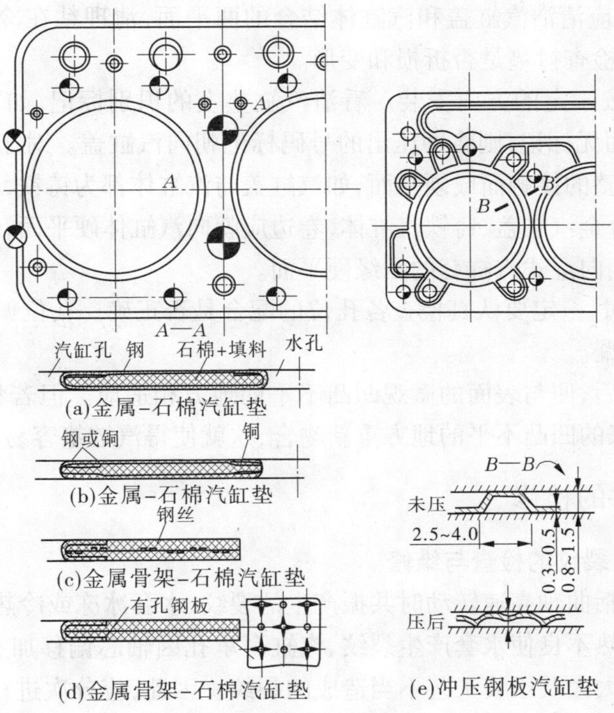

图 2-7　汽缸垫的结构

1)金属－石棉垫

金属－石棉垫如图 2-7(a)、(b)所示。外包铜皮和钢皮，且在缸口、水孔、油道口周围卷边加强，内填石棉，为加强导热、平衡缸体与缸盖的温度，常掺入铜屑或铜丝。这种衬垫压紧厚度为 1.2～2 mm，有很好的弹性和耐热性，能重复使用，但厚度和质量的均一性较差。

2)金属骨架－石棉垫

金属骨架－石棉垫用编织的钢丝网，如图 2-7(c)、(d)所示，或有孔钢板、带毛刺小孔的钢板为骨架，外覆石棉及橡胶黏结剂压成垫片，表面涂以石墨粉等润滑剂，在缸口、油道口及水孔处用金属片包边。这种缸垫弹性好，但易黏结，一般是一次性的。有的汽缸垫既有金属骨架，又在石棉外包金属包皮。

3)纯金属垫

某些强化发动机，采用纯金属汽缸垫，由单层或多层金属片的铜、铝或低碳钢制成，如

图2-7(e)所示。在缸口、水孔、油道口处制有弹性凸筋,以加强密封。国外有些发动机使用耐热密封胶取代汽缸垫。

使用耐热密封胶和纯金属垫的发动机,对缸体和缸盖结合面均有较高的加工精度要求。

3.汽缸垫的安装

汽缸垫经过多次拆装或安装不正确,厚度变薄,伸缩性减弱或根本没有伸缩性了。汽缸垫凸凹不平或被气体冲坏等,都会造成汽缸垫漏气、漏水。

汽缸垫的安装方法如下所述:

(1)先选择规格与汽缸体一致的汽缸垫,要求与所有的汽缸孔、螺栓孔、水道孔、杆孔等相配合。

(2)安装汽缸前,应清洁汽缸盖和汽缸体结合的两平面,清理粘在冷却水道和螺孔、衬垫和螺栓上的污物。检查衬垫是否折损和变形。

(3)汽缸垫必须按一定的方向安装。看清汽缸垫上的识别标记,如"朝前"或"此面朝上"等标记。如果表面无标记,则将冲压出的号码标记朝向汽缸盖。对于金属-石棉垫,应注意将卷边朝向易修整的接触面或硬平面,如汽缸盖与汽缸体都为铸铁,卷边应朝向汽缸盖易修整面;若采用铝合金汽缸盖、铸铁汽缸体,卷边应朝向汽缸体硬平面;若汽缸体和汽缸盖同为铝合金,卷边应朝向湿式汽缸套的凸缘硬平面。

(4)安装汽缸盖时,一定要认真检查各孔位的配合是否正确。孔位偏移会损伤汽缸垫,继而造成冷却液的渗漏。

新的汽缸垫受压后,便与表面的微观凹凸不平的地方相适应。但若将汽缸垫装用后再重新装上,就难与原来的凹凸不平的地方重新吻合,这就使得汽缸垫容易早期失效。

三、机体组零件的检修

(一)汽缸体(盖)裂纹的检查与维修

汽缸体的裂纹包括曲轴高速转动时共振产生的裂纹、水套冰冻或冷热刺激产生的裂纹、水垢积聚过多造成散热不良使水套产生裂纹、汽缸套承孔因轴芯偏移加上修理尺寸级数过多和镶装汽缸套过盈太大及压装工艺不当造成的裂纹。因此,应分次进行压力为350~400 kPa的水压试验,用于在零件检验分类时和更换汽缸套之后,检验汽缸体是否有裂纹。对于水套及其他应力小的部位的裂纹可以胶粘修理;对于曲轴箱等应力大的部位的裂纹,应更换修理。

汽缸体(盖)裂纹的检查方法一般采取水压试验或气压试验,方法如下:

(1)将汽缸盖、汽缸体及汽缸垫按要求装配在一起。

(2)将水压机水管接在汽缸体进水口处,并将其他水口封住。

(3)用水压机将水压入水套,压力在0.2~0.4 MPa时保持5 min,若汽缸盖、燃烧室等部位无水珠出现,表明无裂纹。

(4)汽缸体的受力和受热不大的部位若出现裂纹,采用环氧树脂黏结法修复。受力较大的部位出现裂纹时,应采用焊接法修复。汽缸盖出现裂纹时一般予以更换。

(5)当镶换干式汽缸套时,应在镶好汽缸套后再进行一次水压试验。汽缸体在焊接后也应再次进行水压试验。

（二）汽缸体（盖）变形的检查与维修

1. 检查方法

将缸体（盖）平面上的污物清除干净，检验平尺水平放在缸盖平面上，慢慢移动平尺，用浮薄规测量亮光处缝隙大小，即为缸盖平面翘曲值（注意，检查时要沿缸盖平面的纵、横和对角线方向进行多次测量），其检测工具及方法如图2-8所示。

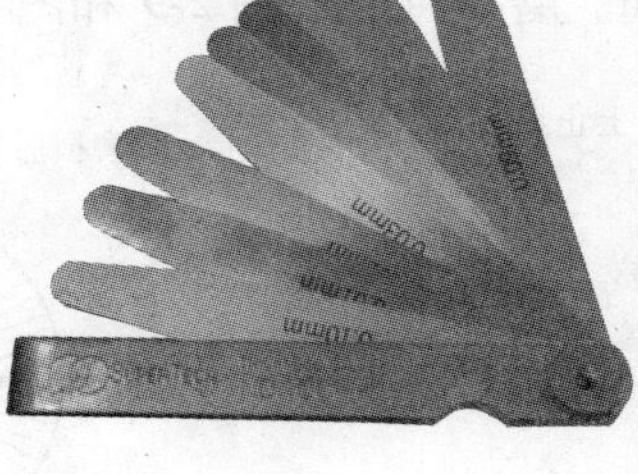

塞尺

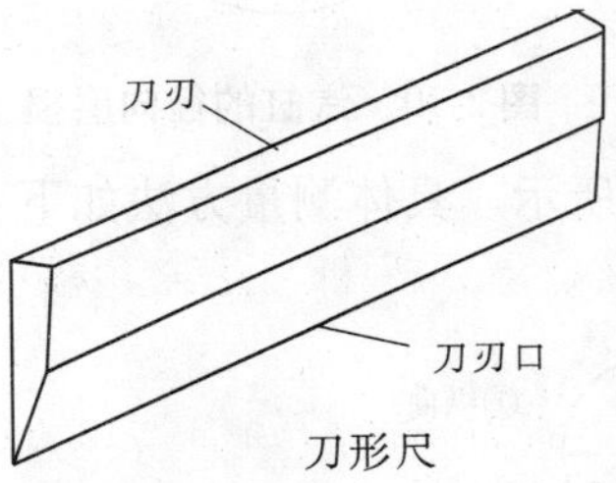

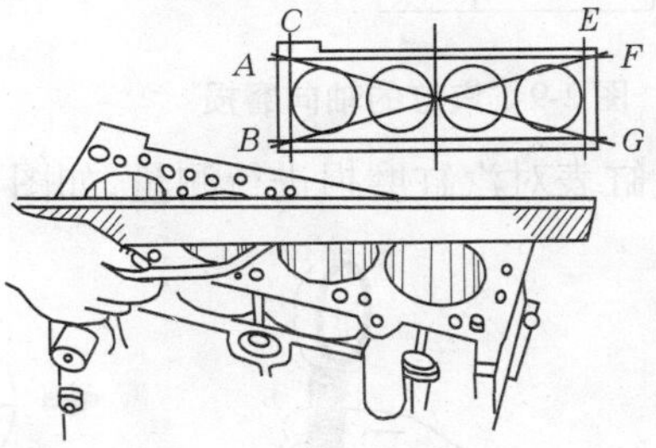

图2-8　汽缸体（盖）变形检测

汽缸体与汽缸盖接合平面的平面度要求如下：汽缸体上平面的平面度误差在任意位置50 mm×50 mm的范围内均应不大于0.05 mm。全长不大于600 mm的汽缸体，其平面度误差不大于0.15 mm；全长大于600 mm的铸铁汽缸体，其平面度误差不大于0.25 mm；全长大于600 mm的铝合金汽缸体，其平面度误差不大于0.35 mm。

2. 维修方法

汽缸体平面局部不平，可用铲削的方法修平。平面变形较大时，可采用平面磨床进行磨削加工修理，但总切削量不宜过大，应为0.24～0.50 mm，否则将影响汽缸的压缩比。

汽缸盖可根据情况采用磨削等方法予以修平。汽缸盖平面度要求：在全长上应不大于0.10 mm，在100 mm长度上应不大于0.03 mm。

（三）汽缸体磨损

汽缸长期使用磨损后，其尺寸和形状会变化，其磨损程度是决定发动机是否需要大修的主要依据。所以，掌握汽缸磨损规律、分析汽缸磨损原因、提高检测和维修质量及在使用中减轻汽缸磨损，是延长发动机使用寿命的重要措施。

铸铁汽缸和铝合金活塞组成的摩擦副匹配容易产生黏着磨损。这一摩擦副又属于边界摩擦的临界润滑方式，润滑状况不良。汽缸壁的“冷激”现象和在高温下燃油、润滑油中的酸又造成汽缸的腐蚀，加剧磨损。进气中的尘埃和润滑油中的磨屑又造成更严重的磨料磨损。在汽缸磨损中，基本上同时存在腐蚀磨损和磨料磨损等。受使用条件、燃料、发动机技术状况和维修质量的影响，以及高压、高温、高速、高振幅冲击载荷的影响，主导磨损是多变的。例如，在爆震和润滑能力差的条件下，将以黏着磨损为主，在低温启动和发动机温度过低的条件下，会转为以腐蚀磨损为主。此工况的累积磨损量可达汽缸总磨损量的30%左右。黏着磨损危害程度最大，往往造成拉缸之类的致命故障，使发动机无法正常工作。

汽缸的正常磨损的特点是不均匀磨损：在汽缸轴线方向上呈上大下小的不规则锥形磨损，第一道活塞环上止点稍下的部位为最大磨损部位。在断面上的磨损呈不规则的椭圆形，往往随汽缸结构、使用条件的不同而异，磨损最大部位有所不同，一般在前后或左右方向上，磨损量不大于0.01 mm/10 000 km。磨损特点如图2-9和图2-10所示。

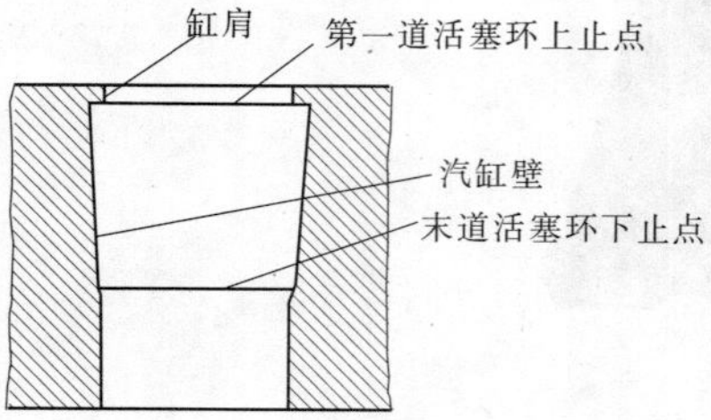

图2-9　汽缸的轴向磨损

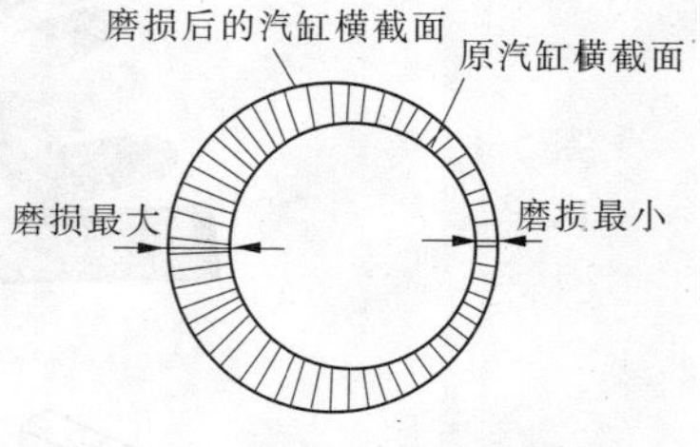

图2-10　汽缸的径向磨损

通常用量缸表对汽缸磨损进行测量，如图2-11所示。具体测量方法如下：

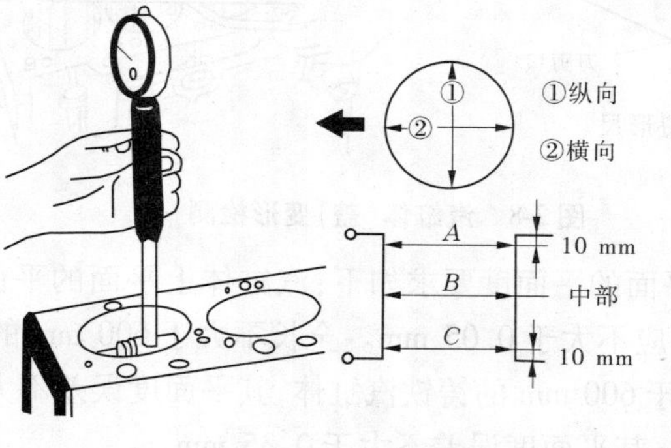

图2-11　汽缸的测量

(1)根据汽缸的直径，选择合适的测量接杆，并将其固定在量缸表的下端。接杆固定好后，活动测杆的总长度应与被测汽缸的尺寸相适应。

(2)校正量缸表的尺寸，将千分尺校正到被测汽缸的标准尺寸，再将量缸表校准到千分尺的尺寸，并使伸缩杆有2 mm左右的压缩行程，旋转表盘，使表针对正零位。

(3)将量缸表的测量接杆伸入到汽缸上部测量第一道活塞环上止点位置所对应的汽缸壁，根据汽缸的磨损规律，分别测量平行、垂直方向两组数值的磨损量。

(4)将量缸表下移，用同样方法测量汽缸中部和下部的磨损。汽缸中部为上、下止点间的中间位置；汽缸下部为距离汽缸下边缘10 mm左右处。

(5)记录测得的各组数据，并计算其圆度、圆柱度及最大磨损量，最后确定该发动机的处理方法。

圆度和圆柱度是判断汽缸是否需要修理以及修理级别的两个标准。

圆度误差：当前用两点法测量，以同一断面不同方向上最大直径与最小直径差值的一半作为圆度误差。

圆柱度误差:也用两点法进行测量,其数值是被测汽缸表面任意方向不同断面所测得的最大直径与最小直径差值的一半。

当发动机汽缸圆度、圆柱度误差超过规定的标准时,如汽油机的圆度误差超过 0.05 mm 或圆柱度误差超过 0.20 mm,结合最大磨损尺寸酌情进行镗缸(修理尺寸法)或更换缸套。

单元二 活塞连杆组的构造与检修

一、活塞连杆组的构造

(一)活塞

1. 活塞的功用与工作条件

活塞的功用是与汽缸盖、汽缸壁共同组成燃烧室,承受汽缸中气体压力并通过活塞销和连杆传给曲轴。

由于活塞顶部直接与高温燃气接触,其散热条件又较差,致使活塞承受很大的热负荷。活塞顶部在做功行程时,承受着燃气冲击性的高压力,高温、高压引起活塞变形,磨损增加。

由于活塞在汽缸中作变速运动,它会产生很大的惯性力,并且活塞承受的气体压力和惯性力是呈周期性变化的,因此活塞的不同部分会受到交变的拉伸、压缩或弯曲载荷。所以,要求活塞应有足够的强度和刚度,质量尽可能小,导热性能要好,要有良好的耐热性、耐磨性,温度变化时尺寸及形状的变化要小。

发动机广泛采用的活塞材料是铝合金,有的柴油机上采用合金铸铁或耐热钢制造活塞。铝合金活塞具有质量小、导热性好的优点,缺点是热膨胀系数较大,在高温时强度和刚度下降较大。

2. 活塞的结构

活塞分为顶部、头部和裙部三个部分,如图 2-12 所示。

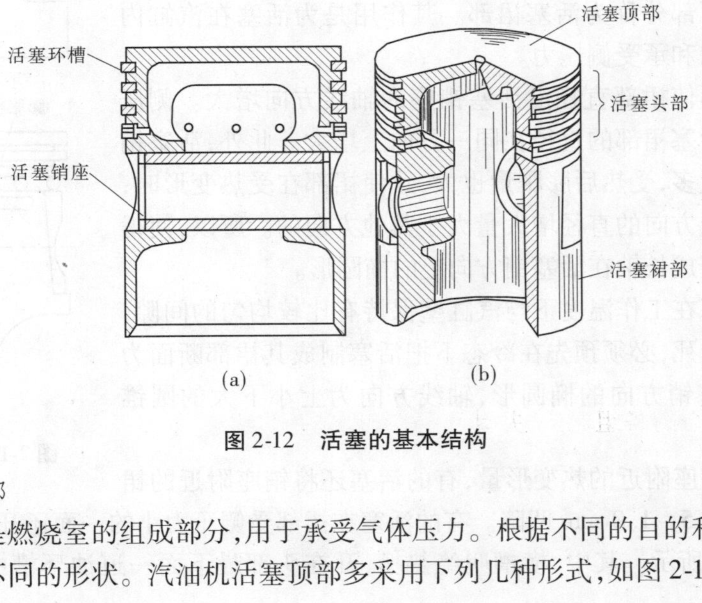

图 2-12 活塞的基本结构

1) 活塞顶部

活塞顶部是燃烧室的组成部分,用于承受气体压力。根据不同的目的和要求,可将活塞顶部制成各种不同的形状。汽油机活塞顶部多采用下列几种形式,如图 2-13 所示:

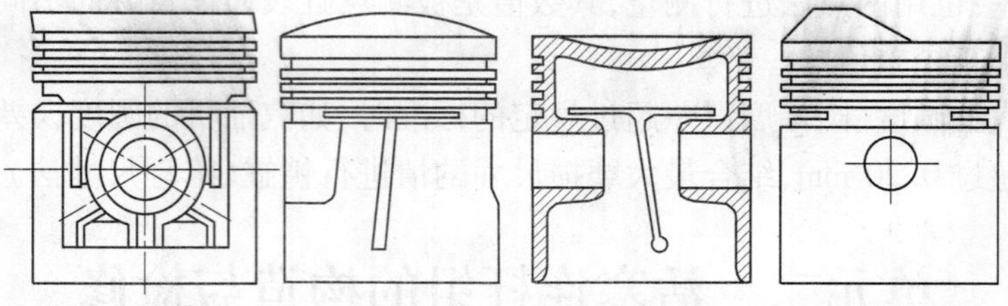

图 2-13　活塞顶部形状

(1)平顶活塞:结构简单,加工方便,受热面积小,在汽油机上广泛采用。

(2)凸顶活塞:顶部刚度较大,制造时可减薄顶部的厚度,因而质量较小,但顶部温度较高,主要适用于二冲程发动机。

(3)凹顶活塞:可以用来调节发动机的压缩比,且可以改善燃烧室形状,但顶部受热量大,易形成积炭,加工制造比较困难。

(4)成型顶活塞:一般适用于对燃烧室有特殊要求的柴油机,特殊的顶部形状可满足燃烧过程中的不同要求。

2)活塞头部

活塞头部是活塞环槽以上的部分。其主要作用是承受气体压力,并传给连杆;与活塞环一起实现对汽缸的密封;将活塞顶所吸收的热量通过活塞环传给汽缸壁。

活塞头部加工有若干道用以安装活塞环的环槽:汽油机活塞一般有 3 道环槽,上面两道用以安装气环,下面一道用以安装油环。在油环槽底面上钻有若干径向小孔,使得被油环从汽缸壁上刮下来的多余机油经过这些小孔流回油底壳。开槽活塞如图 2-14所示。

3)活塞裙部

油环槽以下部分称为活塞裙部。其作用是为活塞在汽缸内作往复运动导向和承受侧压力。

活塞的变形使裙部直径沿活塞销座的轴线方向增大。侧压力的作用也使活塞裙部的直径在同一方向上增大。此外,活塞销座附近的金属量多,受热后膨胀量也大,致使裙部在受热变形时,沿活塞销座轴线方向的直径增大量大于其他方向的。所以,使得活塞裙部断面变成长轴在活塞销方向上的椭圆形。

为了使活塞在工作温度下与汽缸壁保持有比较均匀的间隙,以免在汽缸内卡死,必须预先在冷态下把活塞制成其裙部断面为长轴垂直于活塞销方向的椭圆形,轴线方向为上小下大的圆锥形。

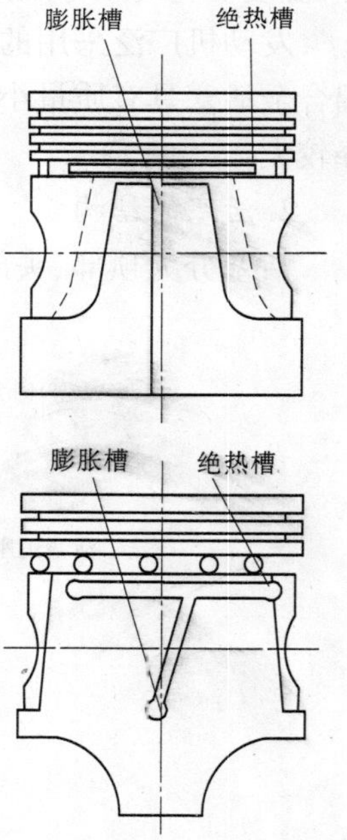

图 2-14　开槽活塞

为了减小销座附近的热变形量,有的活塞还将销座附近的裙部外表面制成 0.5～1.0 mm 凹陷。有的活塞在裙部受侧压力小的一面还开有“T”形和“Π”形槽,如图 2-14 所示。其中,横槽叫绝热槽,开在头部最下面一道油环槽中或裙部上边沿

（横槽开在油环槽中时，还可兼作油孔），其作用是切断从活塞头部向裙部传输的部分热流通道，减少头部热量向裙部的传导，从而减小裙部的热膨胀。竖槽叫膨胀槽，其作用是使裙部具有一定的弹性，从而使冷状态下的装配间隙尽可能小，而在热状态下又因切槽的补偿作用，可避免活塞在汽缸中卡死。

为减小铝合金活塞裙部的热膨胀量，有的活塞在其销座中镶铸有热膨胀系数较低的"恒范钢片"。恒范钢片是含镍的低碳合金钢，其线膨胀系数仅为铸铝的1/10。

为了对活塞裙部表面进行保护，通常还对活塞裙部进行表面处理。汽油机的铸铝活塞裙部外表面镀锡；柴油机的铸铝活塞裙部外表面磷化。

（二）活塞环

1. 活塞环的功用与工作条件

活塞环按其主要功用可分为气环和油环，如图2-15所示。

气环（亦称压缩环）的功用是：保证活塞与汽缸壁间的密封，防止汽缸中的气体窜入曲轴箱；将活塞头部的热量传给汽缸；起刮油、布油的辅助作用。

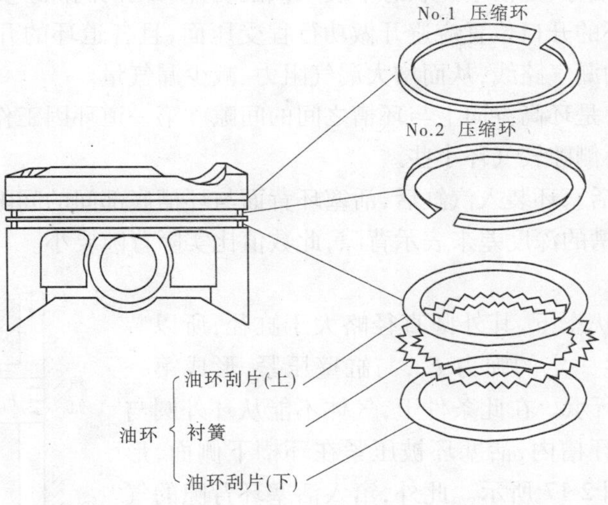

图2-15 活塞环

油环的功用是：将汽缸壁上多余的机油刮回油底壳，并在汽缸壁上均匀地布油。此外，油环兼起密封作用。

活塞环是在高温、高压、高速和润滑困难的条件下工作的。因此，活塞环是发动机中寿命最短的零件之一。

活塞环的材料多采用优质灰铸铁、球墨铸铁或合金铸铁。组合式油环还采用弹簧钢片制造。

第一道活塞环，甚至所有的环，其工作表面都进行多孔镀铬或喷钼。由于多孔型铬层硬度高，并能储存少量机油，从而可以减缓活塞环及汽缸壁的磨损。喷钼可以提高活塞环的耐磨性。

2. 活塞环的结构

发动机工作时，活塞环随活塞在汽缸内作往复运动，有径向涨缩变形现象。因此，活塞环在汽缸内应有开口间隙，与活塞环槽间应有侧隙与背隙，如图2-16所示。

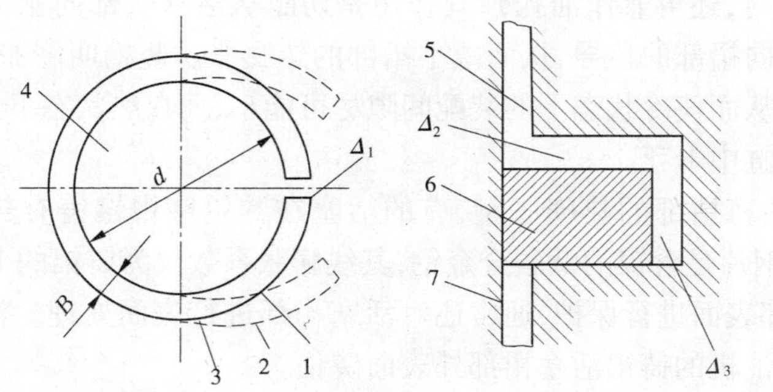

1—活塞环工作状态;2—活塞环自由状态;3—工作表面;4—内表面;

5—活塞;6—活塞环;7—汽缸

Δ_1—开口间隙;Δ_2—侧隙;Δ_3—背隙;d—内径;B—宽度

图 2-16　活塞环的间隙

开口间隙又称端隙,是活塞冷状态下装入汽缸后开口处的间隙。为减少气体的泄漏,装入汽缸时,第一道环的开口位置应避开做功行程受压面,且各道环的开口应相互错开,以获得较长的、迷宫式的漏气路线,从而增大漏气阻力、减少漏气量。

侧隙又称边隙,是环高方向上与环槽之间的间隙。第一道环因工作温度较高,一般间隙比其他环大些,油环侧隙较气环小些。

背隙是活塞和活塞环装入汽缸后,活塞环背面与环槽底部间的间隙。为测量方便,维修中以环的厚度与环槽的深度差来表示背隙,此数值比实际背隙要小。

1)气环

活塞环在自由状态下,其外圆直径略大于缸径,所以装入汽缸后,气环产生一定的弹力 F_1,与缸壁压紧,形成第一密封面,如图 2-17 所示。在此条件下,气体不能从环外圆与缸壁之间通过窜入环槽内,活塞环被压紧在环槽下侧面,形成第二密封面,如图 2-17 所示。此外,窜入活塞环背隙的气体产生背压力 F_2,使环对缸壁进一步压紧,加强了第一、二密封面的密封性,称为第二次密封。在做功行程时,环的背压力远远大于环的弹力,所以此时第一、二密封面的密封性的好坏,主要取决于第二次密封。但是,如果环的弹力不够,在环面与缸壁间出现缝隙,就要漏窜气体,这样就削弱或不能形成第二次密封。因此,活塞环弹力产生的密封是形成第二次密封的前提。

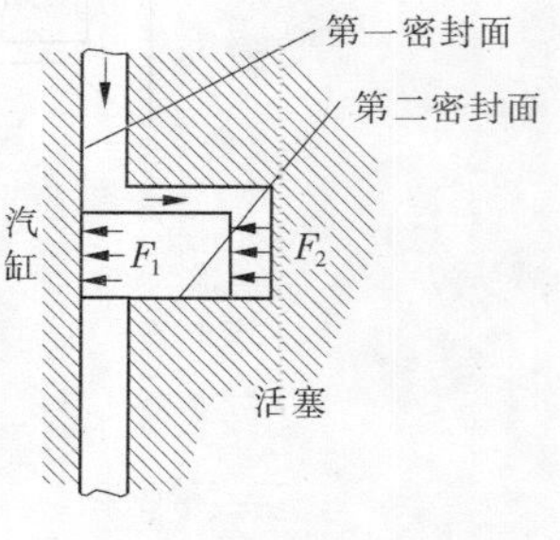

F_1—活塞环自身弹力;F_2—背压力

图 2-17　活塞环密封原理

气环在结构上采用了不同的断面形状,可分为以下几种类型:

(1)矩形环。该环结构简单,制造方便,与缸壁接触面积大,对活塞头部的散热有利,但泵油作用大,如图 2-18(a)、图 2-19所示。

(2)锥形环。该环与缸壁是线接触,有利于磨合和密封。随着磨损的增加,接触面积逐渐增大,最后成为普通的矩形环,如图 2-18(b)所示。

(3)梯形环。该环常用于热负荷较高的柴油机的第一道环。其特点是当活塞受侧压力的作用而改变位置时,环的侧隙相应地发生变化,使沉积在环槽中的结焦被挤出,如图 2-18

(c)所示。

(4)桶面环。该环是近年来用于强化柴油机上的。其特点是活塞环的外圆面为凸圆弧形。当活塞上下运动时,桶面环均能改变形成锲形间隙,使机油容易进入摩擦面,使磨损大为减少,但圆弧表面加工较困难,如图 2-18(d)所示。

(5)扭曲环。该环是在矩形环的内圆上边缘或外圆下边缘切去一部分。将这种环随同活塞装入汽缸时,由于环的弹性内力不对称而产生断面倾斜,其作用是防止活塞环在环槽内上下窜动而造成泵油作用,同时还增加了密封性,易于磨合,并具有向下的刮油作用,如图 2-18(e)所示。

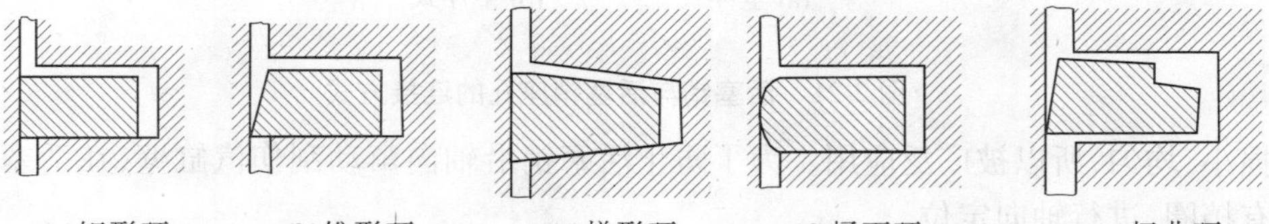

(a)矩形环　(b)锥形环　(c)梯形环　(d)桶面环　(e)扭曲环

图 2-18　气环的断面形状

目前,扭曲环在发动机上得到了广泛应用。安装时,必须注意环的断面形状和方向,对于正扭曲环,应将其内圆切槽向上、外圆切槽向下安装,不能装反。

2)油环

目前,汽车发动机采用的油环有整体式和组合式两种结构形式。

(1)整体式油环。整体式油环没有背压,为提高其对缸壁的压力,并增加刮油次数,在其外圆上切有环形槽,槽底开有若干回油用的小孔或窄槽,如图 2-20 所示。

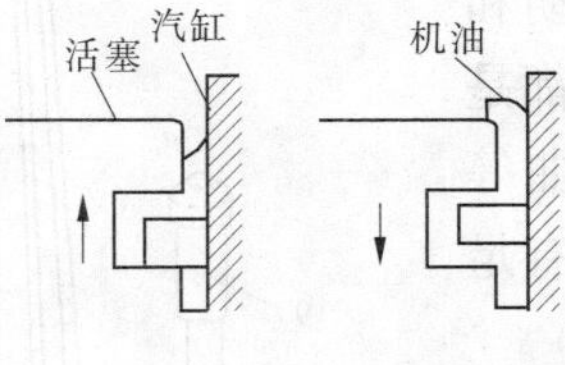

图 2-19　矩形环的泵油作用

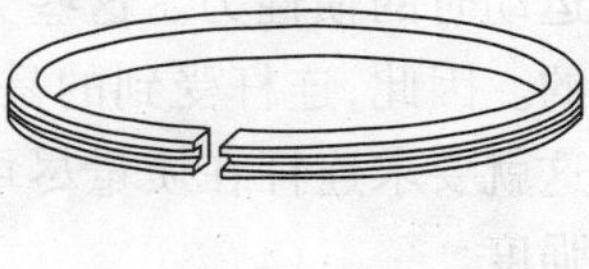

图 2-20　整体式油环

(2)组合式油环。组合式油环一般由刮油钢片和弹性衬簧组成,具有径向和轴向衬簧夹,在上、下刮油钢片之间。这种油环的刮油作用强,刮油片各自独立,故对汽缸的适应性好,如图 2-15 所示。

(三)活塞销

1. 功用与构造

活塞销的功能是连接活塞和连杆小端,将活塞承受的气压力传给连杆。

活塞销在高温下承受很大的周期性冲击负荷,润滑条件差,要求有足够的强度和刚度、表面耐磨、质量尽可能小,因此活塞销通常制成厚壁管状。

2. 连接方式

活塞销与活塞销座孔的连接方式有全浮式和半浮式两种,如图 2-21 所示。

1)全浮式连接

在发动机正常工作温度下,活塞销与连杆小端、活塞销座之间都有相对运动。该连接方

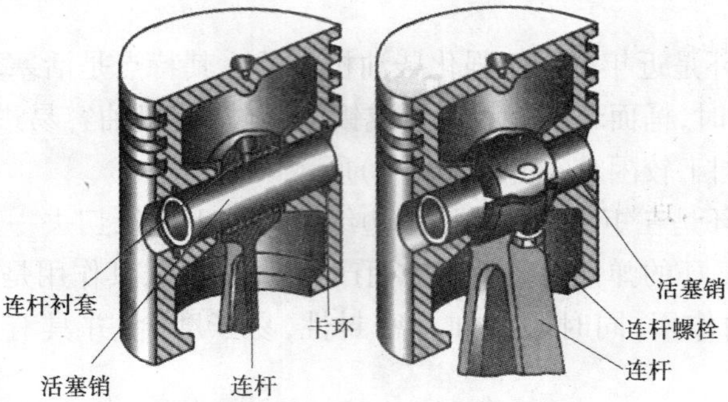

图 2-21　活塞销与活塞销座孔的连接方式

式磨损小、均匀，所以被广泛应用。为了防止活塞销沿轴向窜动刮伤汽缸壁，在活塞销座孔内装有挡圈，进行轴向定位。

2）半浮式连接

半浮式连接就是活塞销与活塞销座孔、连杆小端连接处，一处固定，一处浮动。大多数采用活塞销与连杆小端固定连接的方式。

（四）连杆

1. 连杆的组成与功用

连杆由杆身、连杆盖、连杆螺栓和连杆轴承等部分组成，如图 2-22 所示。承受的力传给曲轴，使活塞的往复运动转变为曲轴的旋转运动。

连杆承受活塞销传来的气体作用力及其本身摆动和活塞组往复运动时的惯性力。这些力的大小和方向都是周期性变化的。因此，连杆受到的是压缩、拉伸和弯曲等交变载荷。这就要求连杆在质量尽可能小的条件下有足够的刚度和强度。

为满足上述要求，连杆一般采用中碳钢或中碳合金钢经模锻或辊锻而成，也有一些采用球墨铸铁制造。为提高连杆的疲劳强度，通常还对螺栓表面采用喷丸处理。

2. 连杆的结构

连杆由小头、杆身和大头（包括连杆盖）三部分组成。

连杆小头与活塞销相连，工作时小头与活塞销之间有相对转动（全浮式），因此小头孔中一般有起减磨作用的青铜衬套。为润滑活塞销与衬套，在小头和衬套上钻有集油槽，用来收集因发动机运转而被激溅到上面的机油，以便润滑。

连杆杆身通常制成“工”字形断面，以求在保证足够的强度和刚度的前提下减小质量。

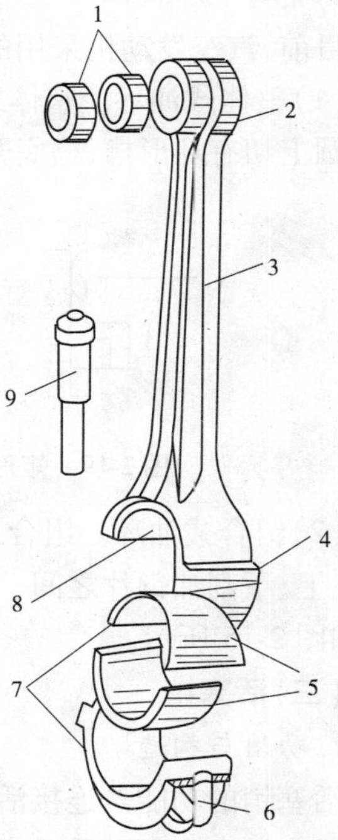

1—连杆衬套；2—连杆小端；
3—杆身；4—连杆大端；
5—连杆轴承；6—连杆盖；
7—凸键；8—凹槽；9—连杆螺栓

图 2-22　连杆

连杆大头与曲轴的连杆轴颈相连，除个别小型汽油机的连杆采用整体式大头外，连杆大头一般都制成分开式，被分开的部分称为连杆盖，用特制的连杆螺栓紧固在连杆大头上。为防止装配错误，在同侧刻有记号。

连杆大头的切口形式分为平切口和斜切口两种。平切口连杆的剖切面垂直于连杆轴线。一般汽油机连杆大头的尺寸都小于汽缸直径，可采用平切口，如图 2-23(a)所示。

柴油机的负荷较大，连杆的受力也大，连杆大头的尺寸往往超过汽缸直径。为使连杆大头能通过汽缸，便于拆装，一般都采用斜切口，如图 2-23(b)所示。斜切口还可以减轻连杆螺栓的受力。

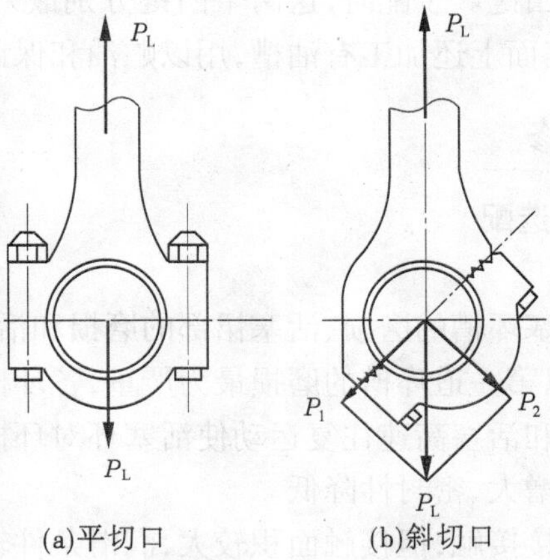

图 2-23　连杆的切口形式

3. 连杆螺栓及其锁止

连杆螺栓是一个要承受很大冲击力载荷的重要零件，当其发生损坏时，将给发动机带来极其严重的后果。因此，一般采用韧性较好的优质合金钢或优质碳素钢锻制或冷镦成形。连杆大头在安装时，必须紧固可靠。连杆螺栓必须按原厂规定的力矩分 2 ~ 3 次均匀地拧紧。为了可靠起见，还必须采用锁止装置，如防松胶、开口销、双螺母、自锁螺母及在其螺纹表面镀铜等，以防工作时自动松动。

4. 连杆轴承

连杆轴承又称连杆轴瓦(俗称小瓦)，装在连杆大头内，用于保护连杆轴颈和连杆大头孔。连杆轴承在工作时承受着较大的交变载荷、高速摩擦、低速大负荷时润滑困难等苛刻条件。为此，要求轴承具有足够的强度、良好的减磨性和耐腐蚀性。

现代发动机所用的连杆轴承是由钢背和减磨合金层组成的分开式薄壁轴承，如图 2-24 所示。

钢背由低碳钢带制成，是轴承的基体。钢背既有足够的强度，以承受近乎冲击性的载荷，又有合适的刚度，以便与轴承孔良好贴合。在钢背的内圆面上浇铸减磨合金层，用于减小摩擦阻力，加速磨合和保持油膜。目

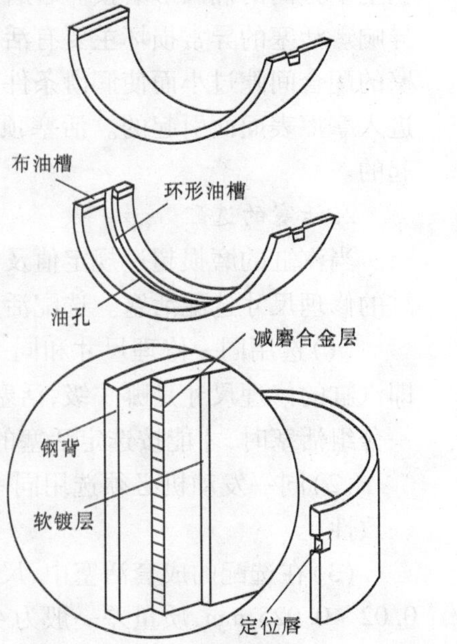

图 2-24　连杆轴承

前，常用的轴承减磨合金主要有白合金、铜铅合金和高锡铝合金。

白合金（又称巴氏合金）轴承减磨性好，但是疲劳强度较低，且耐热性差，因此常用于负荷不大的发动机。铜铅合金和高锡铝合金均具有较高的承载能力和耐疲劳性。含锡量在20%以上的高锡铝合金轴承，在汽油机和柴油机上均得到广泛采用。

连杆轴承装入连杆大头时有一定的过盈，使其能均匀地紧贴在孔壁上，具有很好的承载能力和导热能力。

为了防止连杆轴承在工作中发生转动或轴向移动，在两个连杆轴承的剖分面上，分别冲压出高于钢背面的两个定位凸键。装配时，这两个凸键分别嵌入在连杆大头和连杆盖上的相应凹槽中，在连杆轴承内表面上还加工有油槽，用以贮油和保证可靠润滑。

二、活塞连杆组的检修

（一）活塞的常见损伤和选配

1. 活塞的常见损伤

活塞的磨损主要包括活塞环槽的磨损、活塞裙部的磨损和活塞销座孔的磨损等。

活塞环槽的磨损较大，以第一道环槽的磨损最为严重，各环槽由上而下逐渐减轻。其原因是燃烧室高压燃气的作用和活塞高速往复运动使活塞环对环槽的冲击增大。环槽的磨损将引起活塞环与环槽侧隙的增大、密封性降低。

活塞裙部虽与汽缸壁直接接触，但接触面积较大，润滑条件较好，所以磨损也较轻，通常只在侧压力较大的一侧发生轻微的磨损和擦伤。此外，由于活塞的塑性较好，减振性和磨合性得到显著的改善。当活塞与汽缸的配合间隙过大时，发动机会出现窜油现象，工作时甚至会出现异响。

活塞销座孔的磨损是活塞在工作时受气体压力和往复惯性力的作用，使活塞销座孔产生上下方向的椭圆形磨损。若磨损使活塞销座孔与活塞销的配合松旷，在工作中也会出现异响。活塞的异常损坏主要有活塞裙部刮伤和顶部烧蚀等。活塞刮伤主要是由活塞与汽缸壁的配合间隙过小而使润滑条件变差，以及汽缸内壁严重不清洁，有较多和较大的机械杂质进入摩擦表面而引起的。活塞顶部的烧蚀则是发动机长期超负荷或在爆燃条件下工作引起的。

2. 活塞的选配

当汽缸的磨损超过规定值及活塞发生异常损坏时，必须对汽缸进行修复，并且要根据汽缸的修理尺寸选配活塞。选配活塞时要注意以下几点：

(1)选用同一修理尺寸和同一分组尺寸的活塞。活塞裙部的尺寸是镗磨汽缸的依据，即汽缸的修理尺寸是哪一级，活塞也选用哪一级修理尺寸。由于活塞的分组，只有在选用同一分组活塞时，才能按选定活塞的裙部尺寸进行镗磨汽缸。

(2)同一发动机必须选用同一品牌的活塞。活塞应成套选配，以保证其材料和性能的一致性。

(3)在选配的成套活塞中，尺寸差和质量差应符合要求。成套活塞中，其尺寸差一般为0.02～0.025 mm，质量差一般为4～8 g，销座孔的涂色标记应相同。

新型汽车的活塞与汽缸的配合都采用选配法，在汽缸的技术要求确定的前提下，重点是选配相应的活塞。我国活塞的修理尺寸的级差为0.25 mm，共分6级，最大为1.50 mm；国外有些车型只有1~4个级别。在每一个修理尺寸级别中又分为若干组,通常分为3~6组不等,相邻两组的直径差为0.010~0.015 mm。选配时,要注意活塞的分组标记和涂色标记,有的发动机为薄型汽缸套,活塞不设置修理尺寸,只区分标准系列活塞和维修系列活塞,每一系列活塞中也有若干组供选配。活塞的修理尺寸级别代号常标示在活塞顶部。

活塞的分组适用于标准直径的活塞,也适用于修理尺寸的活塞。在维修过程中,若活塞与汽缸套都换用新件,必须进行分组;若汽缸的磨损较小只需更换活塞,则应选用同一级别活塞中直径最大的一组。

(二)活塞环的选配

1.活塞环的常见损伤

活塞环的常见损伤主要是活塞环的磨损、弹性减弱和折断等。活塞环的磨损主要由于活塞环受高温高压燃气的作用、活塞环往复运动的冲击和润滑不良所致。活塞环的磨损速度较快,当汽缸的圆柱度达到0.09~0.11 mm时,则需要更换活塞环一次。在使用中受高温燃气的影响,活塞环的弹性逐渐减弱,造成活塞环对汽缸的压力降低,使汽缸的密封性变差,出现漏气和窜油现象。在维护中更换活塞环时,应将缸壁上磨出的缸肩刮去,避免撞断第一道活塞环。

2.活塞环的选配

活塞环设有与汽缸和活塞相同级别的修理尺寸,但不因活塞的分组而分组。

活塞环选配时,以汽缸的修理尺寸为依据,同一台发动机应选用与汽缸和活塞修理尺寸等级相同的活塞环。当发动机汽缸磨损后,也应选配与汽缸同一级别的活塞环,严禁选择加大一级修理尺寸的活塞环经过锉削端隙来使用。

对活塞环的要求是:与汽缸、活塞的修理尺寸一致;具有规定的弹力,以保证汽缸的密封性;环的漏光度、端隙、侧隙和背隙应符合原厂规定。

1)活塞环的弹力检验

活塞环的弹力是指使活塞环端隙为零时作用在活塞环上的径向力。活塞环的弹力是建立背压的首要条件,也是保证汽缸密封性的必要条件。弹力过大,会使环的磨损加剧;弹力过小,会使汽缸密封性变差,燃料消耗增加,燃烧室积炭严重。

活塞环弹力检验仪如图2-25所示。将活塞环置于滚轮和底座之间,沿秤杆移动活动量块,使环的端隙达到规定的间隙值。此时,可根据量块在秤杆上的位置读出作用于活塞环上的力,即活塞环的弹力。

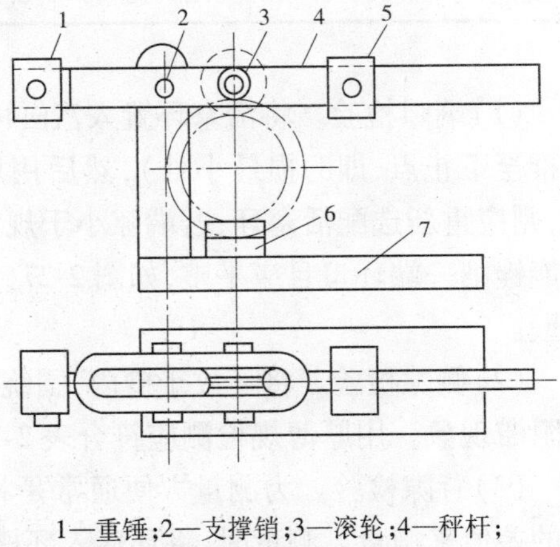

1—重锤;2—支撑销;3—滚轮;4—秤杆;
5—活动量块;6—底座;7—底板

图2-25 活塞环弹力检验仪

具体检验步骤如下所述:

(1)将活塞环弹性正直地放在检验器凹槽里,环的开口向外。

(2)将秤杆压在活塞环上,移动秤杆上的重锤,按规定所需的力将活塞环的开口端隙压至所规定的尺寸。

(3)记录承重负荷技术的数据。

(4)评价弹性状况。

2)活塞环的漏光度检验

活塞环的漏光度检验旨在检测环的外圆表面与缸壁的接触和密封程度,其目的是避免漏光度过大,使活塞环与汽缸的接触面积减小,造成漏气和窜机油的隐患。

常用的活塞环漏光度的简易检查方法是:活塞环置于汽缸内,用倒置的活塞将其推平,用一直径略小于活塞环外径的圆形板盖在环的上侧,在汽缸下部放置灯泡,从汽缸上部观察活塞与汽缸壁的缝隙,确定其漏光情况,如图 2-26所示。

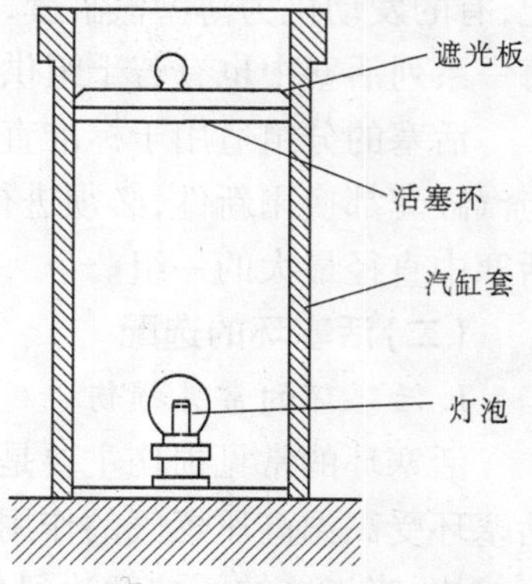

图 2-26　活塞环漏光度的检验

对活塞环漏光度的技术要求是:在活塞环端口左右30°范围内,不应有漏光点;在同一活塞环上的漏光不得多于两处,每处漏光弧长所对应的圆心角不得超过25°,同一环上漏光弧长所对应的圆心角之和不得超过45°;漏光处的缝隙应不大于0.003 mm。

3)活塞环"三隙"的检验

活塞环的三隙是指端隙、侧隙和背隙。一般说来,活塞环的三隙是上环大于下环、柴油机环大于汽油机环、汽缸直径大的环大于直径小的环、发动机压缩比大的环大于压缩比小的环。几种常用汽车发动机活塞环的三隙见表2-1。

表 2-1　常用汽车发动机活塞环的三隙

车型	活塞环开口间隙(mm)			活塞环的侧隙(mm)		
	第一道气环	第二道气环	油环	第一道气环	第二道气环	油环
桑塔纳	0.30~0.45	0.25~0.40	0.25~0.50	0.02~0.05	0.02~0.05	0.03~0.08
捷达	0.30~0.45	0.25~0.40	0.25~0.50	0.03~0.07	0.02~0.06	0.02~0.06
富康	0.30~0.50	0.30~0.50	0.30~0.50	0.03~0.07	0.02~0.06	0.02~0.05
奥迪	0.30~0.45	0.25~0.40	0.25~0.50	0.02~0.05	0.02~0.05	0.02~0.05

(1)端隙检验。将活塞环置入汽缸内,并用倒置的活塞顶部将环推平(对未加工的汽缸应推至下止点,即磨损最小处),然后用厚薄规测量,如图2-27(a)所示。若端隙大于规定值,则应重新选配活塞环;若端隙小于规定值,应用细平锉刀对环的端口进行锉修。锉修时,只能锉削一端环口且应平整,如图2-27(b)所示;锉修后,应去除毛刺,以免在工作时刮伤汽缸壁。

(2)侧隙检验。将环放于槽内,围绕环槽滚动一周,应能自由滚动,既不能松动,又不能有阻滞现象。用厚薄规检测应符合表2-1中要求,如图2-27(c)所示。

(3)背隙检验。为测量方便通常是将活塞环装入活塞内,以环槽深度与活塞环径向厚度的差值来衡量。测量时,将环落入环槽底,再用深度游标卡尺测出环外圆柱面沉入环岸的数值,该数值一般为0~0.35 mm。在实际操作中,通常是以经验法来判断活塞环的侧隙和背隙:将环置入环槽内,环应低于环岸,且能在槽中滑动自如,无明显松旷感觉即可。

(a) 活塞环端隙的检验　(b) 活塞环端头的修理　(c) 活塞环侧隙的检验

图 2-27　活塞环间隙的检验

(三)活塞销的选配

发动机在大修时,应选配标准尺寸的活塞销。若需修配尺寸的活塞销,必须按照活塞销直径的加大量铰配活塞销座孔和连杆衬套。装配时,用经验法掌握三者配合间隙的依据和方法是:在常温下应有微量过盈或间隙,如铝合金活塞的配合值控制在 -0.002 ~ 0.007 5 mm;用手掌的力量将活塞销推入座孔时,应感觉有一定紧度,至少能推入座孔的 1/3 ~ 1/2;将活塞放在 80 ℃左右的机油中升温,取出后应能用手顺利地将其推进座孔内。用手不能推进时,不要用锤硬敲,以免打坏活塞,应查明原因,予以修配,直至符合标准。

(四)连杆的检测与校正

1. 连杆变形的检验

连杆变形的检验在连杆校正仪上进行,如图 2-28 所示。

连杆校正仪能检验连杆的弯曲、扭曲、双重弯曲等。

检验时,首先将连杆大端的轴承盖装好,不装连杆轴承,并按规定的拧紧力矩将连杆螺栓拧紧,同时将标准心轴装入小端衬套的承孔中。然后将连杆大端套装在支承轴上,通过调整定位螺钉使支承轴扩张,将连杆固定在校正仪上。测量工具是一个带有 V 形槽的三点规。三点规上的三点构成的平面与 V 形槽的对称平面垂直,两下测点的距离为 100 mm,上测点与两下测点连线的距离也为 100 mm。

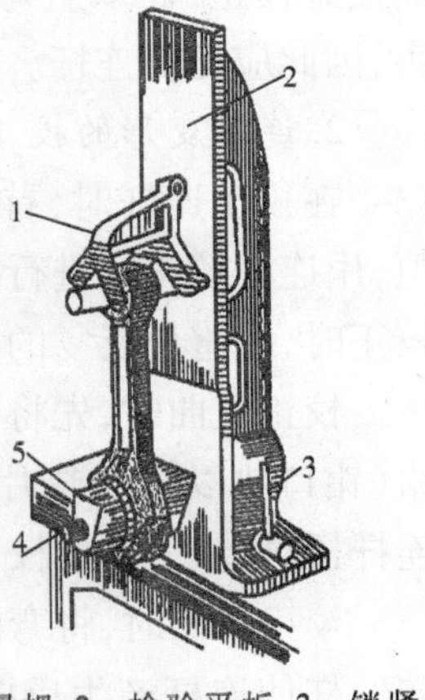

1—量规;2—检验平板;3—锁紧板杆;4—调整螺钉;5—支承轴

图 2-28　连杆校正仪

测量时,将三点规的 V 形槽靠在心轴上并推向检验平板。如三点规的 3 个测点都与检验平板接触,说明连杆不变形。

若上测点与平板接触,两下测点与平板不接触且间隙一致,或两下测点与平板接触,而上测点不接触,表明连杆弯曲。可用厚薄规测出测点与平板之间的间隙,即连杆在 100 mm 长度上的弯曲度,如图 2-29 所示。

若只有一个下测点与平板接触,另一个下测点与平板不接触,且间隙为上测点与平板间隙的两倍,这时下测点与平板的间隙,即为连杆在 100 mm 长度上的扭曲度,如图 2-30 所示。

在测量连杆变形时,有时会遇到下面两种情况:一种是连杆同时存在弯曲和扭曲,反映在一个下测点与平板接触,但另一个下测点的间隙不等于上测点间隙的两倍。这时,下测点与平板的间隙为连杆扭曲度,而上测点间隙与下测点间隙的一半的差值为连杆弯曲度;另一种连杆存在如图 2-31 所示的双重弯曲,检验时先测量出连杆小端端面与平板距离,然后将连杆翻转 180°后,按同样方法测出此距离。若两次测出的距离数值不等,即说明连杆有双

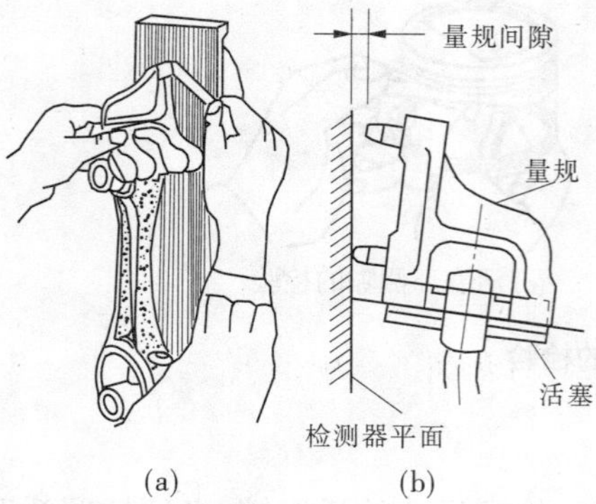

图 2-29　连杆弯曲检验

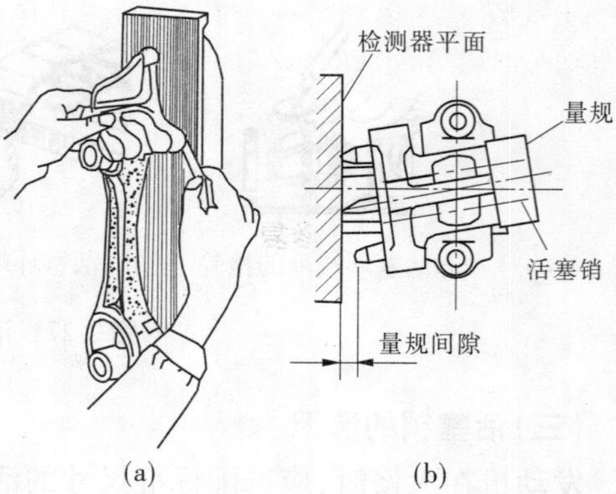

图 2-30　连杆扭曲检验

重弯曲，两次测量数值之差为连杆双重弯曲度。

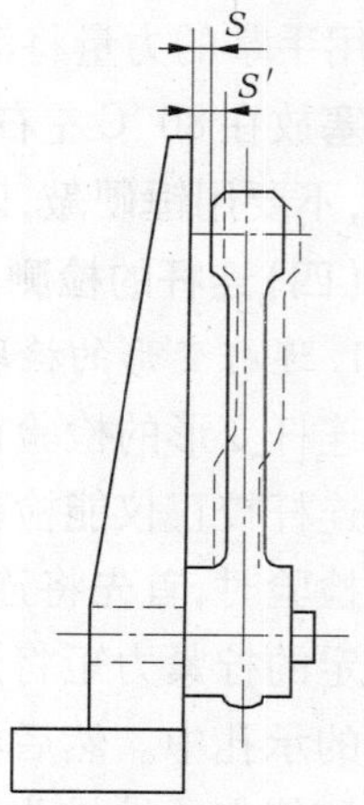

S—变形前距离；S′—变形后距离

图 2-31　连杆双重弯曲的检验

在汽车维修技术标准中，对连杆的变形作了如下规定：连杆小端轴线与大端应在同一平面，在该平面上的平行度公差为100∶0.03，该平面的法向平面上的平行度公差为100∶0.06。若连杆的弯曲度和扭曲度超过公差值，应进行校正。连杆的双重弯曲通常不予校正，因为连杆大、小端对称平面偏移的双重弯曲极难校正，而双重弯曲对曲柄连杆机构的正常使用极为有害，因此应更换连杆。

2. 连杆变形的校正

在校正连杆时，首先要记下连杆弯曲与扭曲的方向和数值，用连杆校正仪进行校正。通常是先校正扭曲，后校正弯曲。校正时，应避免反复的过校正。

校正扭曲时，先将连杆下端按规定装配和拧紧，然后用台钳（钳口垫以金属垫片）夹紧连杆大端侧面，使用专用扳钳在连杆杆身上、下部位校正扭曲变形，如图 2-32 所示。

校正弯曲时，将弯曲的连杆置入专用的压器，如图 2-33 所示，弯曲的凸起部位朝上，扳转丝杠使连杆产生反向变形并停留一定时间，待金属组织稳定后再卸下，检查连杆的回位量，经反复校正，直至连杆校正至合格。

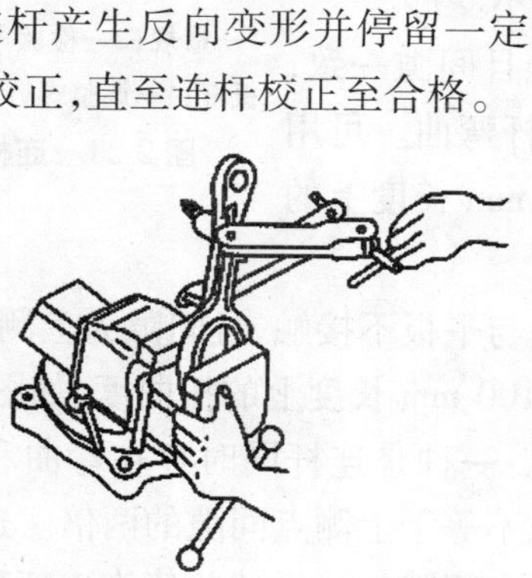

图 2-32　连杆扭曲的校正

图 2-33　连杆弯曲的校正

在常温下校正连杆，由于材料弹性后效的作用，在卸去负荷后连杆有恢复原状的趋势，从而影响连杆的正常使用。因此，在校正变形量较大的连杆后，必须进行时效处理。方法是：将连杆加热至 573 K，保温一定时间即可。校正变形量较小的连杆，只需在校正负荷下保持一定时间，不必进行时效处理。

（五）连杆衬套的修复

在更换活塞销的同时，必须更换并铰削连杆衬套内孔，以恢复配合间隙。新衬套的外径应与连杆小端承孔有 0.10～0.20 mm 的过盈量，以防止衬套在工作中发生转动。

1. 更换衬套

（1）压出旧衬套。用手锤和专用铳头将旧衬套敲出。

（2）压入新衬套。将衬套的倒角一端对着连杆小端有倒角的一端，整体式衬套上的油孔应对正连杆小端油孔；再将衬套放正，垫上专用铳头，在压床或台钳上缓缓压入至与端面齐平。

2. 铰削衬套

（1）选择铰刀。根据活塞销直径选择手动可调节铰刀，并将铰刀的刀把垂直装于钳口并夹紧。

（2）调整铰刀。把连杆小端套入铰刀，一手托住连杆大端，一手压下连杆小端，以刀刃出衬套上面 3～5 mm 为第一刀的铰削量，以后各刀可将调整螺母旋转 60°～90°作为吃刀量，一刀可小些。

（3）铰削操作时，应一手把持住连杆小端并向下略施压力，一手托住连杆大端并按顺时针方向均匀用力扳转进行铰削，如图 2-34 所示。铰削时，应保持连杆杆身与铰刀轴线相垂直，以防铰偏。保持铰刀位置不变，再将连杆翻转重铰一次，以保证衬套内圆的圆柱度。

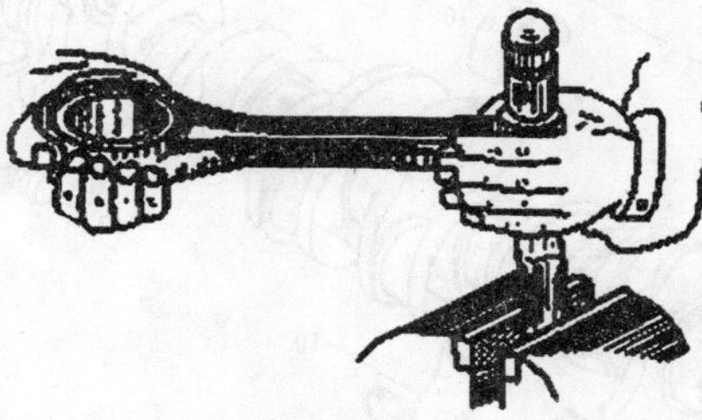

图 2-34　连杆衬套的铰削

（4）试配。为防止铰削过度，应边铰削边用活塞销试配。试配时，当用手能将活塞销推入衬套 1/3～2/5 时，应停止铰削。将活塞销放正，用木锤敲入衬套内，然后用台钳夹紧活塞销的两端，来回转动连杆数次，如图 2-35（a）所示，再将销敲出，视衬套接触印痕及配合松紧程度进行刮削修正。

（5）修刮。根据衬套接触印痕和松紧度，用刮刀修刮。刮削一般按“刮重留轻、刮大留小”的原则进行。衬套修刮后，与活塞销的松紧度应合适，即以拇指力能将涂有机油的活塞销推入衬套，如图 2-35（b）所示；接触印痕应呈点状均匀分布，轻重一致，接触面积应不小于 75%。

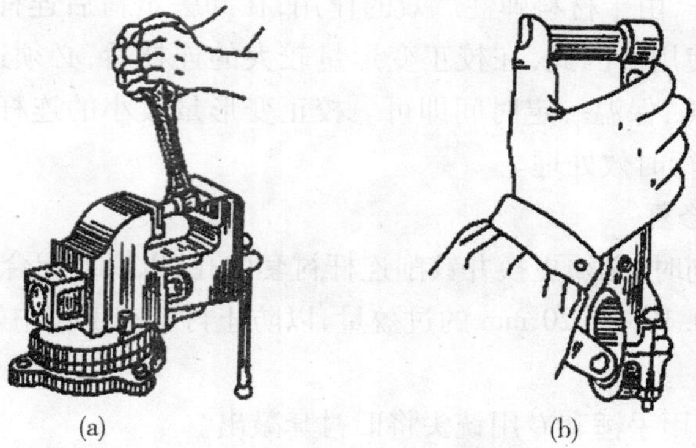

图 2-35　检验活塞销与连杆衬套的配合

单元三　曲轴飞轮组的构造与检修

曲轴飞轮组由曲轴、飞轮、曲轴带轮、正时齿轮、扭转减振器等组成，如图 2-36 所示。

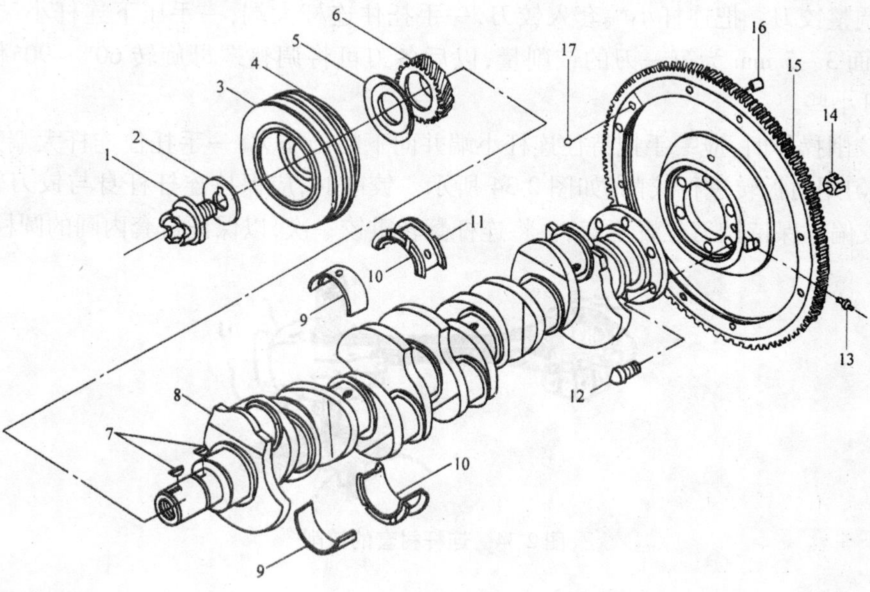

1—启动爪；2—启动爪锁紧垫圈；3—扭转减振器；4—皮带轮；5—挡油片；6—正时齿轮；7—半圆键；8—曲轴；9—主轴承上、下瓦；10—中间主轴承上、下瓦；11—止推片；12—螺栓；13—润滑脂嘴；14—螺母；15—飞轮与齿圈；16—离合器盖定位销；17—第一、六缸活塞压缩行程上止点记号

图 2-36　曲轴飞轮组

一、曲轴

(一)功用与工作条件

曲轴的主要功用是把活塞连杆组传来的气体压力转变为转矩并对外输出；另外，还用来驱动发动机的配气机构和其他各种辅助装置。

曲轴在工作时要承受周期性变化的气体压力、往复惯性力和离心力，以及它们产生的转矩和弯矩的共同作用。因此，要求曲轴用刚度、强度、韧性和耐磨性都比较高的材料制造，一般都采用中碳钢或中碳合金钢模锻，并需要满足动平衡要求。

（二）结构与平衡

1. 结构

曲轴的基本组成包括前端轴、主轴颈、连杆轴颈、曲柄、平衡重和后端凸缘等，如图 2-37 所示。

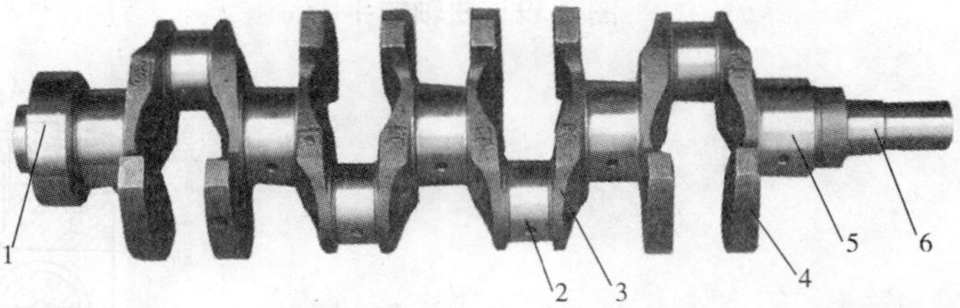

1—后端凸缘；2—连杆轴颈；3—曲柄；4—平衡重；5—主轴颈；6—前端轴

图 2-37　曲轴

一个连杆轴颈与它两端的曲柄及主轴颈构成一个曲拐。曲轴的曲拐数取决于汽缸的数目和排列方式。直列式发动机曲轴的曲拐数等于汽缸数；V 型发动机曲轴的曲拐数等于汽缸数的一半。

主轴颈是曲轴的支承部分。每个连杆轴颈两边都有一个主轴颈者，称为全支承式曲轴，全支承式曲轴的主轴颈数总比连杆轴颈数多一个；主轴颈数少于连杆轴颈数者，称为非全支承式曲轴。全支承式曲轴的优点是可以提高曲轴的刚度，且主轴承的负荷较小。故它在汽油机和柴油机中广泛采用。曲轴的支承形式如图 2-38 所示。

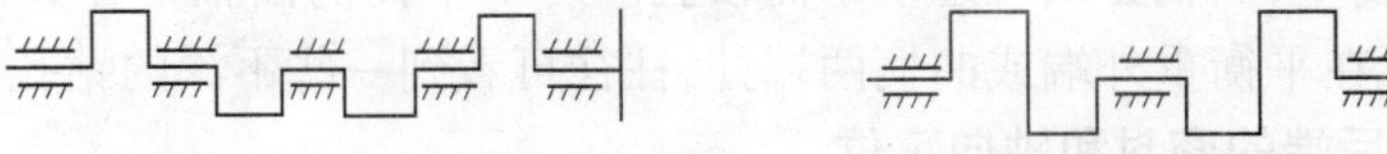

(a)全支承式　　(b)非全支承式

图 2-38　曲轴的支承形式示意图

曲轴上钻有贯穿主轴承、曲柄和连杆轴承的油道，以使主轴承内的润滑油经此贯穿油道流至连杆轴承。

2. 平衡

曲柄是用来连接主轴颈和连杆轴颈的。平衡重的作用是平衡连杆大头、连杆轴颈和曲柄等产生的离心力及其力矩，有时也平衡活塞连杆组的往复惯性力及其离心力矩，使发动机运转平稳，并可减小曲轴主轴承的负荷。对四缸以上的直列式发动机，因曲拐是对称布置的，从整体上来说，其惯性力、离心力及其所产生的力矩是平衡的，但曲轴局部却承受弯矩作用，如图 2-39（a）所示。图中惯性力 F_1、F_4 与 F_2、F_3 互相平衡，力矩 M_{1-2} 与 M_{3-4} 互相平衡，但两个力矩对曲轴产生弯曲载荷。为了减轻主轴承的负荷、改善其工作条件，一般都在曲柄的相反方向上设置平衡重，使其产生的力矩与上述惯性力矩相平衡，如图 2-39（b）所示。

有的平衡重与曲轴制成一体，有的则单独制成零件，再用螺栓固定在曲柄上形成装配式平衡重，如图 2-40 所示。

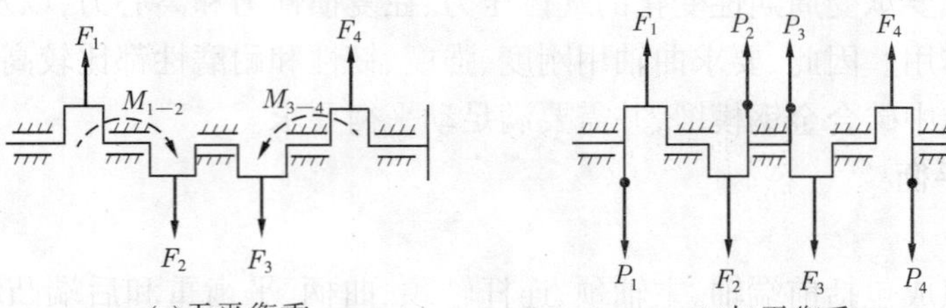

(a)无平衡重　　(b)加平衡重

图 2-39　曲轴的平衡

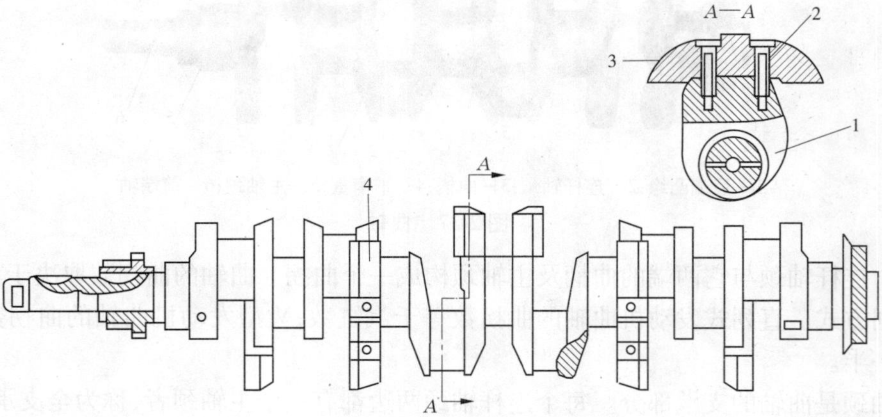

1—曲轴;2—螺栓;3—平衡重;4—紧固螺栓焊缝

图 2-40　装配式平衡重曲轴

无论有无平衡重,曲轴必须经过动平衡校验。对不平衡的曲轴常在其偏重的一侧钻去一部分质量,因此在平衡重外端或曲柄两端处,往往可看到一些不深的钻孔。

(三)曲轴前后端的密封和轴向定位

曲轴前端装有驱动配气凸轮轴的正时齿轮、驱动风扇和水泵的皮带轮。为了防止机油沿曲轴轴颈外漏,在曲轴前端装有甩油盘,并装有油封。

曲轴后端安装有飞轮用的凸缘。在后轴颈与飞轮凸缘之间制有挡油凸缘与回油螺纹,以阻止机油向后窜漏。

发动机工作时,曲轴经常受到离合器施加于飞轮的轴向力作用及其他作用,从而有轴向窜动的可能。因曲轴的窜动将破坏曲柄连杆机构一些零件的正确位置,故必须用止推片加以限制。在曲轴受热膨胀时,其应能自由伸长,所以曲轴上只能有一个地方设置轴向定位装置。

止推片的形式一般有两种:一种是翻边轴承的翻边部分;另一种是单面制有减磨合金层的止推片。安装时,应将涂有减磨合金层的一面朝向旋转面。止推片的形式如图 2-41 所示。

主轴承(俗称大瓦)的基本构造与连杆轴承大体相同,主要不同点是:为了润滑连杆轴承,在主轴承上都开有轴向油槽和主油孔。有些负荷不太大的发动机,为了通用化,上下两片轴承都制有油槽。有些发动机只在上轴承开油槽式通油孔,而负荷较重的下轴承不开油槽,相应的主轴颈上开径向通孔。这样,主轴承可不断地向连杆轴承供给润滑油。但应注

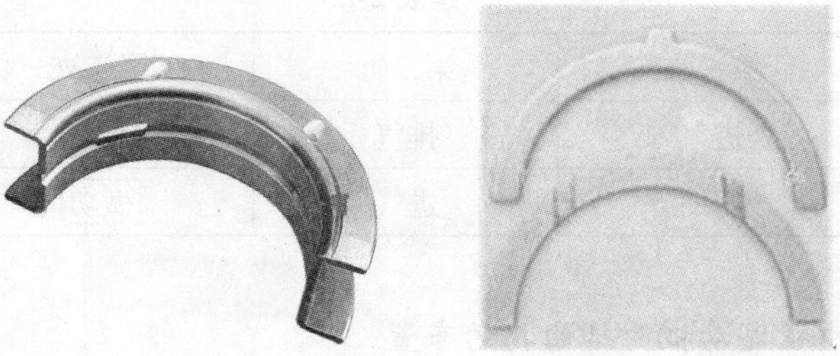

图 2-41 止推片的形式

意，后一种主轴承上下片不能互换，否则主轴承的来油通路将被堵塞。

(四)曲拐的布置

曲轴的形状和各曲拐的相对位置(即曲拐的布置)，取决于缸数、汽缸的排列形式(直列、V 型)和各缸工作顺序。在安排多缸发动机的工作顺序时，应力求使各缸做功间隔均匀，即发动机在一个工作循环中的各缸做功间隔时间(以曲轴转角表示，称为做功间隔角)应均匀。对于缸数为 i 的四冲程发动机，做功间隔角为 $720°/i$，即曲轴每转 $720°/i$，就应有一个汽缸做功，以保证发动机运转平稳。

常见的几种多缸发动机曲拐的布置和工作顺序如下所述。

1. 直列四缸四冲程发动机曲轴曲拐的布置

这种曲轴曲拐对称布置于同一平面内，做功间隔为 $720°/4 = 180°$，各缸的工作顺序有 1—3—4—2 和 1—2—4—3 两种。其结构与工作循环如图 2-42、表 2-2 所示。

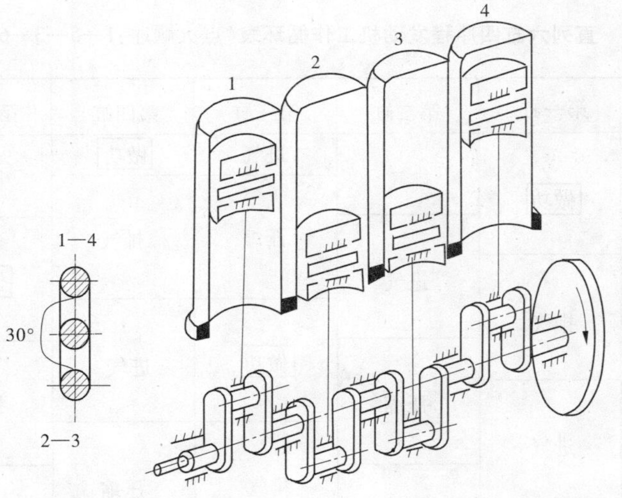

图 2-42 直列四缸发动机曲拐布置图

表 2-2 直列四缸四冲程发动机工作循环表(点火顺序:1—2—4—3)

曲轴转角(°)	第一缸	第二缸	第三缸	第四缸
0 ~ 180	做功	压缩	排气	进气
180 ~ 360	排气	做功	进气	压缩

续表 2-2

曲轴转角(°)	第一缸	第二缸	第三缸	第四缸
360 ~ 540	进气	排气	压缩	做功
540 ~ 720	压缩	进气	做功	排气

2. 直列六缸四冲程发动机曲轴曲拐的布置

这种曲轴是应用较广的一种曲轴,各缸的工作顺序为 1—5—3—6—2—4,曲拐均匀布置在互成 120°的三个平面内,做功间隔角为 720°/6 = 120°。这种曲轴的曲拐布置与工作循环分别如图 2-43、表 2-3 所示。

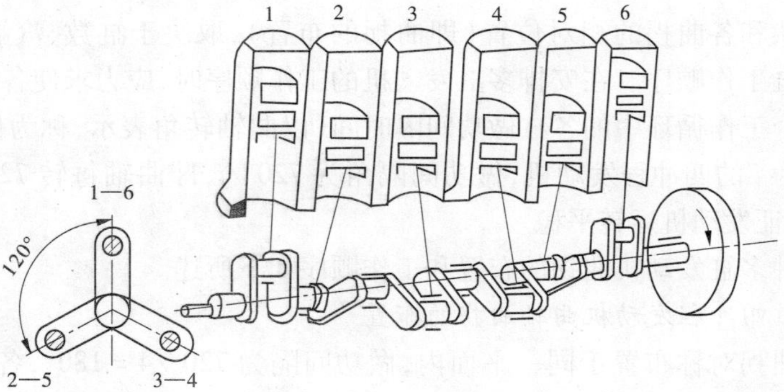

图 2-43　直列六缸发动机曲拐布置图

表 2-3　直列六缸四冲程发动机工作循环表(点火顺序:1—5—3—6—2—4)

<table>
<tr><th colspan="2">曲轴转角(°)</th><th>第一缸</th><th>第二缸</th><th>第三缸</th><th>第四缸</th><th>第五缸</th><th>第六缸</th></tr>
<tr><td rowspan="3">0~180</td><td>0</td><td rowspan="3">做功</td><td rowspan="2">排气</td><td>进气</td><td>做功</td><td rowspan="2">压缩</td><td rowspan="3">进气</td></tr>
<tr><td>60</td><td rowspan="3">压缩</td><td rowspan="3">排气</td></tr>
<tr><td>120</td><td rowspan="3">进气</td><td rowspan="3">做功</td></tr>
<tr><td rowspan="3">180~360</td><td>180</td><td rowspan="3">排气</td><td rowspan="3">压缩</td></tr>
<tr><td>240</td><td rowspan="3">做功</td><td rowspan="3">进气</td></tr>
<tr><td>300</td><td rowspan="3">压缩</td><td rowspan="3">排气</td></tr>
<tr><td rowspan="3">360~540</td><td>360</td><td rowspan="3">进气</td><td rowspan="3">做功</td></tr>
<tr><td>420</td><td rowspan="3">排气</td><td rowspan="3">压缩</td></tr>
<tr><td>480</td><td rowspan="3">做功</td><td rowspan="3">进气</td></tr>
<tr><td rowspan="3">540~720</td><td>540</td><td rowspan="3">压缩</td><td rowspan="3">排气</td></tr>
<tr><td>600</td><td rowspan="2">进气</td><td rowspan="2">做功</td></tr>
<tr><td>660
720</td><td>排气</td><td>压缩</td></tr>
</table>

二、扭转减振器

发动机运转时,各缸气体压力和往复运动件的惯性力是周期性地作用在曲轴连杆轴颈上的,给曲轴一个周期性变化的扭转外力,使曲轴发生忽快忽慢的转动,从而形成曲轴对于飞轮的扭转摆动,即曲轴的扭转振动。为了削减曲轴的扭转振动,有的发动机在曲轴前端装有扭转减振器。常用的扭转减振器还有摩擦式和黏液(硅油)式等数种。

橡胶式扭转减振器用螺栓将减振器圆盘与曲轴带轮及轮毂紧固在一起,将橡胶层与圆盘及惯性盘硫化在一起。当曲轴发生扭转振动时,力图保持等速转动的惯性盘使橡胶层发生内摩擦,从而消除扭转振动的能量,避免扭振,如图 2-44 所示。

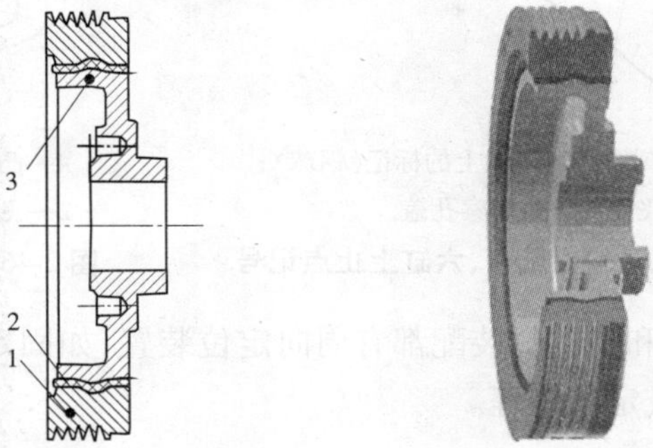

1—惯性盘;2—橡胶层;3—带轮

图 2-44　橡胶式减振器

三、飞轮

飞轮是一个转动惯量很大的金属圆盘,其主要功用是储存做功行程中的部分能量,以克服在其他行程中的阻力来完成发动机的工作循环,使曲轴的旋转角速度和输出转矩尽可能均匀,使发动机具有克服短时超负荷的能力,同时将发动机的动力传给离合器。在发动机的工作循环中只有做功行程产生动力,其他行程消耗动力。即使多缸发动机间隔做功,给曲轴的也是周期性变化的扭转外力,但仍出现曲轴运转忽快忽慢的现象,缸数越少该现象越明显。

飞轮用螺栓固定于曲轴后端凸缘或后端面(无凸缘者)上。为了在同样质量下增大转动惯量,飞轮的外缘做得较厚。飞轮外缘镶有齿圈,与起动机齿轮啮合。齿圈与飞轮间有很大的配合过盈,是将齿圈加热进行镶配形成的。

飞轮上通常刻有第一缸上止点记号(有的刻在前端皮带盘上),多数刻有点火提前角刻度线(汽油机)或供油提前角刻度线(柴油机),以便调整和检验点火正时、供油提前角和气门间隙。

图 2-45 为汽油机飞轮上第一、六缸上止点记号,当飞轮上的镀铬钢球与飞轮壳观察孔边缘上的刻线对正时,即表明此时第一、六缸活塞正位于上止点。当飞轮上的刻线与飞轮壳观察孔边缘上的刻线对正时,第一、六缸活塞位于上止点前 12°,可用于检查、调整其点火正时。

图 2-46 为柴油机飞轮上的刻记,在外圆柱面上刻有第一缸上止点记号和供油提前角刻度线。当飞轮上的刻线 0 与窗口凸缘的边缘 *A* 对正时,第一缸活塞正处于上止点位置,当飞轮上的刻线 15 对正边缘 *A* 时,此为第一缸开始供油的位置。

飞轮与曲轴装配后应进行动平衡校验。为保证拆卸和装配时不破坏其平衡状态和上述

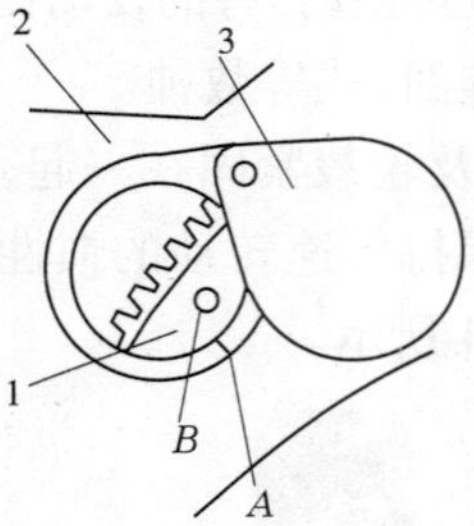

A—小飞轮壳上的刻线；B—飞轮上的标记（钢球）；
1—飞轮；2—飞轮壳；3—观察孔盖

图 2-45　汽油机飞轮上第一、六缸上止点记号

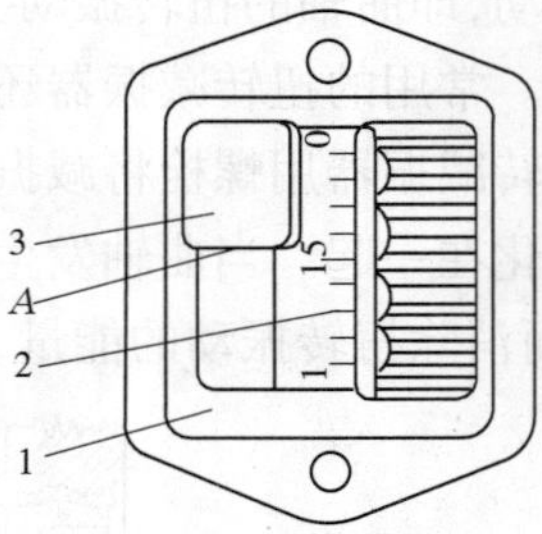

A—凸缘边缘；1—检查窗孔；
2—飞轮上的刻线；3—凸缘

图 2-46　柴油机飞轮上的刻记

确定位置的记号，飞轮和曲轴的装配都有周向定位装置，如固定螺孔采用不对称布置、两种不同直径的固定螺栓或定位销等。

四、曲轴飞轮组的检修

曲轴飞轮组是发动机的重要组件，它将发动机的动力以转矩形式输出。曲轴本身结构形状复杂，沿长度方向各处断面尺寸差异很大，曲轴的抗弯强度低，连杆轴颈与曲柄臂交接处应力集中相当严重，在工作时，既要承受不断变化的燃烧气体压力和活塞连杆组往复运动的惯性力，还要承受自身旋转运动的离心惯性力，以及这些力所形成的力矩的作用。如果曲轴的扭转刚度不够或动不平衡值逾限，在高速运动时就会引起曲轴强烈的扭转共振。另外，曲轴各道轴颈表面要承受很大的单位压力，且有很高的滑动摩擦速度，摩擦副的散热条件也较差。上述工况可能导致曲轴的弯曲、扭转、断裂破坏和轴颈磨损。对曲轴进行适时的检验和及时的修理，可有效地提高发动机的性能和延长其使用寿命。

（一）曲轴的耗损与检验

1. 曲轴的耗损

1）轴颈的磨损

曲轴主轴颈和连杆轴颈的磨损是不均匀的，但磨损部位有一定的规律性。

主轴颈和连杆轴颈径向最大磨损部位相互对应，即各主轴颈的最大磨损靠近连杆轴颈，而连杆轴颈的最大磨损部位在主轴颈一侧。曲轴轴颈沿轴向还有锥形磨损。连杆轴颈的径向不均匀磨损是由作用在轴颈上的力沿圆周方向分布不均匀引起的。在发动机工作时，连杆轴颈承受着由连杆传来的周期性变化的气体压力、活塞连杆组往复运动的惯性力及连杆大头回转运动的离心力作用，这些力的合力作用在连杆轴颈内侧，方向始终沿曲柄半径向外，使连杆大头始终压紧在连杆轴颈内侧，因而连杆轴颈的内侧磨损最大。连杆轴颈轴向也存在不均匀磨损。由于通往连杆轴颈的油道是倾斜的，曲轴旋转时，在离心力的作用下，与油流相背的一侧的轴承间隙形成涡流，使机械杂质偏积在连杆轴颈的这端，因而加速了这端轴颈的磨损，使连杆轴颈磨损呈锥形。此外，连杆弯曲、连杆大头不对称等造成轴颈受力不均匀，使轴颈沿轴向呈不均匀磨损，如图 2-47 所示。

主轴颈径向的不均匀磨损主要受连杆、连杆轴颈及曲柄臂离心力的影响，使靠近连杆轴颈一侧的主轴颈与轴承间发生的相对磨损较大。如图 2-48 所示，五个主轴颈中，第 2、4 道主轴颈由于两边都有连杆轴颈,受力较均匀,磨损也较均匀,而其余三道主轴颈的磨损中靠近连杆轴颈的一侧的严重。

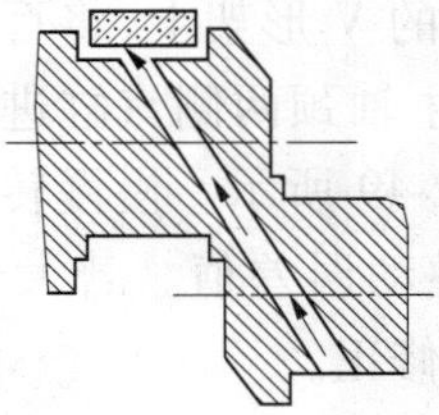

图 2-47　偏积在连杆轴颈上的润滑油中的杂质

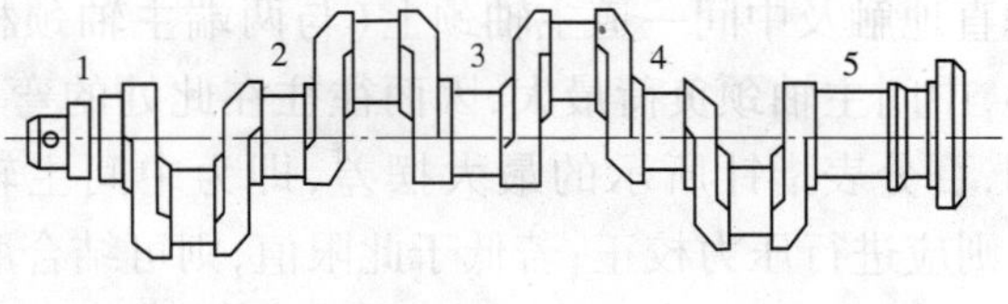

图 2-48　曲轴轴颈的磨损规律

实践证明,连杆轴颈的磨损比主轴颈的磨损更严重,这主要是由于连杆轴颈的负荷较大、润滑条件较差等造成的。同时,主轴颈的不均匀磨损的后果相当严重,各轴颈不同方向的磨损导致主轴颈同轴度的破坏,这往往是导致某些曲轴断裂的原因。轴颈表面还可能出现擦伤和烧伤。擦伤主要是由机油不清洁,其中较大的机械杂质在轴颈表面划成沟痕形成的。烧瓦后,轴颈表面会出现严重的擦伤划痕,轴颈表面烧灼变成蓝色。

2)曲轴的弯曲与扭曲变形

所谓曲轴的弯曲是指主轴颈的同轴度误差大于0.05 mm的弯曲。若连杆轴颈分配角误差大于0°~30°,则称为曲轴扭曲。曲轴产生弯曲和扭曲变形,是由于使用不当和修理不当造成的。如发动机在爆震和超负荷等条件下,个别汽缸不工作或工作不均衡、各道主轴承松紧度不一致、主轴承承孔同轴度偏差增大等,都会造成曲轴承载后的弯扭变形。曲轴弯曲变形后,将加剧活塞连杆组各汽缸的磨损,以及曲轴和轴承的磨损,甚至导致曲轴的疲劳折断。曲轴的扭曲变形将影响发动机的配气正时和点火正时。经验表明,扭曲变形主要是由烧瓦和个别活塞卡缸(胀缸)造成的。当个别汽缸壁间隙过小或活塞热膨胀过大时,活塞运动阻力将增大,曲轴运转不均匀,甚至活塞卡缸。未及时发现上述问题或卡缸发生后处理不当,便会导致曲轴的扭曲。此外,拖挂时起步过猛和紧急制动(未踩下离合器)、超载等,都会引起曲轴的扭曲变形。

3)曲轴的断裂

曲轴的裂纹一般是由冲击载荷造成的,多发生在曲柄臂与轴颈之间的过渡圆角处以及油孔处。前者是横向裂纹,严重时将造成曲轴断裂;后者多为轴向裂纹,沿斜置油孔的锐边向轴向发展。曲轴的横向、轴向裂纹主要是由应力集中引起的,曲轴变形和修磨不慎也会使过渡区的应力陡增,易导致曲轴的疲劳断裂。

4)曲轴的其他损伤

曲轴的其他损伤有:启动爪螺纹孔的损伤、曲轴前后油封轴颈的磨损、曲轴后凸缘固定飞轮的螺栓孔磨损、凸缘盘中间支承孔磨损,以及皮带轮轴颈和凸缘圆跳动误差过大等。

2. 曲轴的检验

曲轴的检验主要包括裂纹的检验、变形的检验和磨损的检验等。

1)裂纹的检验

曲轴清洗干净后,首先应检查有无裂纹。可用磁力探伤法、浸油敲击法或荧光探伤法等进行裂纹的检验。

2）变形的检验

检验弯曲时，应以曲轴两端主轴颈的公共轴线为基准，检查中间主轴颈的径向圆跳动误差。检验时，将曲轴的第一道和最后一道主轴颈放置在检验平板的 V 形架上，将百分表触头垂直地触及中间一道主轴颈上（与两端主轴颈相比较，因中间主轴颈两侧汽缸进气阻力最小，中间主轴颈负荷最大，因而往往在此处的弯曲最大），如图 2-49 所示。慢慢转动曲轴一圈，百分表指针所示的最大摆差，即为中间主轴颈的径向圆跳动误差值。若大于 0.15 mm，则应进行压力校正；若低于此限值，则可结合磨削主轴颈予以修正。

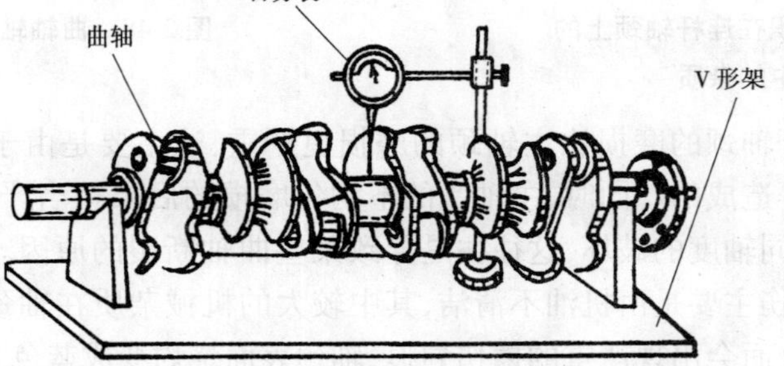

图 2-49　曲轴弯曲、扭曲的检验

3）磨损的检验

经探伤检查，对允许修复的曲轴进行轴颈磨损量的检查。首先检视轴颈有无磨痕和损伤，再测量主轴颈和连杆轴颈的圆度误差和圆柱度误差。部分发动机的曲轴轴颈的标准尺寸如表 2-4 所示。

表 2-4　部分发动机的曲轴轴颈的标准尺寸　（单位：mm）

发动机型号	CA6102 汽油机	135 系列柴油机	康明斯 K38、K50 柴油机
主轴颈	$75^{\ 0}_{-0.02}$	$180^{\ 0}_{-0.025}$	165.05～165.10
连杆轴颈	$62^{\ 0}_{-0.02}$	$95^{-0.060}_{\ 0}$	107.87～107.95

对曲轴短轴颈的磨损以检验圆度误差为主，对长轴颈则必须检验圆度误差与圆柱度误差。曲轴主轴颈和连杆轴颈的圆度、圆柱度误差不得大于 0.025 mm，超过该值时，则按修理尺寸对轴颈进行磨削修理。

曲轴检验分类时应注意：曲轴轴颈和连杆轴颈圆度误差大于 0.025 mm 或表面划伤时，应磨削修理；当轴颈的圆度、圆柱度误差小于 0.025 mm，表面无其他类型的损伤，且圆跳动误差小于 0.15 mm 时，可直接使用，无须修磨；虽然两种轴颈圆柱度误差大于 0.025 mm 或有其他类型的损伤，但圆跳动误差小于 0.15 mm，可直接修磨并通过修磨校正变形，否则必须先进行校正至圆跳动误差小于 0.15 mm 才能进行修磨。

曲轴连杆轴颈和主轴颈的修理尺寸，柴油机可达六级，汽油机一般为四级。相邻两级修理尺寸的级差以 0.25 mm 递减，并在数值前加“－”作为其代号。

磨削曲轴时，一般应先磨削主轴颈，后磨削连杆轴颈。

(二)飞轮的修理

1. 更换齿圈

飞轮齿圈有断齿或齿端冲击耗损,与起动机齿轮啮合困难时,更换齿圈或飞轮组件。齿圈与飞轮配合过盈为0.30~0.60 mm,更换时先将齿圈加热至623~673 K,进行热压配合。

2. 修整飞轮工作平面

飞轮工作平面有严重烧灼或磨损沟槽深度大于0.50 mm时,应进行修整。修整后,工作平面的平面度误差不得大于0.10 mm;飞轮厚度极限减薄量为1 mm;与曲轴装配后的端面圆跳动误差不得大于0.15 mm。

(三)曲轴、飞轮、离合器总成组装后进行动平衡试验

曲轴、飞轮、离合器组件动不平衡量应不大于原厂规定值。组件的动不平衡量过大,会降低组件共振临界转速。若共振临界转速降至发动机经济转速内,曲轴就会长期在共振条件下工作,造成曲轴早期疲劳断裂和发动机机体损伤。因此,更换飞轮、齿圈、离合器压盘或总成之后,都应重新进行组件的动平衡试验。

(四)扭转减振器的检查

现代发动机曲轴的前端多数都有扭转减振器,用于减小曲轴的共振倾向和平衡曲轴前、后两端的振动,降低曲轴的疲劳应力。目前,普遍使用的是橡胶式扭转减振器。在检查扭转减振器时,若发现内环(轮毂)与外环(风扇皮带或平衡盘)之间的橡胶层脱层、内外环出现相对转动、两者的装配记号(刻线)错开,说明扭转减振器已丧失了工作能力,必须更换。

(五)曲轴轴承的选配

1. 轴承的常见损伤

轴承损伤形式有磨损、合金疲劳剥落、轴承疲劳收缩及黏着咬死等。轴承的径向间隙超过使用极限后,因轴承对润滑油流动阻尼能力减弱,使主油道压力降低而破坏轴承的正常润滑,加之引起的冲击载荷,又造成轴承疲劳应力剧增,使轴承疲劳而导致黏着咬死,发动机丧失工作能力。因此,若发现瓦响,应立即停机检修。修理发动机总成时,若因曲轴异常磨损造成上述故障,就应进行修磨或校正曲轴,并更换全部轴承。

2. 轴承的选配

轴承的选配包括选择合适内径的轴承以及检验轴承的高出量、自由弹开量、横向装配标记、凸唇、轴承钢背表面质量等内容。

(1)根据曲轴轴颈的直径和规定的轴承径向间隙,选择合适内径的轴承。

(2)检验轴承钢背质量,要求横向定位凸点完整、钢背光洁无损。

(3)检验轴承弹开量,要求新轴承自由状态下的曲率半径应大于轴承座孔的曲率半径,以保证轴承压入座孔后,可借轴承自身弹力与轴承座孔平顺贴合,如图2-50(a)所示。

(4)检查轴承的高出量,要求轴承装入座孔后,上、下两片的各端均应高出座孔平面0.03~0.05 mm,以保证轴承与座孔紧密配合,保证散热效果,如图2-50(b)所示。若轴承高出量过小,轴承装配后与座孔的过盈不足,自锁能力弱,在工作中容易产生转动而引起烧瓦;若高出量过大,装配后轴承局部可能翘起,在冲击载荷的作用下,合金层不但容易疲劳剥落,加速轴承疲劳泯口,引起烧瓦,还可能造成座孔穴蚀,也同样破坏轴承的自锁性能。

3. 轴承的修理

现代汽车发动机的曲轴轴承已按直接选配的要求设计制造,不需要再进行刮削。但由

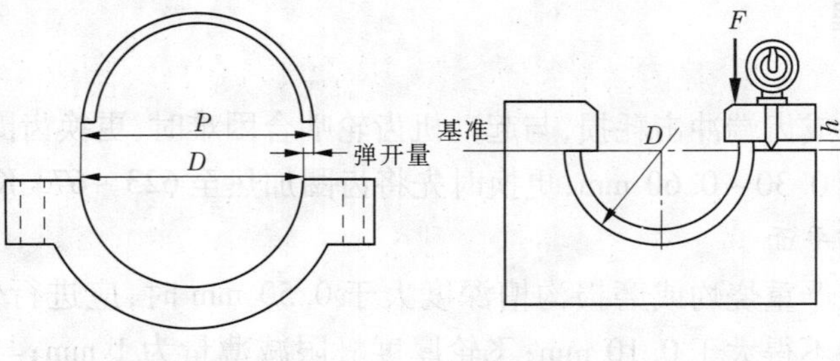

(a)检查弹开量 (b)检查高出量

图 2-50 轴承的检验

于我国汽车配件市场尚不完善,考虑到野外作业等特殊情况,仍供应一定数量的具有刮削余量的轴承。可刮削轴承的预留刮削余量一般为 0.03 ~0.06 mm。刮削时应注意:刀要锋利,避免用刀尖,一次刮削面积要小,要刮重留轻、刮大留小、边刮边试配。经刮削后,轴承的径向间隙应符合规定,轴承上的接触印痕的面积应不小于 75%。

曲轴轴承间隙是指曲轴的径向间隙和轴向间隙。这两种间隙都是为了适应发动机在运转中机件受热膨胀的需要而规定的。

1)轴承的径向间隙检查

轴承与轴颈之间的间隙,称为轴承的径向间隙。检查的方法有以下几种:

(1)技术熟练的工人多用手感法检查,将轴承盖螺栓按规定顺序及力矩拧紧后,用适当的力矩转动曲轴,以试其松紧度。

(2)用内径千分尺和外径千分尺分别测量轴颈的外径和轴承的内径,测得的这两个尺寸之差就是它们之间的间隙。

(3)用塑胶量规测量检查,剪取与轴承宽度相同的塑胶量规,与轴颈平行放置,盖上轴承盖并按规定力矩拧紧螺栓,注意防止转动曲轴。拆下轴承盖,取出已压展的塑料线规,与塑胶量规袋上的量尺对比,与塑料线规压展宽度相等的刻线所标示的值,即为轴承的间隙值。

2)轴承的轴向间隙检查

曲轴轴承的轴向间隙是指轴承承推端面与轴颈定位肩之间的间隙。间隙过小,机件会因受热膨胀而卡滞;间隙过大,曲轴前后窜动,则给活塞连杆组带来不正常的磨损。所以,在装配曲轴时,应进行曲轴轴向各间隙的检查。检查时,先将曲轴定位肩向轴承的承推端面的一边靠近,用撬棒将曲轴挤向后端,然后用厚薄规在曲轴臂与止推轴承或止推垫圈之间测量,如图 2-51 所示。曲轴轴向间隙一般为 0.05 ~0.20 mm。

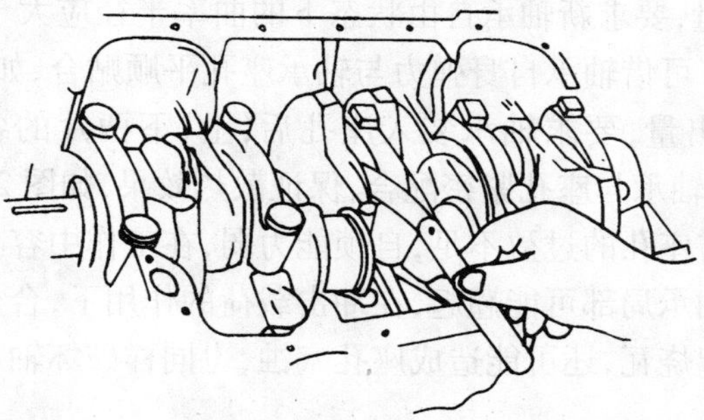

图 2-51 测量曲轴轴向间隙

单元四　曲柄连杆机构常见故障的诊断与排除

发动机主要部件的配合副在使用过程中，常常会因磨损而导致配合间隙增大，或因装配不当、紧固件松动而使发动机工作时发出金属敲击声。曲柄连杆机构的异响往往反映不同性质和不同程度的故障。异响的判断是根据异响的产生部位、声响特征、出现时机、变化规律，以及尾气排放的烟色、烟量等情况进行的，并借助诊断仪器找出故障产生的部位及原因。

一、活塞敲缸

（一）故障现象

（1）发动机怠速时，在汽缸上部发出清晰的“嗒、嗒、嗒”敲击声。

（2）冷车时异响明显，热车时异响减弱或消失。

（3）该缸断火后，异响减弱或消失。

（二）原因分析

（1）活塞与汽缸壁的间隙过大，活塞在汽缸内摆动，撞击汽缸壁发出异响。

（2）活塞销与连杆衬套装配过紧。

（3）活塞顶部碰到汽缸垫。

（4）连杆变形。

（三）故障诊断与排除

（1）用听诊器在汽缸上部听诊，异响明显。

（2）为证明某缸敲缸，可向怀疑发响的汽缸内注入少量机油，使机油附于汽缸壁和活塞之间，再次启动发动机察听。若敲击声减弱或消失，但运转短时间后又出现，则判断是该缸活塞敲缸，这是由于活塞与汽缸壁之间间隙过大所导致的。

（3）如果是连杆变形、连杆衬套与活塞销配合过紧而产生的异响，应重新校正连杆或连杆衬套。活塞与汽缸壁的配合间隙过大时，若因活塞磨损过大而产生异响，可更换同一修理尺寸的新活塞；汽缸磨损过大时，则应镗磨汽缸并配以相应级别的活塞。

二、活塞销响

（一）故障现象

（1）怠速和中速时响声比较明显、清脆，为有节奏的“嗒、嗒”声。

（2）发动机转速变化时，响声的周期也随着变化。

（3）发动机温度升高后，响声不减弱。

（4）该缸断火后，异响减弱或消失；该缸恢复工作的瞬间，会有明显的响声或双响声。

（二）原因分析

（1）活塞销与连杆小端衬套配合松旷。

（2）活塞销与活塞销座孔配合松旷。

（三）故障诊断与排除

（1）当发动机转速变化时，将听诊器触及汽缸体上部，可听出清脆、连续的响声。

（2）若活塞销与连杆小端衬套配合间隙过大，应更换新的活塞销和连杆衬套后重新铰销;若活塞销与活塞销座孔配合松旷,应更换新的活塞销和活塞。

三、主轴承响

(一)故障现象

(1)发动机转速变化时,发出低沉而连续的“镗、镗”声,严重时发动机机体发生振动。

(2)响声随发动机转速提高而增大,随负荷的增大而增大,产生异响的部位在汽缸的下部。

(3)单缸断火后,响声无明显变化,相邻两缸断火时,响声会明显减弱。

(4)检查机油压力时,发现机油压力明显降低。

(5)温度升高后,响声无变化。

(二)原因分析

(1)轴承与轴颈磨损而导致配合间隙过大。

(2)轴承润滑不良,造成轴承合金层烧蚀、脱落。

(3)主轴承与座孔配合松动。

(4)主轴承盖螺栓松动。

(三)故障诊断与排除

(1)在汽缸体下部听诊,或在机油加油口察听,并反复改变发动机转速,突然加速或减速,如有明显的沉重响声,则是主轴承响。

(2)发动机在正常工作温度下,当转速由低速加速到高速时,出现有节奏而沉重的响声,发动机温度越高,异响越明显。

(3)若主轴承盖螺栓松动,按规定的拧紧力矩拧紧;若因主轴承磨损而导致与轴颈的配合间隙过大或主轴承合金层烧蚀、脱落,可更换同一修理尺寸的主轴承。当主轴颈磨损时,应修磨主轴颈,并配以相应修理级别的主轴承。

四、连杆轴承响

(一)故障现象

(1)突然加速时,有明显、连续的“当、当”敲击声。

(2)异响在怠速时较弱,中速时较为明显,发动机温度升高后,异响无变化。

(3)单缸断火后,异响减弱或消失。

(4)发动机负荷变化时,响声随负荷的增加而加剧。

(二)原因分析

(1)连杆轴承盖的螺栓松动。

(2)连杆轴承或轴颈磨损过甚,造成径向间隙过大。

(3)连杆轴承合金层烧蚀、脱落。

(4)连杆轴承与座孔配合松动。

(三)故障诊断与排除

(1)在机油加油口处听诊,发动机由低速加速时,发出明显连续的敲击声。发动机温度升高时,响声增大。

(2)该缸断火时,响声减弱或消失。该缸恢复工作的瞬间,响声恢复,说明该缸连杆轴承异响。

(3)若异响严重,说明轴承与轴颈间隙较大,并伴有机油压力下降。

(4)若连杆轴承盖螺栓松动,按规定的拧紧力矩拧紧;若因连杆轴承磨损而使得与轴颈的配合间隙过大或连杆轴承合金层烧蚀、脱落,可更换同一修理尺寸的连杆轴承。当连杆轴颈磨损或圆度误差过大时,应修磨连杆轴颈,并配以相应维修级别的连杆轴承。

小 结

曲柄连杆机构是发动机实现热能与机械能相互转换的主要机构,其功能是将汽缸内燃气作用在活塞顶上的气体压力转变为曲轴的旋转力矩并输出动力。曲柄连杆机构由机体组、活塞连杆组和曲轴飞轮组三部分组成。汽缸体有三种结构形式:平分式、龙门式和隧道式。汽缸套有干式和湿式两种形式。活塞销与活塞销座孔的连接方式有全浮式和半浮式两种。活塞环按其功用可分为气环和油环。

技能训练

实训1 曲柄连杆机构的拆装

(一)实训内容

(1)发动机曲柄连杆机构的拆卸;

(2)发动机曲柄连杆机构的装配。

(二)实训目的与要求

(1)熟悉曲柄连杆机构的组成及其主要零件的构造、作用和装配关系;

(2)熟悉发动机的工作顺序和连杆轴颈的布置方式;

(3)掌握曲轴轴向定位的方法;

(4)掌握正确的拆装顺序、要求和方法。

实训2 汽缸体、盖及曲轴的检验

(一)实训内容

(1)汽缸磨损的检验;

(2)汽缸盖平面度的检验;

(3)曲轴轴颈磨损的检验;

(4)曲轴裂纹的检验。

(二)实训目的和要求

(1)掌握曲柄连杆机构主要零件的耗损特点及规律,并能分析其原因;

(2)熟悉常规测量仪器、量具的结构特点,并能正确掌握其使用方法;

(3)掌握零件的检验方法和步骤;

(4)熟悉曲柄连杆机构主要零件的检验和维修技术标准。

实训3　连杆的检验与校正

(一)实训内容

(1)连杆变形的检验;

(2)连杆变形的校正。

(二)实训的目的与要求

(1)掌握连杆弯曲变形的检验、校正方法和仪器的使用方法;

(2)掌握连杆变形的原因和检验技术要求。

实训4　曲柄连杆机构的检查与调整

(一)实训内容

(1)曲轴轴承径向间隙的检查与调整;

(2)曲轴轴承轴向间隙的检查与调整;

(3)活塞环的选配与检验;

(4)活塞敲缸的检查。

(二)实训目的与要求

(1)理解曲柄连杆机构的检查与调整的重要性;

(2)掌握曲柄连杆机构的检查与调整的内容、方法、步骤和要求;

(3)掌握活塞环选配的方法和技术要求。

思考题

一、选择题

1.发动机汽缸磨损的检验,主要测量(　　)误差。

A.平行度和平面度　B.圆度和圆柱度　C.直线度和同轴度　D.垂直度和圆跳度

2.活塞的最大磨损部位一般是(　　)。

A.头部　B.裙部　C.顶部　D.环槽

3.连杆的弯、扭校正经常在(　　)下进行。

A.高温　B.常温　C.高压　D.低压

4.连杆的弯、扭校正应在(　　)上进行。

A.台虎钳　B.专用仪器　C.专用检测仪　D.随意

5.湿式汽缸套装入座孔后,(　　)。

A.顶面应低于汽缸体　B.应和汽缸体平齐

C.顶面高于汽缸体0.05~0.15 mm　D.以上都可以

6.曲轴主轴承异响的原因是(　　)。

A.轴承与轴颈配合间隙大　B.连杆螺栓松动

C.汽缸磨损　D.活塞销磨损

7.曲轴轴承的刮伤是由(　　)造成的。

A. 杂质进入　　B. 冲击负荷　　C. 干摩擦　　D. 疲劳

8. 下列现象中，属于连杆轴承异响的是(　　)。

A. 单缸断火，无异响变化　　B. 单缸断火，异响减弱或消失

C. 怠速时异响大　　D. 热车时异响减弱

二、判断题

1. 活塞与汽缸壁间隙过大易出现“拉缸”。(　　)
2. 活塞环的泵油作用可以加强对汽缸上部的润滑，因此有益。(　　)
3. 各种类型曲轴的曲拐数都与汽缸数相同。(　　)
4. 活塞裙部膨胀槽一般开在受侧压力较大的一面。(　　)
5. 采用全浮式连接的活塞销，无论是在装配时，还是在发动机工作时，活塞销均能在活塞销座孔中自由转动。(　　)

三、简答题

1. 简述曲柄连杆机构的功用和组成。
2. 简述活塞敲缸的判断方法。
3. 简述排除曲轴主轴承异响的方法。
4. 如何检验汽缸的磨损？
5. 如何判断连杆轴承异响？

项目三　配气机构

【任务介绍】

配气机构复杂频繁、规律特殊的运动主要是通过气门传动组来实现的,在配气机构常见的异响故障中,由于气门传动组润滑条件相对较差,工作中的磨损使各配合副、摩擦副的间隙增大,经常会影响到发动机的技术性能。凸轮轴及其轴承间配合松旷、凸轮轴弯曲变形、凸轮轴轴向间隙过大,发动机缸盖处出现有节奏而较钝的“嗒嗒”响声。现代汽车的液压挺柱也会出现故障。所以,气门传动组的拆装与检查是配气机构常见的异响故障诊断与排除的内容。设置本任务的目的:一方面是学习气门传动组的作用、组成、分类和工作过程;另一方面是学习气门传动组的拆装与检查的要求,掌握气门传动组的组成、主要零部件的构造和装配关系、工作原理及结构等知识。

【任务分析】

引导学生完成配气机构、气门传动组的作用、分类、组成等相关知识的学习,然后实施气门传动组维护任务。利用台架和实车认识各种类型气门传动组的组成和结构特点,然后再逐步完成气门传动组拆装与检查的操作内容。

学习完本任务后应能够:

1. 叙述配气机构的作用、组成、分类和工作过程;
2. 叙述气门传动组的组成和各组成部分的功用;
3. 正确完成气门传动组的拆装和检查;
4. 叙述气门组零件的结构、作用和分类 ;
5. 叙述气门组的工作过程;
6. 正确完成气门组的拆装和检查;
7. 叙述气门间隙的作用;
8. 叙述气门间隙的检查与调整的方法;
9. 正确完成气门间隙的检查和气门间隙的调整。

【相关知识】

配气机构是内燃机中的一个重要部件,其性能的好坏直接影响到发动机的工作性能,因此要求配气机构的气门要关闭严密,开闭及时,开度足够大。如果气门关闭不严,在压缩行程会漏气,造成汽缸压力不足和燃气质量的损失;在做功行程会泄压,使燃气压力降低。如果气门开闭不及时或者开度不够,会使进气不充分,排气不彻底。

单元一 概 述

一、配气机构的功用和组成

(一)配气机构的功用

配气机构是进、排气管道的控制机构,作用是根据发动机工作循环和点火次序,适时地开启和关闭各缸的进、排气门,使纯净空气或空气与燃油的混合气及时地进入汽缸、废气及时地排出,使换气过程最佳,以便发动机在各种工况下工作时都能达到最佳性能。此外,当进、排气门关闭时,保证汽缸密封。

(二)配气机构的组成

配气机构按零件的作用可分为气门组和气门传动组。配气机构的组成如图 3-1 所示,发动机工作时,曲轴通过传动带带动进、排气凸轮轴旋转,当进气凸轮轴的进气凸轮克服气门弹簧力的作用压下进气门时,进气门开启,开始进气;当进气凸轮轴上凸轮的凸起部位转过液压挺柱后,进气门在气门弹簧力的作用下回位,进气门关闭,停止进气。排气过程的开闭原理和进气过程类似。

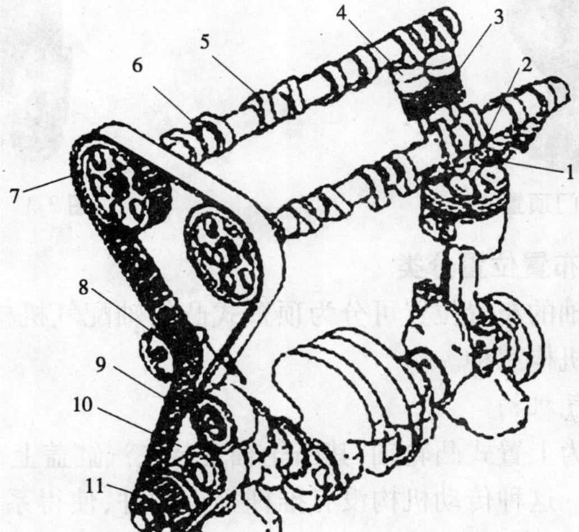

1—排气门;2—排气凸轮;3—进气门;4—液压挺柱;
5—凸轮;6—进气凸轮;7—凸轮轴传动齿轮;8—张紧轮;
9—齿形传动带;10—中间轴正时带轮;11—曲轴正时齿轮

图 3-1 配气机构的组成

四冲程发动机每完成一个工作循环,各缸进、排气门都需要开闭一次,因此凸轮轴需旋转一圈。

二、配气机构的类型

(一)按照气门组的布置位置分类

配气机构按照气门组的布置位置可分为气门顶置式和气门侧置式。

1. 气门顶置式

气门位于汽缸盖上的配气机构称为气门顶置式配气机构，如图 3-2 所示，由凸轮、挺柱、推杆、摇臂、气门和气门弹簧等组成，气门位于汽缸盖内，倒挂在汽缸顶部，曲轴通过正时齿轮驱动凸轮轴旋转，凸轮轴上的凸轮使挺柱、推杆进行上下运动，带动摇臂摆动使气门开启和关闭。其特点是进气阻力小，燃烧室结构紧凑，气流搅动大，能达到较高的压缩比。目前，国产的汽车发动机都采用气门顶置式配气机构。

2. 气门侧置式

气门位于汽缸体的一侧的配气机构称为气门侧置式配气机构，如图 3-3 所示，由凸轮、挺柱、气门和气门弹簧等组成，省去了推杆、摇臂以及摇臂轴等，简化了结构。因为它的进、排气门在汽缸的一侧，因此燃烧室结构不紧凑，压缩比受到限制，进、排气道拐弯多，进、排气门阻力较大，发动机的动力性和高速性均较差，逐渐被淘汰。

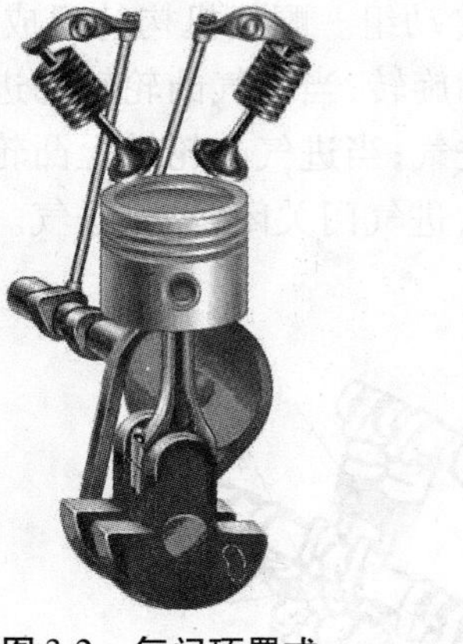

图 3-2　气门顶置式

图 3-3　气门侧置式

(二)按照凸轮轴的布置位置分类

配气机构按照凸轮轴的布置位置可分为顶置式凸轮轴配气机构、中置式凸轮轴配气机构和下置式凸轮轴配气机构三种。

1. 顶置式凸轮轴配气机构

顶置式凸轮轴又称为上置式凸轮轴，其凸轮轴安装在汽缸盖上，直接通过摇臂或凸轮来推动气门的开启和关闭。这种传动机构没有推杆等运动件，使得系统往复运动构件的质量大大减小，非常适合现代的高速发动机，尤其是轿车发动机。由于凸轮轴距离曲轴较远，所以通常使用链条或带传动。

顶置式凸轮轴配气机构有两种传动形式：一种是如图 3-4 所示的凸轮 – 摇臂式传动机构，凸轮直接与摇臂接触，通过摇臂摆动控制气门的开闭。另一种是凸轮 – 挺柱式传动机构，凸轮通过挺柱将气门顶开，由凸轮轴直接驱动气门，省去了摇臂，减轻了运动件的质量，可以精确地控制气门开闭，提高发动机转速，并且这种布置有利于增加气门数目，提高进、排气效率，是现代高速发动机配气机构的主要形式。

2. 中置式凸轮轴配气机构

凸轮轴位于汽缸体的中部，由凸轮轴经过挺柱直接驱动摇臂，省去了推杆，这种结构称为中置式凸轮轴配气机构，如图 3-5 所示。通常凸轮轴布置在汽缸盖上，缩短了传动零件的长度，但凸轮轴与曲轴的距离比下置式凸轮轴要远，通常使用一对正时齿轮并在两者之间加

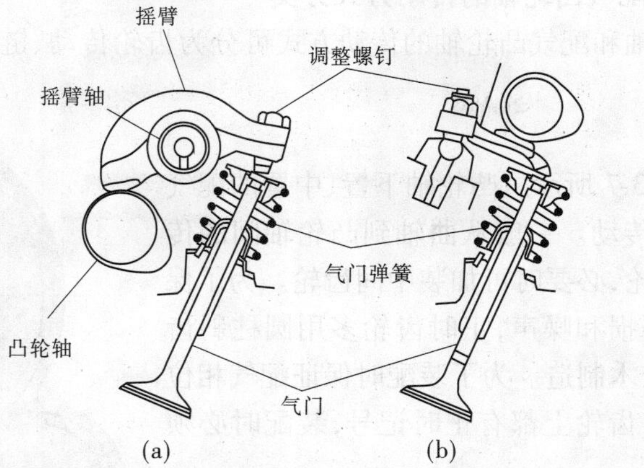

图 3-4　凸轮－摇臂式传动机构

一个中间传动轮(惰轮)的方法进行传动。

3. 下置式凸轮轴配气机构

凸轮轴平行布置在曲轴的一侧,如图 3-6 所示。这种结构布置的主要优点是凸轮轴离曲轴较近,可用一对正时齿轮驱动,传动简单。但气门和凸轮轴相距较远,因而气门传动零件较多,结构较复杂,发动机高度也有所增加,系统弹性变形大,影响了配气准确性。其在现代轿车高速发动机中已趋于淘汰,目前在国产载货汽车和大中型客车上还有应用。

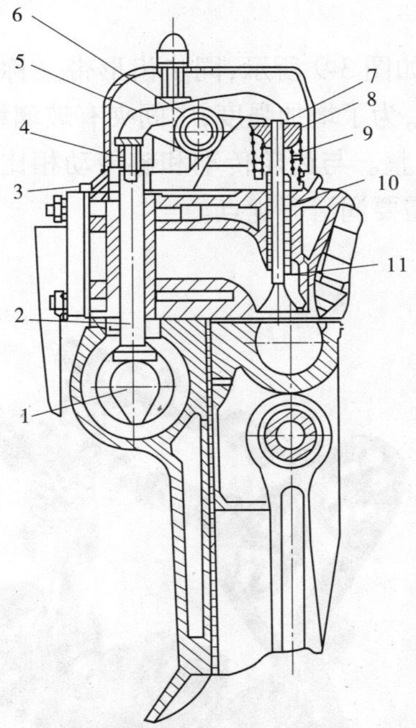

1—凸轮轴;2—挺柱;3—支架;4—调整螺钉;
5—摇臂;6—摇臂轴;7—锁夹;8—气门弹簧座;
9—气门弹簧;10—气门导管;11—气门

图 3-5　中置式凸轮轴配气机构

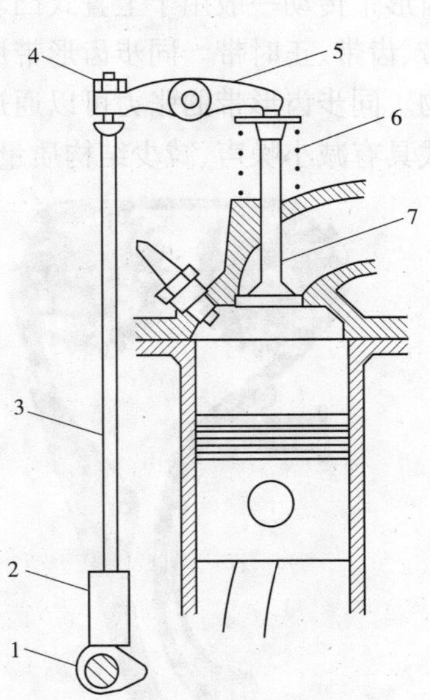

1—凸轮轴;2—挺柱;3—推杆;4—调整螺钉;
5—摇臂;6—气门弹簧;7—气门

图 3-6　下置式凸轮轴配气机构

(三)按曲轴和配气凸轮轴的传动方式分类

配气机构按曲轴和配气凸轮轴的传动方式可分为齿轮传动、链传动和同步齿形带传动三种。

1. 齿轮传动

齿轮传动如图 3-7 所示。凸轮轴下置、中置的配气机构大多采用齿轮传动。一般从曲轴到凸轮轴间的传动只需一对正时齿轮，必要时可加装中间齿轮。为了保证啮合平稳、减少磨损和噪声，正时齿轮多用圆柱斜齿轮，有的采用夹布胶木制造。为了装配时保证配气相位的正确和喷油正时，齿轮上都有正时记号，装配时必须按正时记号进行。

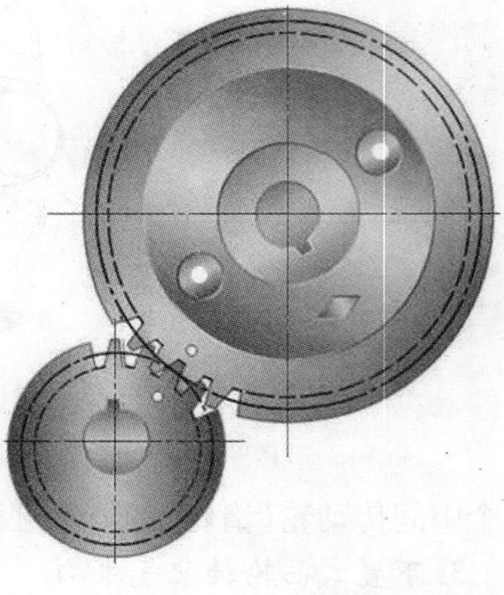

图 3-7 齿轮传动

2. 链传动

链传动多用在凸轮轴顶置的配气机构中，如图 3-8 所示。链条工作时，为了不产生噪声和振动（以致链条脱落），一般都装有导链板和张紧轮等。这种传动的优点是布置容易。若传动距离较远，还可用两级链传动。缺点是传统的链传动的结构质量及噪声较大，链的可靠性和耐久性不易得到保证。现在一些中高档车应用无声链条，噪声小，传动更加可靠，可以不用更换，避免了同步齿形带老化的问题。

3. 同步齿形带传动

齿形带传动一般用于上置式凸轮轴配气机构，如图 3-9 所示，同步齿形带又称同步带、齿形带、齿带、正时带。同步齿形带用氯丁橡胶制成，为了增加强度，中间夹有玻璃纤维和尼龙织物。同步齿形带的张力可以通过张紧轮进行调整。与齿轮传动和链传动相比，这种传动方式具有减小噪声、减少结构质量、降低成本、不需要润滑等优点。

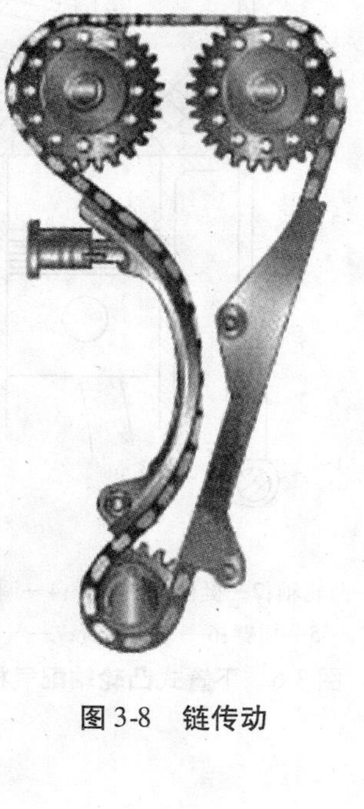

图 3-8 链传动

图 3-9 齿形带传动

(四)按每缸气门的数目分类

配气机构按每缸气门的数目分,有两气门、三气门、四气门和五气门。传统发动机都采用每缸两气门,即一个进气门、一个排气门。为了改善发动机的充气性能,在可能的情况下,应尽量加大气门的直径,特别是进气门的直径,这样可以减小进气阻力、增加进气量。因排气阻力对发动机性能的影响比进气门要小得多,因此可以减小排气门直径、增大进气门直径。所以,凡是进气门和排气门数目相同的发动机,一般进气门直径比排气门直径要大。但由于汽缸的限制,气门的直径不能超过汽缸直径的一半。因此,现代汽车发动机中,普遍采用每缸三气门、四气门或者五气门结构(见图3-10、图3-11),使发动机的进、排气流通截面面积增大,提高了充气效率,改善了发动机的动力性能、经济性能和排放性能。

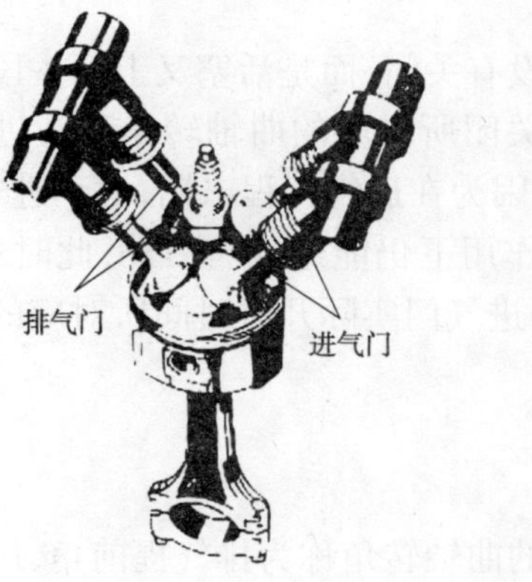

图3-10　四气门结构

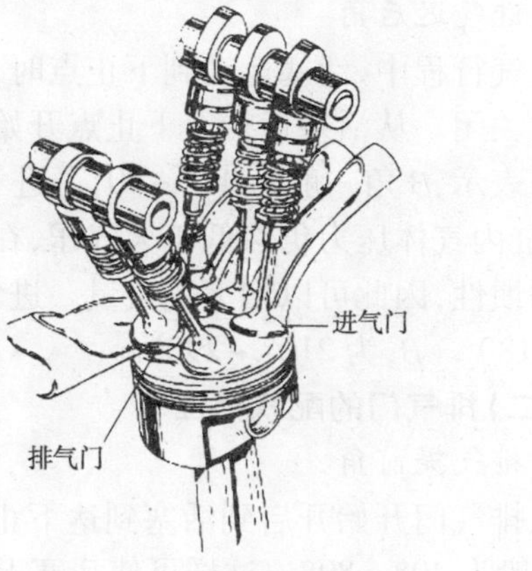

图3-11　五气门机构

三、配气相位

配气相位是影响进气量的重要因素之一,直接影响着发动机的动力性和经济性。配气相位是用曲轴转角表示进、排气门实际开闭时刻以及开启的持续时间的,通常用配气相位图表示,如图3-12所示。理论上,四冲程发动机的进气过程:进气门在活塞运动到上止点时开启,当活塞运动到下止点时关闭。排气过程:排气门在活塞运动到下止点时开启,当活塞运动到上止点时关闭,进气时间和排气时间各占180°曲轴转角。但是,实际上由于发动机转速很高,活塞每一行程所需时间很短,在这样短促的时间内进行换气,势必造成进气不足和

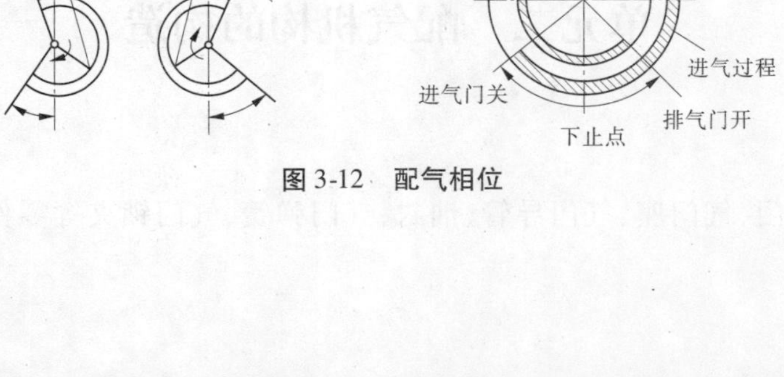

图3-12　配气相位

排气不净，影响发动机功率。另外，气门开启也需要一个过程。因此，现代发动机气门的开启和关闭时刻不是活塞处在上、下止点的时刻，而是提前开启、延迟关闭一定的曲轴转角，即气门“早开晚闭”，从而改善进、排气状况，提高发动机的动力性。

（一）进气门的配气相位

1. 进气提前角

实际上发动机的进气门在活塞还没有运行到上止点时就已经打开，从进气门开始开启到活塞到达上止点所对应的曲轴转角称为进气提前角，用 α 表示，α 角一般为 $10° \sim 30°$。进气门早开能使气门开启较大的开度或者较大的进气截面，减小进气阻力，从而使得多一些的新鲜空气进入汽缸。

2. 进气迟后角

进气行程中，活塞运动到下止点时，进气门并没有关闭，而是活塞又上行一段距离后，进气门才关闭。从活塞运行至下止点开始到进气门关闭所对应的曲轴转角称为进气迟后角，用 β 来表示，β 角一般为 $40° \sim 80°$。进气门晚关是因为在进气行程末期，由于进气吸力的存在，汽缸内气体压力仍然低于大气压，在大气压的作用下仍能进气。另外，此时进气流还有较大的惯性，因此可以增大进气量。进气持续角即进气门实际开启时间所对应的曲轴转角，即 $\alpha + 180° + \beta$，为 $210° \sim 290°$。

（二）排气门的配气相位

1. 排气提前角

从排气门开始开启到活塞到达下止点所对应的曲轴转角称为排气提前角，用 γ 来表示，γ 角一般为 $40° \sim 80°$。这样可使活塞上行时所消耗的功率大为减小，防止发动机过热。

2. 排气迟后角

从活塞到达上止点到排气门关闭所对应的曲轴转角称为排气迟后角，用 δ 来表示，δ 角一般为 $10° \sim 30°$。利用气流的惯性和压差可以把废气排放得更干净。排气持续角即排气门实际开启时间所对应的曲轴转角，即 $\gamma + 180° + \delta$，为 $230° \sim 290°$。注意，不同发动机的配气相位是不同的。

（三）气门重叠角

由于进、排气门的早开和迟闭，有一段时间内进、排气门是同时开启的，这种现象称为气门重叠，重叠时所对应的曲轴转角称为气门重叠角（叠开角）。虽然进、排气门有段时间同时开启，但进、排气流有各自的流动方向和流动惯性，而重叠时间又很短，不至于混乱，即吸入的可燃混合气不会随同废气排出，废气也不会经进气门倒流入进气管，而只能从排气门排出。选择适当的气门重叠角，可以利用气流压差和惯性清除残余废气，增加可燃混合气的充气量，称此为燃烧室扫气。非增压发动机气门重叠角一般为 $20° \sim 80°$，增压发动机一般为 $80° \sim 160°$，所以增压发动机可以有效地提高充气量。发动机的结构不同，转速不同，配气相位也就不同。具体采取怎样的配气相位需要对发动机进行反复试验来确定。

单元二　配气机构的构造

一、气门组

气门组由气门、气门座、气门导管、油封、气门弹簧、气门锁夹等零件组成，如图 3-13

所示。

(一)气门

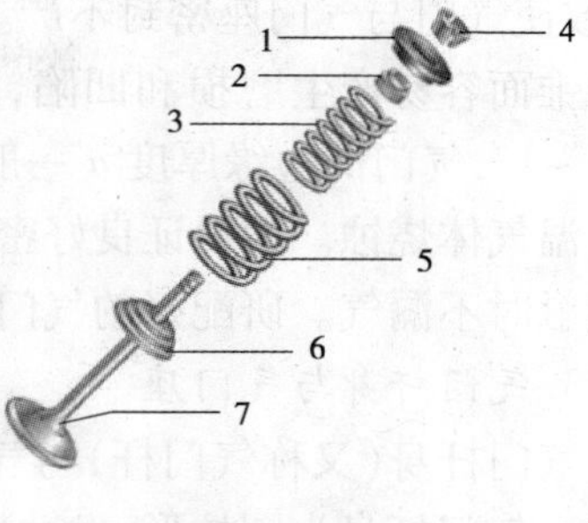

1—上气门弹簧座;2—气门油封;
3—内气门弹簧;4—气门锁夹;
5—外气门弹簧;6—下气门弹簧座;7—气门

图 3-13 气门组

气门分为进气门与排气门两种,其作用是密封进、排气道。

气门由头部、杆身、气门座和带密封锥面的气门盘等组成。头部用来封闭进、排气道,杆身在气门开闭过程中起导向作用。气门与气门座相配合,按照发动机工作循环的要求定时开启和关闭。气门头部与具有腐蚀性质的高温燃气接触,并在关闭时承受很大的落座冲击力。气门杆身润滑困难,处于半干摩擦状态下工作。由于气门的工作条件很差,要求气门材料必须有足够的强度、刚度,能够耐高温、耐腐蚀和耐磨损。进气门一般采用中碳合金钢,排气门多采用耐热合金钢。为了改善气门的导热性能,在气门内部充注金属钠,钠在 970 ℃时是液态,液态钠可将气门头部的热量传给气门杆,冷却效果非常好。捷达王轿车发动机的排气门采用的就是钠冷却气门。

1. 气门头部

气门头部有平顶、凹顶和凸顶三种结构形状,如图 3-14 所示。目前应用最多的是平顶气门,其结构简单、制造方便、受热面积小,进、排气门都可采用。

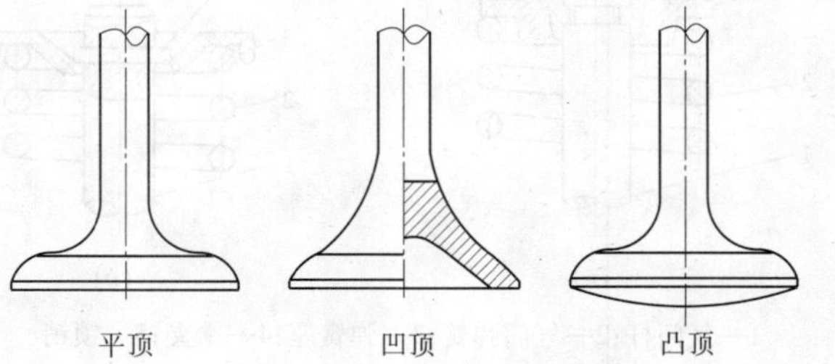

图 3-14 气门头部形状

凹顶气门头部与气门杆身有较大的过渡圆弧,具有流线型,可以减小进气阻力,并且凹顶气门还具有较大的弹性,能较好地适应气门座圈的变形,但其顶部受热面积大,只适用于进气门。凸顶气门头部刚度大,排气阻力较小,耐高温能力强,废气清除效果好,但凸顶气门受热面积大,质量大,惯性力大,加工也比较复杂,只适合于排气门。有的发动机进气门头部直径比排气门大,若两气门一样大,排气门有记号。

2. 气门密封锥面

气门与气门座或者气门座圈是靠锥面密封的。气门头部与气门座接触的工作面称为气门密封锥面,气门密封锥面与气门顶面的夹角称为气门锥角,如图 3-15 所示,气门头部有一密封锥面,它与气门座的密封锥面配合,起到密封气道的作用。气门密封锥面与顶平面之间的夹角 α 称为气门锥角,其锥角 α 一般为 45°。有些车为了增大气流的流通面

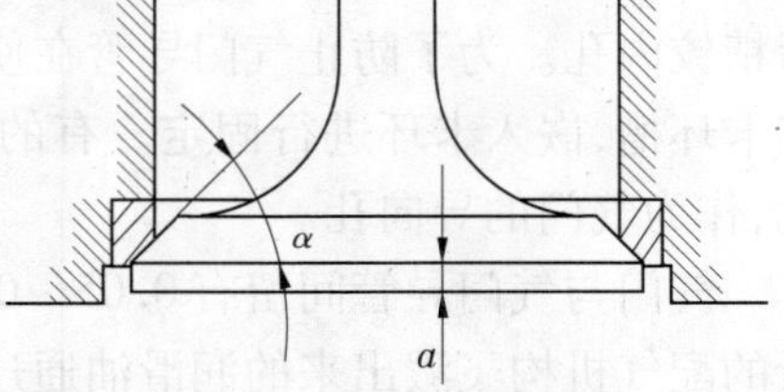

图 3-15 气门密封锥面

积,使进气充分,将进气门锥角做成了30°。但锥角较小的头部边缘较薄,刚度较小,容易变形,致使气门与气门座密封不严。工作中,由于气门与气门座之间的撞击及高温气体作用,密封锥面容易产生磨损和凹陷,应注意修磨或更换。一般气门锥角比气门座斜面锥角小0.5°~1°,气门的边缘厚度 a 一般为1~3 mm,以减少工作中气门与气门座之间的冲击损坏或高温气体烧蚀。为保证良好密合,装配前应将气门头部与气门座的密封锥面互相研磨,使其接触时不漏气。研配好的气门不能互换。

3. 气门杆身与气门座

气门杆身(又称气门杆)与气门导管配合使用,为气门在开启与关闭过程中上下运动作导向。气门杆身为圆柱形,发动机工作时,气门杆身在气门导管中不断上下往复运动,而且润滑条件非常恶劣。因此,要求气门杆身与气门导管有一定的配合精度和耐磨性,气门杆身表面都将经过热处理和磨光,气门杆身与头部之间的过渡应尽量圆滑,这样不但可以减小应力集中,还可以减小气流阻力。

气门杆与弹簧连接有两种方式:一种是锁夹式,如图3-16(a)所示,在气门杆端部的沟槽上装有两个半圆形锥形锁夹4,弹簧座3紧压锁夹,使其紧箍在气门杆端部,从而使弹簧座、锁夹与气门连接成一整体,与气门一起运动。另一种是以锁销代替锁夹,如图3-16(b)所示,在气门杆端部有一个用来安装锁销的径向孔,通过锁销5进行连接。

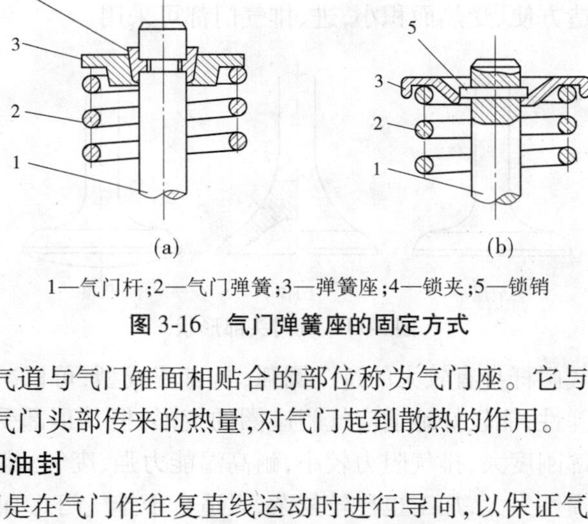

1—气门杆;2—气门弹簧;3—弹簧座;4—锁夹;5—锁销

图3-16 气门弹簧座的固定方式

汽缸盖的进、排气道与气门锥面相贴合的部位称为气门座。它与气门锥面紧密贴合以密封汽缸,同时接收气门头部传来的热量,对气门起到散热的作用。

(二)气门导管和油封

气门导管的作用是在气门作往复直线运动时进行导向,以保证气门与气门座之间正确的配合与开闭。另外,气门导管还在气门杆与汽缸盖之间起导热作用。气门导管多用灰铸铁、球墨铸铁或粉末冶金制成。当凸轮直接作用于气门杆端部时,承受侧向作用力。气门导管与汽缸盖上的气门导管孔为过盈配合,气门导管内、外圆柱面经加工后压入汽缸盖中,然后精铰内孔。为了防止气门导管在使用过程中松落,有的发动机气门导管在外圆面上加工有卡环槽,嵌入卡环进行固定。有的发动机不装气门导管,直接在汽缸盖上加工出气门杆孔,作为气门的导向孔。

气门与气门导管间留有0.05~0.12 mm的微量间隙,使气门能在导管中自由运动,适量的配气机构飞溅出来的润滑油通过此间隙对气门杆和气门导管进行润滑。该间隙过小,会导致气门杆受热膨胀与气门导管卡死;该间隙过大,会使机油进入燃烧室燃烧,产生积炭,加剧活塞、汽缸和气门磨损，增加润滑油消耗，同时造成排气处冒蓝烟。为了防止过多的润滑油进入燃烧室，很多发动机在气门导管上安装有橡胶油封。

（三）气门弹簧

气门弹簧的作用是保证气门复位，在气门关闭时，保证气门能紧密地与气门座或者气门座圈贴合，同时防止气门在发动机振动时因惯性力而破坏密封；在气门开启时，保证气门不因运动惯性而脱离凸轮。常见的气门弹簧多为圆柱形螺旋弹簧，发动机装一根气门弹簧时，可采用变螺距弹簧（见图 3-17（b）），工作时工作圈数不是常数，振动频率经常变化，防止弹簧与气门产生共振，使弹簧在工作中不易折断（造成气门关闭不严）。现在有些车装两根弹簧（见图 3-17（c）），弹簧内、外直径不同，旋向不同，它们同心安装在气门导管的外面，不仅可以提高弹簧的工作可靠性，防止共振的产生，还可以降低发动机的高度，而且当一根弹簧折断时，另一根还能继续维持工作，不致使气门落入汽缸中。

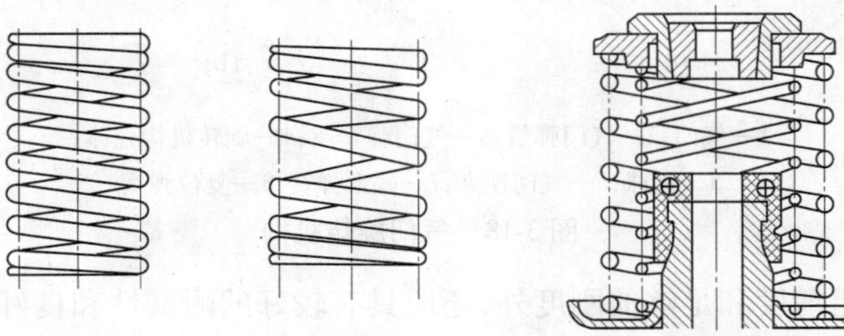

(a)等螺距弹簧　(b)变螺距弹簧　(c)双弹簧结构

图 3-17　气门弹簧

（四）气门旋转机构

为了使气门头部受热均匀，减小气门头部受热变形，有些配气机构中设有气门旋转机构。常见的有两种形式：一种是低摩擦型自由旋转机构，如图 3-18（a）所示，在锁夹与弹簧座之间加设了一个锥形套筒，套筒的下端支承在弹簧座平面上，套筒端部与弹簧座接触面间的摩擦力不大，而且在发动机运转振动力的作用下，在某一段时间内可能为零，这时气门有可能自由地做不规则的转动。另一种是强制旋转机构，如图 3-18（b）所示，在旋转机构的壳体上有 6 个变深度的凹槽，在凹槽中装有钢球和复位弹簧，碟形弹簧安装在旋转机构壳体与气门弹簧座之间。当气门关闭时，碟形弹簧并没有压紧在钢球上，这时钢球在复位弹簧的作用下位于凹槽的最浅处；当气门开启时，气门杆尾端受到的压力传给碟形弹簧，碟形弹簧受到压缩变形并压紧钢球，使钢球沿着凹槽的斜面滚动，同时带动旋转机构壳体、气门锁夹及气门一起旋转一定的角度。

二、气门传动组

气门传动组由凸轮轴、挺柱、推杆和摇臂总成等组成，主要作用是使进、排气门按照配气相位规定的时间开启和关闭，且保证有足够的开度。

（一）凸轮轴

1. 凸轮轴的工作条件及材料

凸轮轴承受周期性的冲击载荷，凸轮与挺柱之间的接触应力很大，相对滑动速度也很高，因此凸轮工作表面的磨损比较严重。凸轮轴轴颈和凸轮工作表面除应有较高的尺寸精

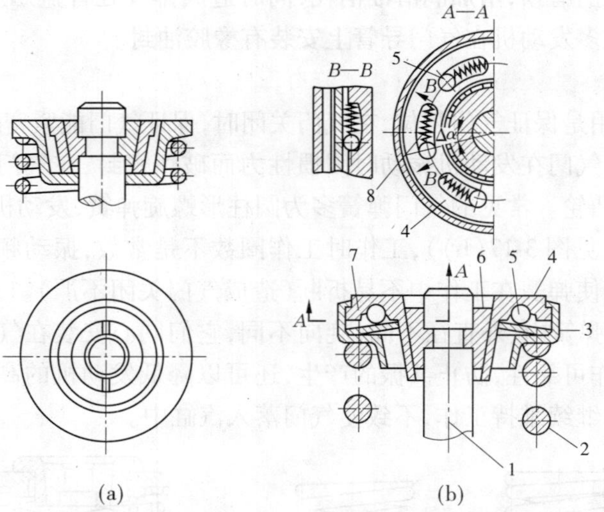

1—气门；2—气门弹簧；3—气门弹簧座；4—旋转机构壳体；
5—钢球；6—气门锁夹；7—碟形弹簧；8—复位弹簧

图 3-18　气门旋转机构

密度、较小的表面粗糙度和足够的刚度外，还应具有较好的耐磨性和良好的润滑。

2. 凸轮轴的构造

凸轮轴是通过凸轮轴轴颈支承在凸轮轴轴承孔内的，因此凸轮轴轴颈数目的多少是影响凸轮轴支承刚度的重要因素。如果凸轮轴刚度不足，工作时将发生弯曲变形，这会影响配气定时。下置式凸轮轴每隔 1 ~ 2 个汽缸设置一个凸轮轴轴颈。凸轮轴的外形如图 3-19 所示。

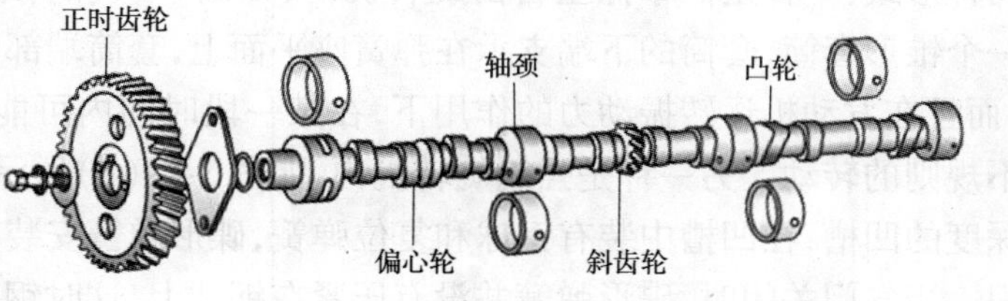

图 3-19　凸轮轴的外形

进、排气门的开启和关闭的时刻、持续时间以及开闭的速度等分别由凸轮轴上的进、排气凸轮控制。转速较低的发动机，其凸轮轮廓由几段圆弧组成，这种凸轮称为圆弧凸轮。高转速发动机则采用函数凸轮，其轮廓由某种函数曲线构成。如图 3-20 所示，O 点为凸轮轴回转中心，凸轮轮廓上的 AB 段和 DE 段为缓冲段，BCD 段为工作段。挺柱在 A 点开始升起，在 E 点停止运动，凸轮转到 AB 段内某一点处，气门间隙消除，气门开始开启。此后，随着凸轮继续转动，气门开度逐渐增大，至 C 点达到最

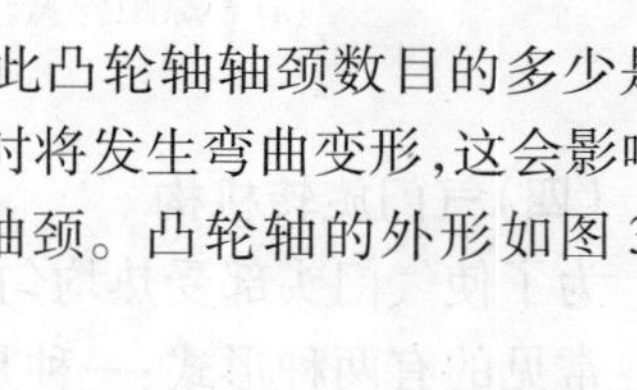

图 3-20　凸轮轮廓

大。之后气门逐渐关闭，在 *DE* 段内某一点处，气门完全关闭，接着气门间隙恢复。气门最迟在 *B* 点开始开启，最早在 *D* 点完全关闭。由于气门开始开启和关闭落座时均在凸轮升程变化缓慢的缓冲段内，其运动速度较小，从而可以防止强烈的冲击。

凸轮轴上各同名凸轮（各进气凸轮或各排气凸轮）的相对角位置与凸轮轴旋转方向、发动机工作顺序及汽缸数或做功间隔角有关。如果从发动机风扇端看凸轮轴沿逆时针方向旋转，则工作顺序为 1—3—4—2 的四缸发动机的做功间隔角为 720°/4 = 180°曲轴转角，相当于 90°凸轮轴转角，即各同名凸轮间的夹角为 90°，如图 3-21(a)所示。对于工作顺序为 1—5—3—6—2—4 的六缸发动机，其同名凸轮间的夹角为 60°，如图 3-21(b)所示。同一汽缸的进、排气凸轮的相对角位置即异名凸轮的相对角位置，决定于配气定时及凸轮轴的旋转方向。

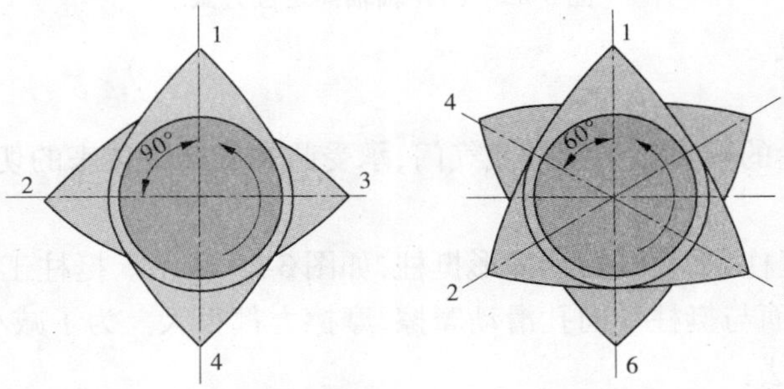

(a)四缸发动机　　(b)六缸发动机

图 3-21　同名凸轮的相对角位置

3. 凸轮轴的轴颈和轴承

凸轮轴的轴颈数取决于凸轮轴承受的载荷和轴本身的刚度。通常采用全支撑凸轮轴，其每个汽缸之间都有一个轴颈，还有一种是非全支撑凸轮轴，其每隔两个或多个汽缸设置一个轴颈。采用全支撑凸轮轴，其支撑点多，能有效地防止凸轮轴变形后对配气相位的影响，适合高速发动机使用。

中置式和下置式凸轮轴的轴承一般制成衬套压入整体式轴承座孔内，再加工轴承内孔，使其与凸轮轴轴颈相配合。上置式凸轮轴的轴承多由上、下两片轴瓦对合而成，装入剖分式轴承座孔内。

4. 凸轮轴的轴向定位

为了限制凸轮轴在工作中产生轴向移动或承受螺旋齿轮在传动时产生的轴向力，凸轮轴需要轴向定位。凸轮轴轴向移动量过大，对于由螺旋齿轮传动的凸轮轴，会影响配气定时。上置式凸轮轴通常利用凸轮轴轴承盖的两个端面和凸轮轴轴颈两侧的凸肩进行轴向定位，如图 3-22(a)所示。中、下置式凸轮轴的轴向定位通常采用止推板，如图 3-22(b)所示，止推板用螺栓固定在机体前端面上。第三种轴向定位的方法是止推螺钉定位，如图 3-22(c)所示。

（二）气门驱动机构

它是将凸轮轴的旋转运动转换为气门往复运动的机构。单顶置式气门驱动机构主要由摇臂、摇臂轴、气门间隙调整螺钉、挺柱等组成；双顶置式气门驱动机构主要由液压挺柱（或挺柱）、垫片组成；中置式和下置式气门驱动机构主要由气门挺柱、推杆、摇臂、摇臂轴、气门

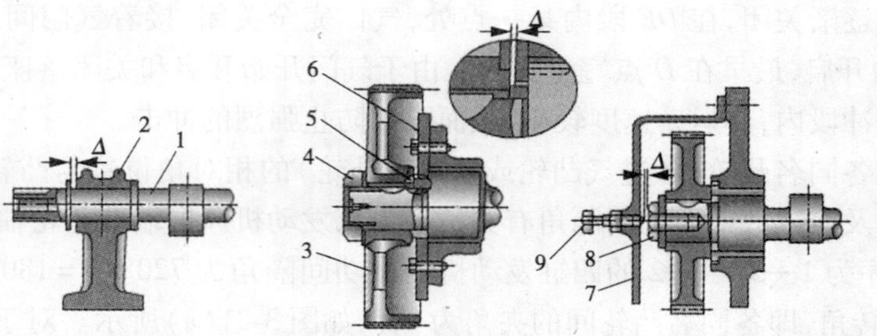

(a) 凸肩轴向定位　　(b) 止推板轴向定位　　(c) 止推螺钉轴向定位

1—凸轮轴；2—凸轮轴轴承盖；3—凸轮轴定时齿轮；4—螺母；5—调整环；
6—止推板；7—定时传动室盖；8—螺栓；9—止推螺钉

图 3-22　凸轮轴轴向定位方式

间隙调整螺钉等组成。

1. 挺柱

其作用是将凸轮的推力传给推杆或气门，承受凸轮旋转时传来的切向力，并传给发动机机体。

常用的有菌形挺柱、平面挺柱和桶形挺柱，如图 3-23 所示。挺柱工作时，挺柱的底面与凸轮滑动摩擦，圆柱面与挺柱导向孔滑动摩擦，摩擦力都很大。为了减小这种单面摩擦及磨损，一般采取以下方法：

(1)将挺柱工作面制成球面(见图 3-23(a))。这样可使挺柱在工作时绕其中心线稍作转动，达到磨损均匀的目的。

(2)挺柱相对于凸轮偏心安置(见图 3-23(b))。工作时，挺柱可绕其中心线稍作转动。

(3)挺柱外表面做成桶形，与凸轮接触的表面镶有耐磨材料或放入耐磨垫片(见图 3-23(c))。当挺柱在座孔中歪斜时，由于它的定位作用，仍可保证凸轮型面全宽与挺柱表面相接触，从而减小接触应力，并使磨损均匀。

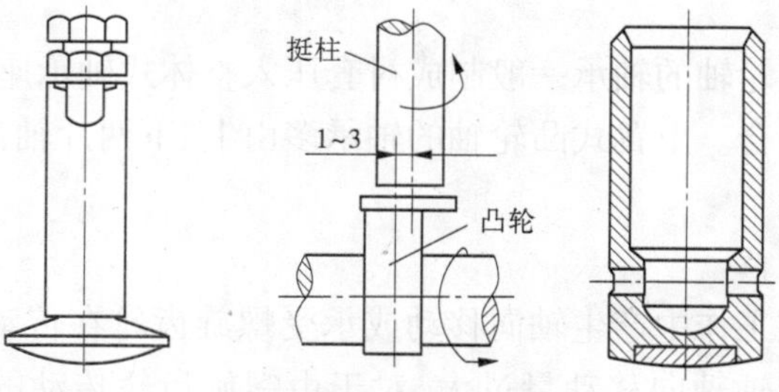

(a)菌形挺柱　　(b)平面挺柱　　(c)桶形挺柱

图 3-23　气门挺柱的形状

2. 推杆

推杆如图 3-24 所示，位于挺柱与摇臂之间，其作用是将挺柱传来的推力传给摇臂，其上端的凹槽与摇臂上的球头相接触，下端的凸头与挺柱的凹槽相接触。

3. 摇臂组与摇臂

摇臂组主要由摇臂 7、摇臂轴 2、摇臂轴支座 5 及定位弹簧 11 等组成，如图 3-25 所示。摇臂轴为空心轴，安装在摇臂轴支座孔内，支座用螺栓固定在汽缸盖上。为防止摇臂轴转动,在图 3-25 所示结构中是利用摇臂轴紧固螺钉 4 将摇臂轴固定在支座上的。中间支座上有油孔,并与汽缸盖上的油道及摇臂轴上的油孔相通。机油可进入空心的摇臂轴内,然后经摇臂轴上正对着摇臂的油孔进入到轴与摇臂衬套之间润滑,并经摇臂上的油道对摇臂的两端进行润滑。在摇臂轴上的两个摇臂之间套装着一个定位弹簧 11,以防止摇臂轴向窜动,如图 3-25 所示。

摇臂实际上是一个双臂杠杆,其作用是将挺柱传来的运动和作用力改变方向作用到气门杆,开闭气门。同时,利用两边臂的比值(称摇臂比)来改变气门的升程。摇臂与气门杆接触部分的接触应力高,且有相对滑移,磨损严重,因此在该部分常堆焊有硬质合金。摇臂通过青铜衬套或滚针轴承支撑在空心的摇臂轴上,再一起固定在摇臂轴支座上与汽缸盖相连。

4. 气门间隙调整螺钉和液压挺柱

在摇臂一端安装有气门间隙调整螺钉,用来调整气门间隙。

为了防止受热膨胀后气门关闭不严,大多数发动机预留了气门间隙,但这又会造成气门开启和关闭时的冲击,产生磨损和噪声,目前,为解决这一矛盾,越来越多的发动机不再采用预留气门间隙的方法,而是采用了长度随温度轻微变化的液压挺柱。图 3-26所示为桑塔纳和捷达轿车发动机采用的液压挺柱。挺柱体 9 由上盖和圆筒焊接成一体,可以在汽缸盖 14 的挺柱体孔中上下运动。油缸 12 的内孔和外圆都经过精加工研磨,外圆与挺柱内导向孔相配合,内孔则与柱塞 11 相配合,两者都可以相对运

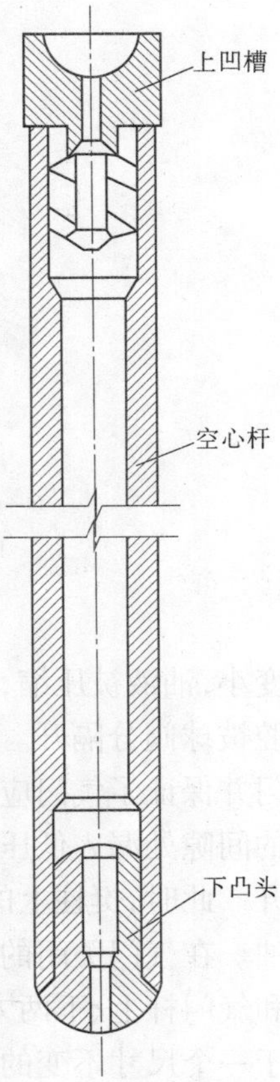

图 3-24 推杆

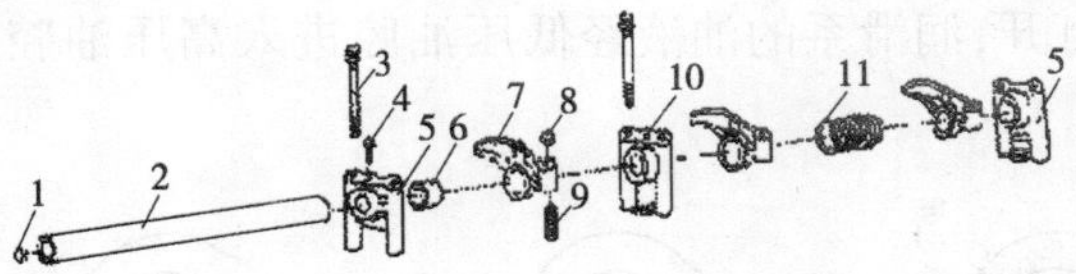

1—碗形塞;2—摇臂轴;3—螺栓;4—摇臂轴紧固螺钉;5—摇臂轴前、后支座;
6—摇臂衬套;7—摇臂;8—摇臂调整螺钉、锁紧螺母;9—调整螺钉;
10—摇臂轴中间支座;11—定位弹簧

图 3-25 摇臂组

动。油缸底部装有一个补偿弹簧 13,可将球阀 5 压靠在柱塞的阀座上,它还可以使挺柱顶面和凸轮表面保持紧密接触,以消除气门间隙。当球阀关闭柱塞中间孔时,可将挺柱分成两个油腔,即上部的低压油腔 6 和下部的高压油腔 1,而在球阀开启后,则形成一个通腔。当圆筒挺柱体 9 上的环形油槽与缸盖上的斜油孔 4 对齐时(图中位置),发动机润滑系中的机油经斜油孔 4 和环形油槽流入低压油腔 6。位于挺柱体背面的键形槽 7 可将机油引入柱塞上方的低压油腔。

液压挺柱的工作原理如图 3-27 所示。在气门打开的过程(见图 3-27(a))中,凸轮 2 推动挺柱体 5 和柱塞 4 下移,而油缸 9 受到气门弹簧的阻力不能立即下移,致使高压油腔 6 的

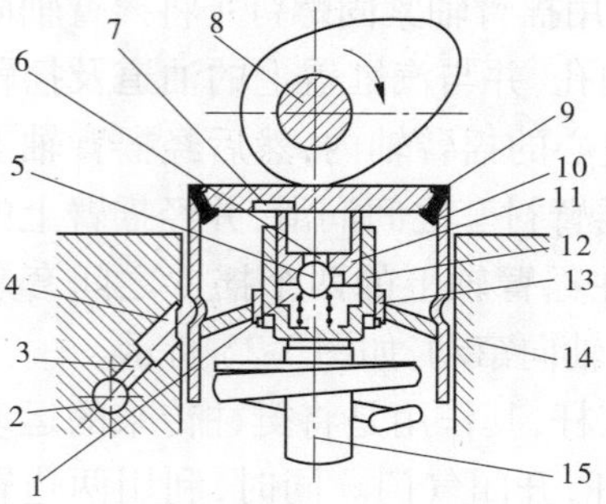

1—高压油腔；2—缸盖油道；3—油星孔；4—斜油孔；5—球阀；
6—低压油腔；7—键形槽；8—凸轮轴；9—挺柱体；10—挺柱体焊缝；
11—柱塞；12—油缸；13—补偿弹簧；14—汽缸盖；15—气门杆

图 3-26　液压挺柱

容积变小，油液被压缩，油压升高，加上补偿弹簧 8 的推力使球阀紧压在阀座上。于是，高低压油腔被球阀分隔开。由于液体的不可压缩性，整个挺柱如同一个形状不变的刚体，下移推开气门并保证了气门应达到的升程。虽然在此期间高压油腔会有少量机油从柱塞 4 和油缸之间的间隙处漏入低压油腔，使凸轮和气门杆间的挺柱长度稍有缩短，但不会影响气门的正常打开。此时，挺柱上的环形油槽已和缸盖上的斜油孔错开，低压油腔进油道被切断，停止了进油。在气门关闭的过程（见图 3-27（b））中，气门弹簧推动气门及挺柱上移，由于仍受到凸轮和气门杆上、下两方面的顶压，高压油腔仍保持高压，球阀仍处于关闭状态，液压挺柱仍相当于一个尺寸不变的刚体，直至气门落座关闭。

气门关闭以后（见图 3-27（c）），补偿弹簧将柱塞和挺柱体继续向上推移一个微小的行程，以补偿因油液泄漏而缩短的那一段挺柱长度。与此同时，挺柱体上的环形油槽与汽缸盖上的斜油孔对齐，球阀打开，润滑系的油液经低压油腔进入高压油腔，补充高压油腔所泄漏的油液。

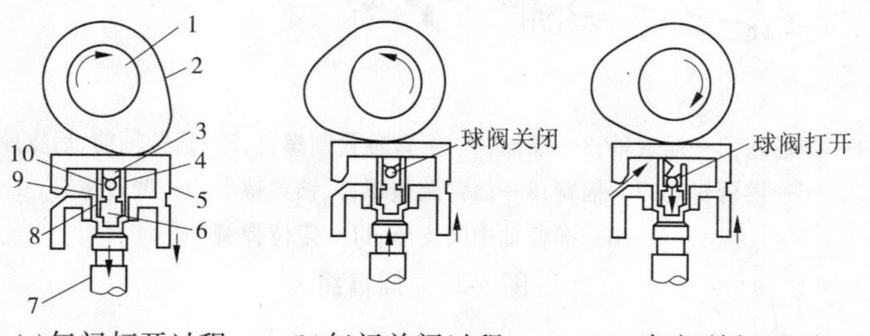

(a)气门打开过程　　(b)气门关闭过程　　(c)气门关闭以后

1—凸轮轴；2—凸轮；3—低压油腔；4—柱塞；5—挺柱体；
6—高压油腔；7—气门；8—补偿弹簧；9—油缸；10—球阀

图 3-27　液压挺柱的工作原理

气门在受热膨胀伸长时向上挤压油缸，高压油腔中的油通过柱塞与油缸之间的间隙向低压油腔泄漏一部分，油缸相对于柱塞上移，从而使挺柱自动缩短，保证气门关闭严密。当气门冷却收缩时，补偿弹簧将油缸向下推动，挺柱自动伸长，保证不出现气门间隙。

采用液压挺柱消除了配气机构中的间隙，减小了各零件的冲击和噪声。同时，凸轮轮廓可设计得陡一些，以便气门开启和关闭得更快，减小进、排气阻力，改善发动机的换气性能，提高发动机的其他性能，特别是高速性能。但液压挺柱结构复杂，加工精度要求较高。

单元三　配气机构的检修

一、气门组零件的检修

（一）气门的检修

气门常见故障是气门杆弯曲，气门工作表面磨损、烧蚀，气门杆断面磨损以及与气门导管配合松旷等。操作步骤如下：

（1）通常用如图 3-28 所示的专用工具拆装气门和气门弹簧。

图 3-28　气门拆装工具及使用方法

（2）清除气门头上的积炭，检查气门工作锥面及气门杆的磨损、烧蚀及变形情况。若气门工作锥面出现磨损起槽、斑痕、接触线带变宽或有轻微烧蚀，应及时修理，用气门光磨机进行光磨修理。

（3）检查气门头部圆柱面的厚度 H。一般用外径千分尺测量其厚度，如图 3-29 所示。对于轿车，一般进气门应大于 0.6 mm，排气门应大于 1 mm。若磨损量过大或者用手感觉有明显的阶梯状，应更换新的气门。

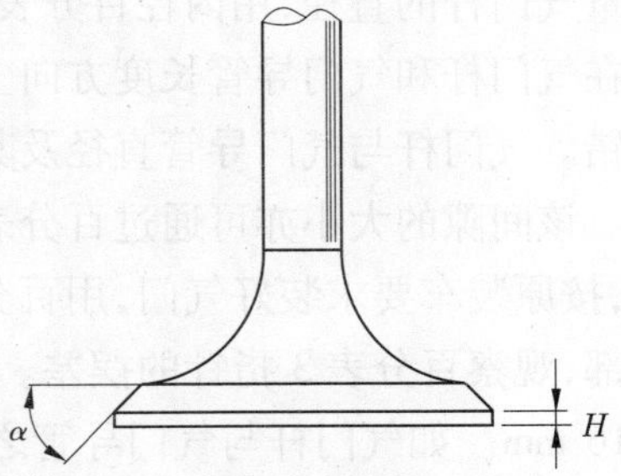

H—气门头部圆柱面厚度；α—气门锥角

图 3-29　检查气门头部圆柱面的厚度

（4）检查气门尾部端面。该端面在工作时经常与气门摇臂碰擦，需检视此端面的磨损情况，有无凹陷现象。不严重时，可用油石修磨。如果修磨量超过 0.5 mm，则需更换气门。

（5）检查气门工作锥面的斜向圆跳动。使用百分表、V 形铁和平板，如图 3-30 所示，检查每个气门工作锥面的斜向圆跳动值。测量时，将 V 形铁 1 置于平板上，使百分表 3 的触头垂直于气门 2 的工作锥面，轻轻转动气门一周，百分表读数的差值即为气门工作锥面的斜向圆跳动。为使检测准确，需测量若干个斜面，取其中的最大差值作为气门工作锥面的斜向圆跳动值。其极限值为 0.08 mm，如果测量值超过极限值，则需更换气门。

(6)检查气门杆的弯曲变形。气门杆弯曲变形可利用图3-31所示的百分表来检查，转动气门一周，如果表针摆动差值超过0.05 mm，说明气门杆的弯曲变形程度超过了允许的极限，应立即矫正或者直接更换新的气门。气门杆弯曲矫正的方法是，把气门杆放到压床上，使弯曲拱面朝上，用压床让其产生相反方向的变形，矫正量一般为实际弯曲变形量的10倍，保持2 min以上。

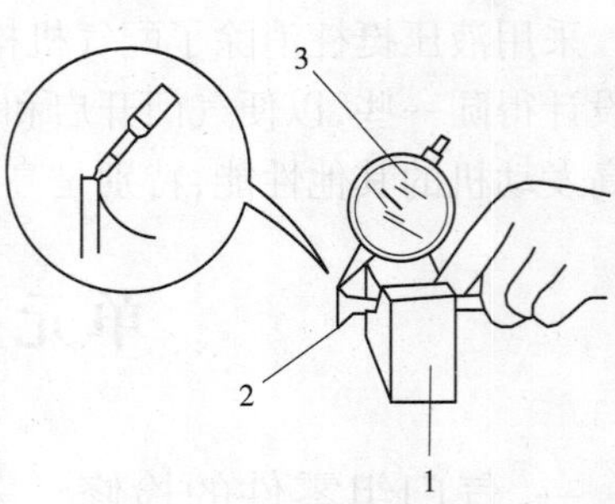

1—V形铁;2—气门;3—百分表

图3-30　检查气门工作锥面的斜向圆跳动

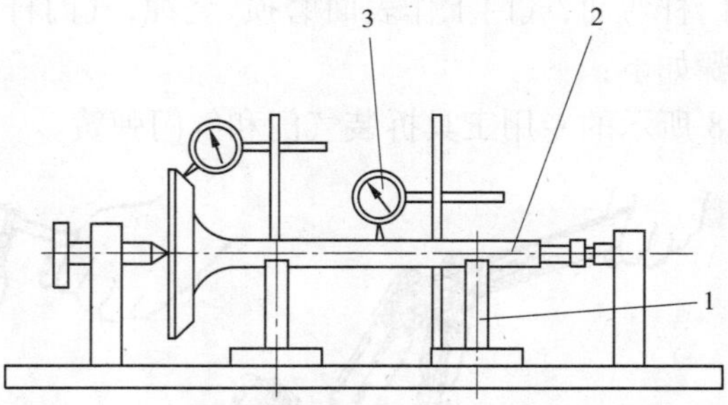

1—V形铁;2—气门;3—百分表

图3-31　检查气门杆的弯曲变形

(二)气门导管的检修

气门导管磨损后会使其与气门杆的配合间隙变大，导致气门运动时来回摆动，造成气门关闭不严的后果。气门导管的磨损情况可以通过测量气门导管与气门杆之间的配合间隙进行检修，步骤如下：

(1)清洗气门导管。

(2)检查气门杆与气门导管的间隙(在气门的弯曲检验合格后进行)。用外径千分尺1测量气门杆的直径，用内径百分表2测量气门导管的直径，如图3-32所示。为使测量准确，需在气门杆和气门导管长度方向上测得多个测量值，并注意气门和气门导管的对应性，不得装错。气门杆与气门导管直径及其配合间隙应符合原厂要求。

该间隙的大小亦可通过百分表测量气门杆尾部的偏摆量来间接地判断。如图3-33所示，按原装车要求装好气门，用百分表触头顶住气门杆尾部，按1⟷2的方向推动气门4的尾部，观察百分表3指针的摆差。气门杆尾部偏摆使用极限：进气门为0.12 mm，排气门为0.16 mm。如气门杆与气门导管之间的配合间隙或气门杆尾部偏摆量超限，则应根据测量的气门杆直径和气门导管内径情况，更换气门或气门导管。

(3)气门导管的更换。如经上述检测需更换气门导管，应用铜质的带凸缘的冲头插入气门导管内孔，用锤子按规定方向(一般为汽缸盖上方)敲打气门导管，拆除旧的气门导管。

应根据新导管外径适当铰削、打磨气门导管孔，使得气门导管与气门导管孔有适当的过盈量。新导管的外径与汽缸盖上的导管孔有一定的过盈量。为便于导管压入和防止汽缸盖产生变形，在新导管外壁上应涂以发动机机油，并均匀地把汽缸盖加热至60～80 ℃，再在压床上将气门导管压入或利用气门导管安装工具及锤子将气门导管轻轻地敲入气门导管座孔内,上述操作应迅速进行,以便所有气门导管在较均衡的温度下被压进汽缸盖内。此时,气门导管的伸出量 a 为 15 mm,如图 3-34 所示。

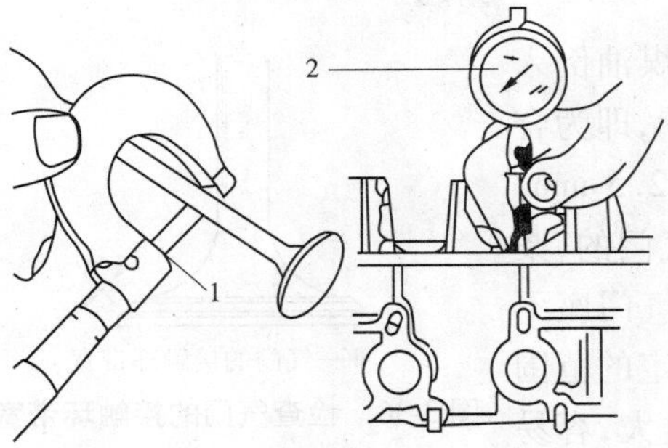

1—外径千分尺;2—内径百分表

图 3-32　检查气门杆与气门导管的间隙

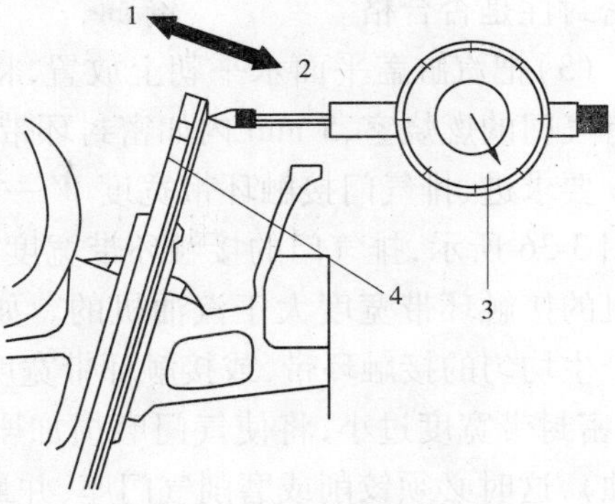

1、2—气门尾部推动方向;3—百分表;4—气门

图 3-33　检查气门杆尾部的偏摆量

(三)气门座的检修

1. 气门座外观的检查

从外观上检视气门座,如气门座松动、下沉则需更换,新座圈与座孔一般有 0.075 ~0.125 mm 的过盈量,将气门座圈镶入座孔内,通常采用冷缩法和加热法,冷缩法是将选好的气门座圈放入液氮中冷却片刻,使座圈冷缩;加热法是将汽缸盖加热至 100 ℃左右,迅速将座圈压入座孔内。气门座表面如有斑痕、麻点,则需用专用铰刀或砂轮进行铰削或磨削。

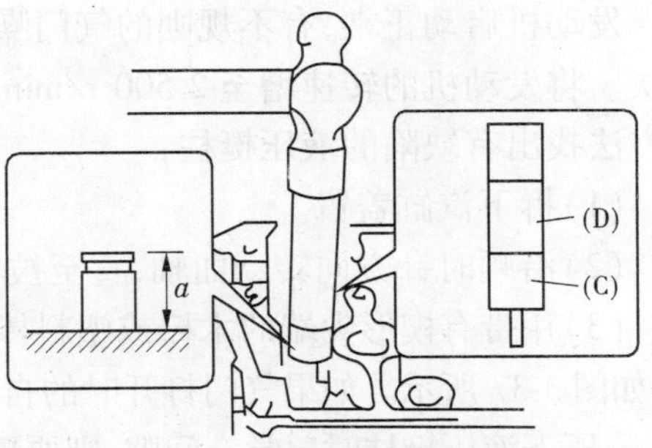

图 3-34　气门导管的更换

2. 气门与气门座密封性的检查

外观检视如良好,则应检查气门与气门座的密封性。常用的检查方法如下:

(1)用软铅笔在气门密封锥面上每隔 4 mm 画上一条线条,如图 3-35(a)所示,与相配气门工作面接触,略压紧并转动气门 45°~90°,取出气门,检查铅笔线条是否全部被切断。如果全部被切断,说明密封性良好。如发现有未被切断的线条,可将气门再插入原座,转动 1 ~2圈后取出,若线条仍未被切断,说明气门有缺陷;若线条被切断,则说明气门座有缺陷。应找出缺陷加以修理。

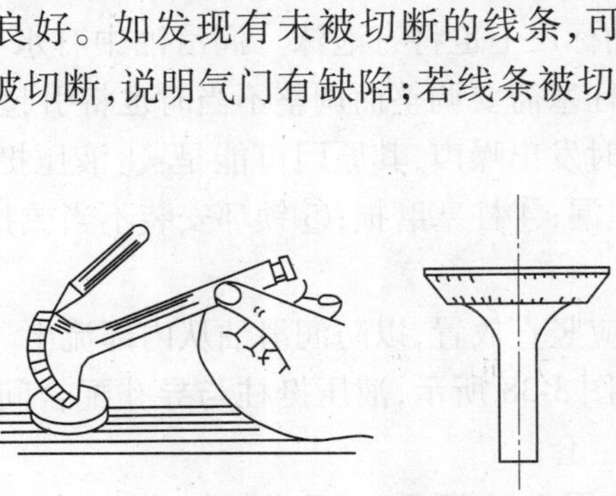

图 3-35　铅笔线法检查气门密封面

(2)可用红丹着色检查,将红丹涂在气门密封锥面(薄薄一层)上,再将气门插入原座,用上述方法拍打、研转后取出,观察气门座密封锥面的红丹印痕是否全部被擦除,从而判断其密封性是否合格。

(3)把汽缸盖平面水平朝上放置,将汽油或煤油倒入装有气门的燃烧室,5 min 内如密封环带处无渗漏,即为合格。要求进、排气门接触环带宽度 W 一般为 1 ~ 2.5 mm,如图 3-36 所示,排气门的接触环带宽度大于进气门的,柴油机的接触环带宽度大于汽油机的。如气门与气门座不能产生均匀的接触环带,或接触环带宽度不在规定的范围内(密封带宽度过小,将使气门磨损加剧;宽度过大,容易烧蚀),这时必须铰削或磨削气门座,并最后研磨。

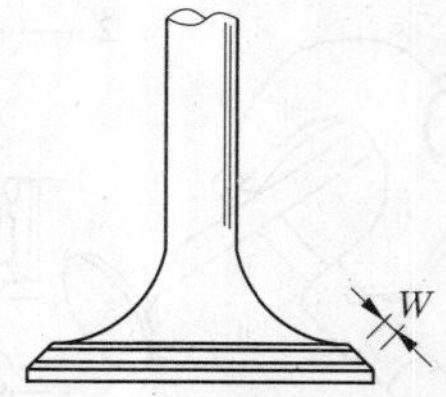

W—气门的接触环带宽

图 3-36　检查气门的接触环带宽度

(四)液压挺柱的检修

常见的故障是外部工作面磨损或者损伤,挺杆内部配合表面磨损,密封不良等。

1. 不解体检查液压挺柱

发动机启动正常,有不规则的气门噪声,低速运转发动机,并使散热器的风扇接通运转一次。将发动机的转速增至 2 500 r/min 并运转 2 min。如果挺柱始终有杂音,可按如下所述方法找出有缺陷的液压挺柱:

(1)拆下汽缸盖罩。

(2)沿顺时针方向转动曲轴,直至被检查液压挺柱的尖点向上。

(3)用带有楔形尖端的木棒或塑料棒向下压液压挺柱,如图 3-37 所示。如果气门打开时的自由行程超过 0.1 mm,压下液压挺柱时感觉有间隙,则要更换液压挺柱。

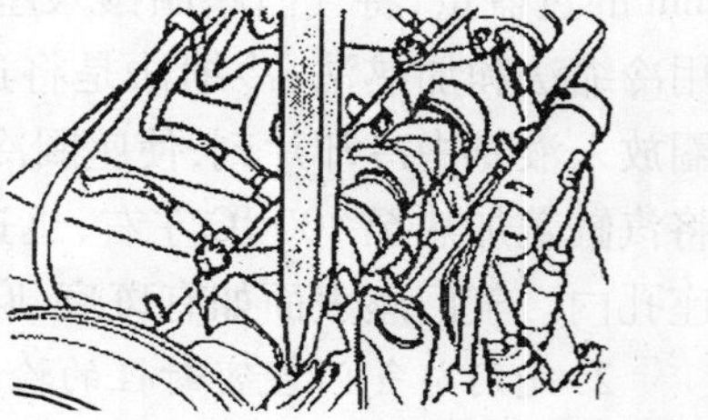

图 3-37　检查液压挺柱

2. 液压挺柱产生噪声的原因

当发动机还没有达到正常工作温度时,能听到液压挺柱噪声,而当发动机热起来之后,这种噪声将消失。这种现象是正常的。

如果所有的液压挺柱都有噪声,可能是因为灰尘或变质黏结的润滑油使其卡住或润滑油质量不良,起泡沫的润滑油也可能带来这种现象。如果润滑油起泡沫,在润滑油标尺上也将有泡沫。润滑油中有水、润滑油油面过高或过低,都可能引起润滑油起泡。当柱塞需要调整而调整不当时也将引起噪声。

如果一个液压挺柱有时发出噪声,其原因可能是:①液压挺柱中的柱塞太紧;②柱塞弹簧太软或被折断;③球阀泄漏;④柱塞磨损;⑤锁环安装不当或找不着;⑥到柱塞的润滑油压力不够。

液压挺柱装置拆卸后应竖直放置,以防润滑油从内部流出。其检查方法如下:

(1)测量导孔内径,如图 3-38 所示,液压挺柱与导孔配合间隙不得超过 0.1 mm,否则,应更换液压挺柱或对导孔镶套。

(2)进行泄漏试验。如图 3-39 所示,将重臂轻轻落下,在重臂的作用下液压挺柱逐渐缩短,检验仪指针在刻度盘上指示出液压挺柱的尺寸变化量,顺时针转动检验仪底座上的手柄,转速为 30 r/min,当检验仪指针处于刻度盘上“START”位置时,按下秒表,记录下液压挺柱缩短一定尺寸时所需时间。时间过短,说明其密封性不好,需要更换。

3. 使用修理液压挺柱时应注意事项

(1) 严格控制发动机机油的油面高度。

(2) 发动机冷启动后应运转一段时间,使机油温度上升,液压挺柱达到正常工作状态。

(3) 如果发现液压挺柱失灵,应更换新件。

如需拆下液压挺柱,液压挺柱不允许互换,应在液压挺柱上做标记,标记应做在与凸轮接触面的正方,如图 3-40 所示。

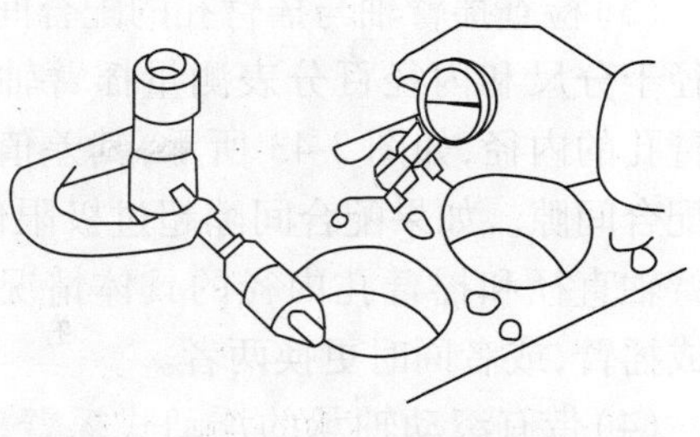

图 3-38　液压挺柱与导孔配合间隙

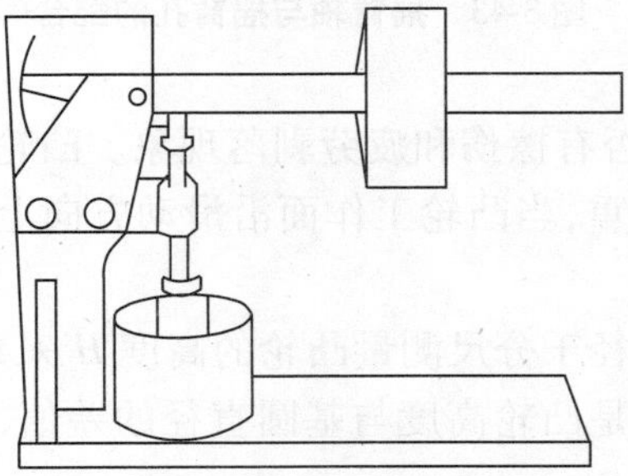

图 3-39　液压挺柱泄漏试验

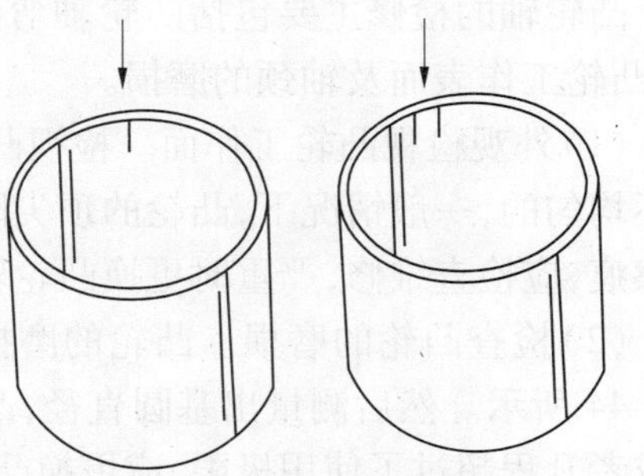

图 3-40　在液压挺柱上做标记

二、气门传动组零件的检修

(一) 摇臂轴、摇臂与摇臂轴弹簧的检修

(1) 检查摇臂和调整螺钉的磨损,如图 3-41 所示。调整螺钉 1 的端头如磨损严重,应更换调整螺钉。摇臂与凸轮的接触面 3 如磨损严重或调整螺钉螺纹孔损坏,则应更换摇臂。

(2) 检查摇臂轴的弯曲变形。使用 V 形铁和百分表检查摇臂轴的弯曲变形,如图 3-42 所示。与检查气门杆弯曲变形的方法类似,用摇臂轴外圆素线的直线度表示其弯曲程度。直线度极限值为 0.06 mm。如直线度超限,可用冷压校正法校正或更换摇臂轴。

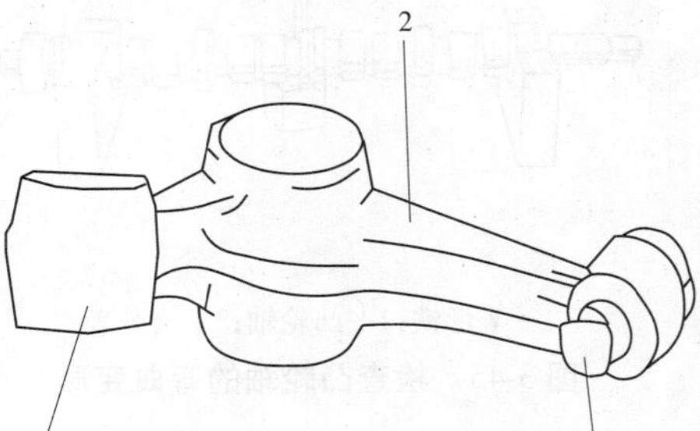

1—调整螺钉;2—摇臂;3—摇臂与凸轮的接触面

图 3-41　检查摇臂和调整螺钉的磨损

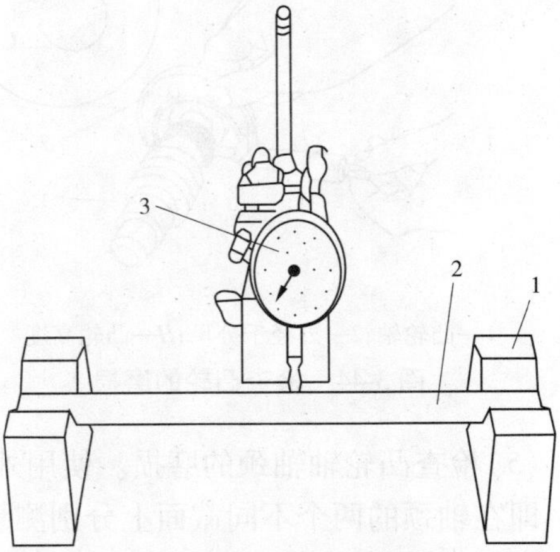

1—V 形铁;2—摇臂轴;3—百分表

图 3-42　检查摇臂轴的弯曲变形

(3)检查摇臂轴与摇臂孔的配合间隙。使用外径千分尺和内径百分表测量摇臂轴的直径和摇臂孔的内径,如图3-43所示,其差值即为两者的配合间隙。如果配合间隙超过极限值,则应视摇臂轴直径和摇臂孔内径的具体情况更换摇臂轴或摇臂,或者同时更换两者。

(4)带有滚动轴承的浮动式摇臂,检查其轴承,如果磨损严重或者损坏,则应更换摇臂。

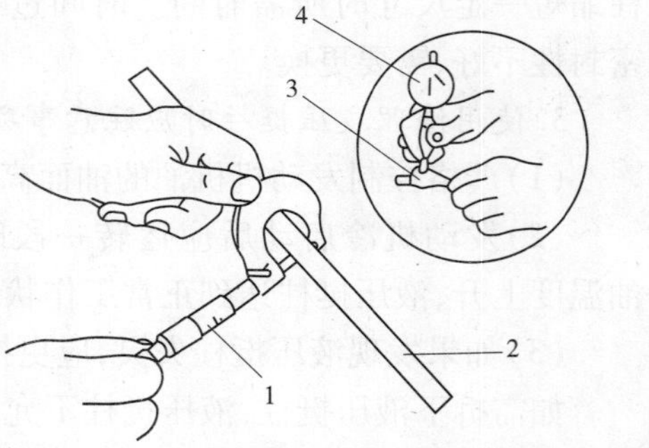

1—外径千分尺;2—摇臂轴;3—摇臂;4—内径百分表

图3-43　摇臂轴与摇臂孔的配合间隙

(二)凸轮轴的检修

凸轮轴的检修主要包括凸轮轴弯曲、扭转变形,凸轮工作表面及轴颈的磨损。

(1)外观检视凸轮工作面。检视凸轮工作面是否有擦伤和疲劳剥落现象。凸轮的磨损是不均匀的,一般情况下,凸轮的顶尖附近磨损最严重,当凸轮工作面沿滑动方向上产生了小擦痕,应检查维修,严重时更换凸轮轴。

(2)检查凸轮的磨损。凸轮的磨损程度可用外径千分尺测量凸轮的高度 H 来判断,如图3-44所示。然后测量出基圆直径,凸轮的升程就是凸轮高度与基圆直径的差值,凸轮高度或者升程超过了使用极限,应更换凸轮轴。

(3)检查汽油泵驱动偏心轮的磨损。对于机械式驱动汽油泵,其汽油泵驱动偏心轮的磨损亦可使用外径千分尺通过测量其偏心方向上的高度来判断。如测量值小于使用极限值,亦可采用修磨或堆焊后光磨的方法修复,或者更换凸轮轴。

(4)检查凸轮轴的弯曲变形。将V形铁置于平板上,将凸轮轴置于V形铁上,如图3-45所示,使用百分表测量凸轮轴中间支承的径向圆跳动。轻轻地回转凸轮轴一周,百分表指针的读数差即为凸轮轴的径向圆跳动值。若测量值超过极限值,则应进行冷压校正或更换凸轮轴。凸轮轴校直后,其径向圆跳动值应不大于规定值。

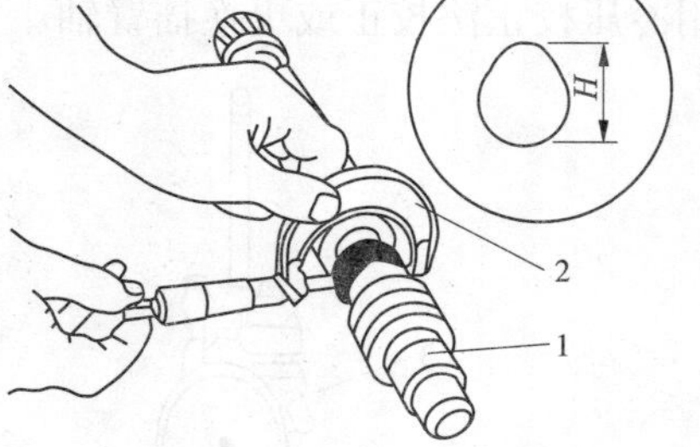

1—凸轮轴;2—外径千分尺;H—凸轮高度

图3-44　检查凸轮的磨损

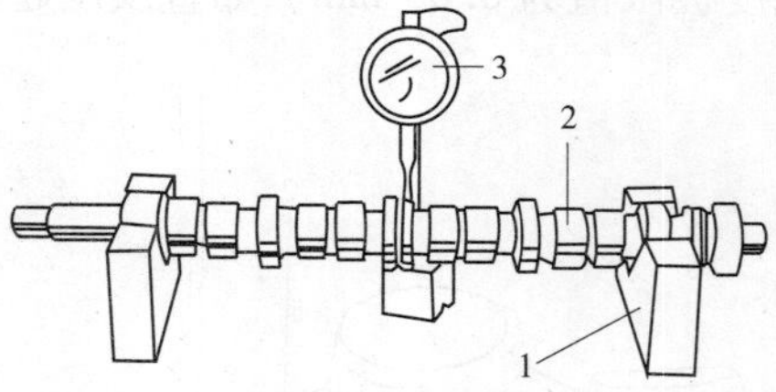

1—V形铁;2—凸轮轴;3—百分表

图3-45　检查凸轮轴的弯曲变形

(5)检查凸轮轴轴颈的磨损。使用外径千分尺利用“两点法”测量每个凸轮轴轴颈的直径。即在轴颈的两个不同截面上分别测量两垂直方向的直径尺寸(得到4个测量值),同时使用内径百分表利用“两点法“测量汽缸盖上凸轮轴轴颈承孔的内径(每个承孔得4个测量值)。用所测轴颈承孔内径减去相应轴颈直径即得轴颈与轴颈承孔的配合间隙。如果该配合间隙超过极限值,则应更换凸轮轴,必要时,更换汽缸盖。

(6)检查凸轮轴轴向间隙(止推间隙)。凸轮轴轴向间隙是靠止推板来保证的。测量该间隙时,可用撬杠拨动凸轮轴作轴向移动,用塞尺或百分表进行测量,如图 3-46 所示。如果测量值超限,则酌情更换止推板或凸轮轴。

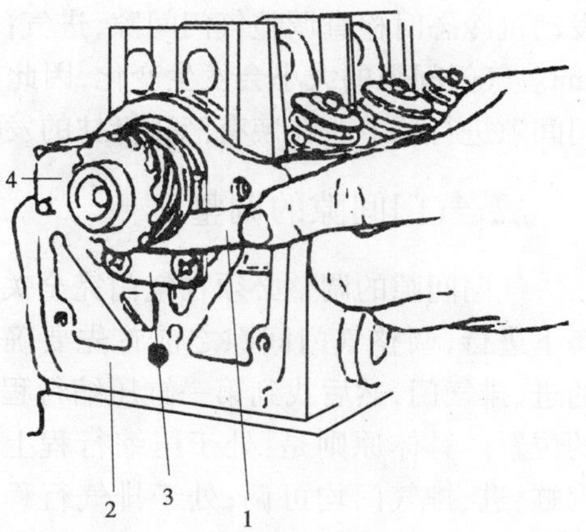

1—塞尺;2—汽缸盖;3—止推板;4—凸轮轴

图 3-46 检查凸轮轴轴向间隙

(三)同步齿形带和同步齿形带轮的检查

(1)检查同步齿形带和同步齿形带轮有无磨损和裂纹,必要时进行更换。一般轿车行驶 8 万~10 万 km后必须更换,否则会给发动机带来严重损坏。检查时,不可弯折同步齿形带,否则会降低其抗拉强度,易出现破损。同步齿形带、同步齿形带轮和同步齿形带张紧轮不得接触油和水,如接触则会使同步齿形带橡胶膨胀,减少其使用寿命。

(2)同步齿形带松紧度的检查如图 3-47 所示,使用专用检测工具,用 30 N 的力推压同步齿形带驱动侧的中间位置,检查其挠度 L 是否为 6 mm;也可以在同步齿形带驱动侧的中间位置,用拇指和食指捏住同步齿形带刚好能扭转 90°,则其张紧度是合适的。否则,应拧松同步齿形带张紧轮固定螺钉 7 和螺栓 3 从而改变张紧轮 8 的位置予以调整。

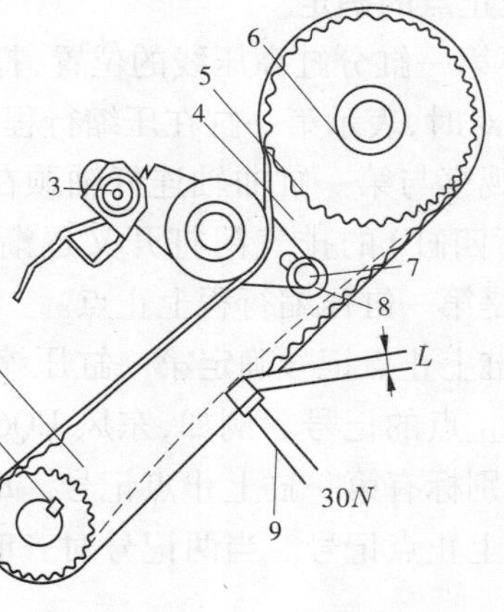

1—曲轴同步带轮半圆键;2、4、5、6—安装标记;3—张紧轮螺栓;
7—张紧轮固定螺钉;8—张紧轮;9—推压计;L—同步齿形带挠度

图 3-47 同步齿形带松紧度的检查

单元四 气门间隙

一、气门间隙的作用

发动机工作时,为了补偿气门及其传动机构零件受热后膨胀,通常在发动机冷态装配时,在气门组与气门传动组之间留有一定间隙,称为气门间隙,如图 3-48 所示。一般在汽车发动机冷态时检查调整气门间隙,进气门间隙为0.2~0.25 mm,排气门间隙为0.25~0.3 mm。气门间隙的大小会发生变化,因此在配气机构中设置了气门间隙调节装置,以便对气门间隙进行调节。在装有液压挺柱的发动机中不需要留有气门间隙。

二、气门间隙的调整

气门间隙的调整必须在气门完全关闭的状态下进行,调整气门间隙之前首先要确认各缸的进、排气门,然后找到第一缸压缩行程上止点的位置。具体原则是:处于压缩行程上止点的汽缸,进、排气门均可调;处于排气行程上止点的汽缸,进、排气门均不可调;处于进气行程和压缩行程的汽缸,排气门可调;处于排气行程和做功行程的汽缸,进气门可调。

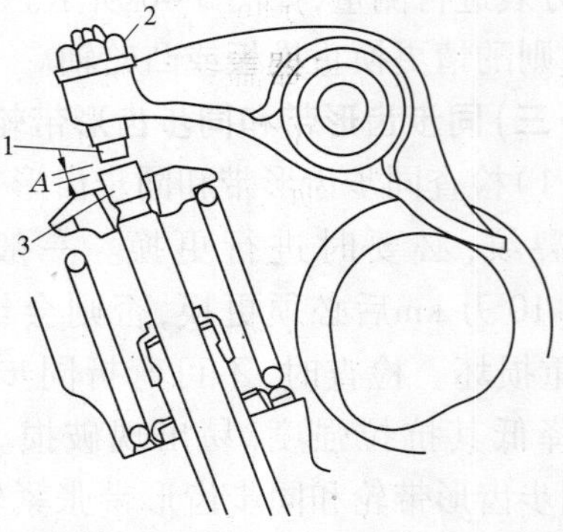

1—调整螺钉;2—锁紧螺母;3—气门杆;A—气门间隙

图3-48　气门间隙

(一)进气门和排气门的确认

(1)根据气门与所对应的气道确定。进气歧管所对应的是汽缸盖上的进气道和进气门;排气歧管所对应的是排气道和排气门。

(2)转动曲轴观察确定。方法是:转动曲轴,观察各缸的两个气门,先动的为排气门,随后动的为进气门,并在气门上做记号。

(二)第一缸压缩行程上止点的确定

(1)分火头判断法:记下第一缸分缸高压线的位置,打开分电器盖,转动曲轴,当分火头与第一缸分缸高压线位置相对时,表示第一缸在压缩行程上止点。

(2)逆推法:转动曲轴,观察与第一缸曲轴连杆轴颈在同一个方位的最后缸(如直列六缸机的第六缸或四缸机的第四缸)的排气门打开又逐渐关闭到进气门动作瞬间,即为六(四)缸排气行程上止点,也是第一缸压缩行程上止点。

(3)按发动机上的第一缸上止点记号确定第一缸压缩上止点。很多发动机在曲轴的后端或前端标有确定第一缸上止点的记号。例如,东风EQ6100和解放CA6102发动机,在飞轮的圆柱面上和飞轮壳上分别标有第一缸上止点记号。BN492Q发动机则在曲轴带轮和定时齿轮室上分别标有第一缸上止点记号。当两记号对齐时,第一缸活塞正好处于压缩或排气行程上止点位置。

第一缸压缩行程上止点的确定原则是:先找到压缩行程,然后再确定压缩行程上止点。找压缩行程常用的两种方法:一种是把第一缸火花塞(或喷油器)座孔用棉球堵住,摇转曲轴,当棉球被汽缸内的压缩气体弹出时,表明该缸已进入压缩行程。另一种是摇转曲轴,看第一缸气门的动作,当进气门关闭时,表明该缸已进入压缩行程。按上述方法找到第一缸压缩行程后,慢慢摇转曲轴,使第一缸上止点记号对齐,此时第一缸活塞所处的上止点位置便是压缩行程上止点。

(三)气门间隙的调整方法

气门间隙的检查调整有两次检调法和"双排不进"调整法两种。

1. 两次检调法

气门间隙的两次检调法的具体步骤如下所述:

(1)从汽缸盖罩上拆下曲轴箱通风软管,拆下汽缸盖罩。

(2)从离合器外壳上拆下点火正时检查窗橡皮塞。

(3)拆下分电器盖。

(4)沿顺时针方向转动曲轴(从发动机前端看),当分火头将要指向分电器盖第一缸分缸高压线位置时,再慢转曲轴,使飞轮上的直线标记2与离合器外壳上的直线标记1对齐,如图3-49所示,此即第一缸压缩行程上止点位置。如发动机无分电器,观察第一缸进气门完全关闭时的位置,即是在第一缸压缩上止点附近,也可以进行调整。

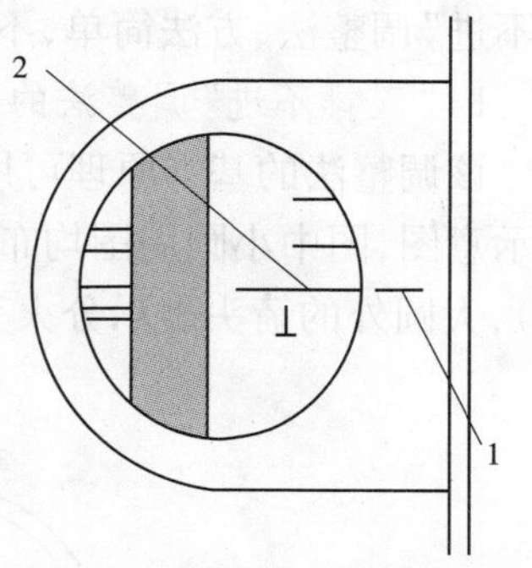

1—离合器外壳上的标记;
2—飞轮上的标记

图3-49 对正标记

(5)将气门编号。以四缸机为例,点火顺序为1—3—4—2,若将气门按如图3-50所示的顺序编号,则此时可检调气门1、2、5和7的气门间隙。即第一缸进、排气门均可调,第二缸可检调进气门,第三缸可检调排气门。(如是六缸机,点火顺序为1—5—3—6—2—4,按气门顺序则可检调1、2、4、5、8、9的气门间隙)

(6)旋转曲轴360°,未调的气门3、4、6和8这时均可检调。即第二缸可检调排气门,第三缸可检调进气门,第四缸进、排气门均可检调(如是六缸机,检调3、6、7、10、11、12的气门间隙)。

(7)气门间隙的检查。用规定厚度的塞尺片塞入气门间隙中,拉动时应有一定的阻力,如图3-51所示。

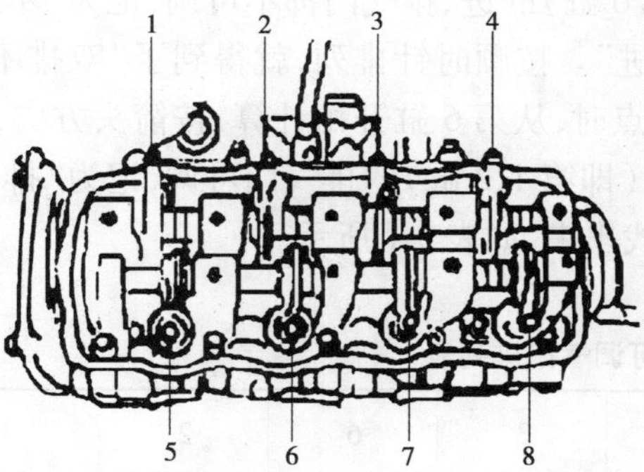

图3-50 气门编号

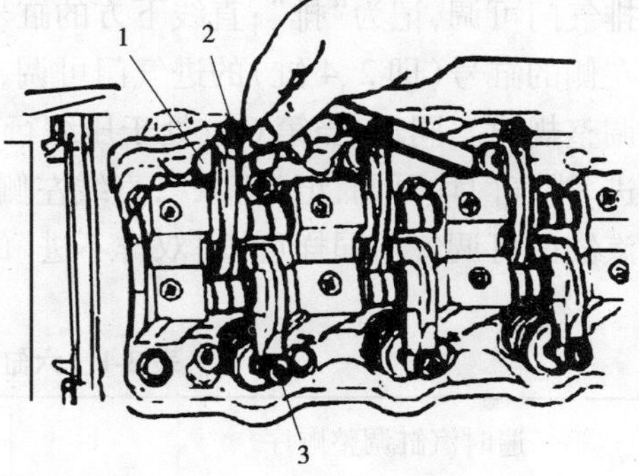

1—塞尺;2—进气门;3—排气门

图3-51 气门间隙的检查

(8)经检查如气门间隙不符合规定,则应进行调整。调整时,应先用扳手松开锁紧螺母,再利用旋具调整调整螺钉。旋入调整螺钉时,气门间隙减小;旋出调整螺钉时,气门间隙增大。气门间隙值调整至规定值后,应一面用旋具固定住调整螺钉,一面将锁紧螺母以15~19 N·m的拧紧力矩拧紧。

(9)用塞尺复查气门间隙值,如不合格,应重新进行调整。

(10)装上汽缸盖罩,并按规定力矩拧紧其固定螺栓,再装上曲轴箱通风软管。

(11)装上分电器盖。

2."双排不进"调整法

两次调整法需要人们对多种型号不同的发动机进行记忆,容易忘记,尤其是目前车型种类越来越多,原有的这些老方法显得不适用了。现有一种调整气门间隙的新方法——"双排不进"调整法,方法简单,不用死记硬背,不易忘记,适用于各种型号的发动机的调整。

1)"双排不进"调整法的基本原理

该调整法的基本原理可用虚拟分电盘图示法来描述,图 3-52 为六缸发动机的虚拟分电盘示意图,图中小圆周围均布的数字 1、5、3、6、2、4 为发动机的缸号(按发动机的点火顺序填写),大圆外的箭头表示分火头的旋转方向。图的左、右两侧以一条直线对称区分。

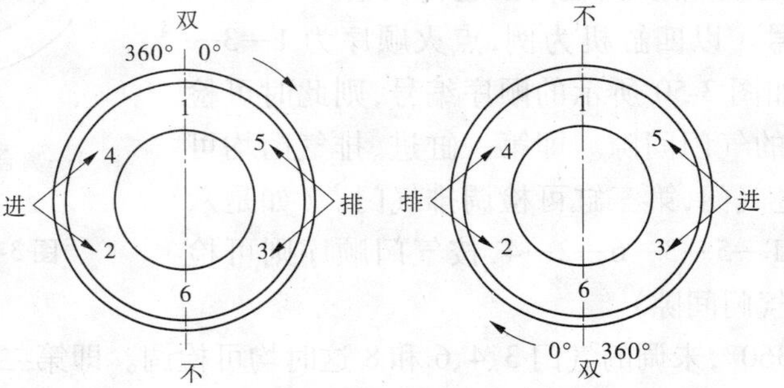

图 3-52　六缸发动机分电盘示意图

根据此图,可将发动机各气门的调整分为 4 种情况:当第 1 缸处于压缩行程上止点时,直线上方的缸号(即第 1 缸)的进、排气门均可调,记为"双";直线右侧的缸号(即第 5、3 缸)的排气门可调,记为"排";直线下方的缸号(即第 6 缸)的进、排气门都不可调,记为"不";直线左侧的缸号(即 2、4 缸)的进气门可调,记为"进"。按顺时针排列,就得到了"双排不进"的调整规律。同理,当第 6 缸处于压缩行程上止点时,从第 6 缸开始计算,按箭头方向,第 6 缸进、排气门均可调,记为"双";直线左侧的缸号(即第 4、2 缸)的排气门可调,记为"排";其余汽缸的可调气门同样可按"双排不进"的规律找出来,如表 3-1 所示。

表 3-1　六缸发动机可调气门排列表

第一遍时汽缸调整顺序	1	5	3	6	2	4
第二遍时汽缸调整顺序	6	2	4	1	5	3
第一遍(第 1 缸在压缩上止点)	双	排		不	进	
第二遍(第 6 缸在压缩上止点)	双	排		不	进	

2)"双排不进"调整法的应用

根据上述原理,不管什么型号的多缸发动机,不论其缸数为多少,都可按上述方法画出一个虚拟分电盘示意图,然后按"双排不进"规律对该发动机的气门间隙进行调整。常见的四缸发动机分电盘可用图 3-53 表示。

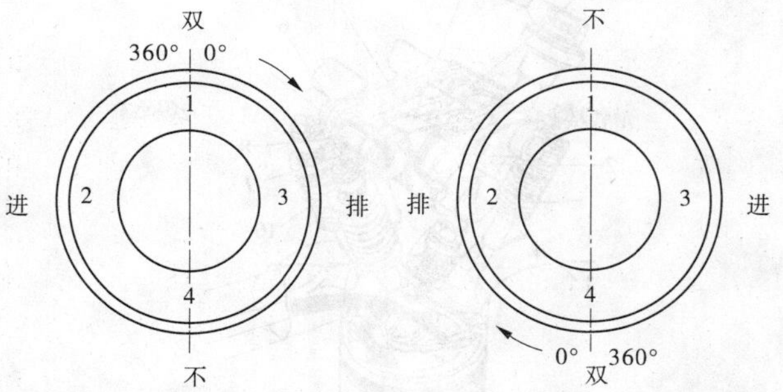

图 3-53　四缸发动机分电盘示意图

单元五　可变气门配气相位

传统的发动机配气机构在发动机制造装配好之后,配气相位及气门升程便无法改变。但理想的配气相位应随着发动机的转速、负荷及其他工况而改变。如发动机低速运转,在气门重叠角范围内,由于气流惯性的减弱,可能造成废气倒流,尤其当转速小于 1 000 r/min 时,更为明显,容易造成怠速不稳、功率下降等。而在高速运转时,又由于进气行程的时间非常短促,可能造成进气不足、排气不净、功率下降等。因此,传统的配气机构难以同时兼顾高低转速时对配气相位的要求。

为了使发动机在高转速时能提供较大的功率,在低转速时又能产生足够的转矩,有的现代轿车发动机已采用可变气门控制系统,它能根据发动机的运行状况而改变配气相位和气门升程。

可变气门控制系统种类较多,主要通过两种形式实现:一种是气门挺柱或摇臂可变系统,工作时凸轮轴和凸轮不变动,气门挺柱、摇臂或推杆在机械力或液压力的作用下改变,从而改变配气相位和气门升程;另一种是凸轮轴和凸轮可变系统,通过凸轮轴或者凸轮的变换来改变配气相位。

一、日本本田 VTEC 介绍

日本本田汽车公司于 1989 年推出了自行研制的可变气门配气相位和气门升程电子控制系统(Variable Valve Timing and Valve Life Electronic Control System,简称 VTEC),是世界上第一个能同时控制气门开闭时间及升程在两种不同情况下工作的气门控制系统。

(一) VTEC 的基本结构

图 3-54 所示是本田 ACCORD(雅阁) F23A 和 F20B1 发动机的 VTEC 的基本结构,主要由气门、凸轮、摇臂、同步活塞等组成。

(二) VTEC 的工作原理

发动机低速运转时(见图 3-55),VTEC 机构的油道内没有机油压力,正时活塞 14、同步活塞 12、13 和止推活塞 11 在回位弹簧的作用下都处于左端,正时板卡入正时活塞 14,使其不能移动。此时,正时活塞 14 和同步活塞 13 正好处在主摇臂 5 内,同步活塞 12 处在中间摇臂 6 内,止推活塞 11 处在辅助摇臂 7 内,使三根摇臂分离,彼此独立工作。主凸轮 2 和辅助凸轮 4 分别推动主摇臂 5 和辅助摇臂 7,控制两个进气门的开闭。主凸轮升程较大,所以

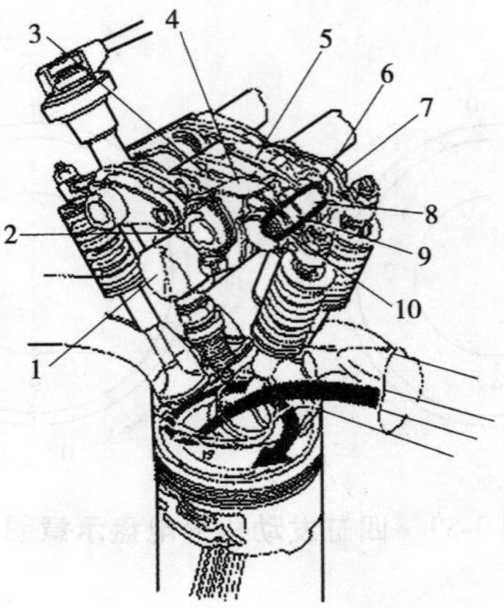

1—凸轮轴;2—摇臂轴;3—主摇臂;4—正时板;5—中间摇臂;

6—止推活塞;7—辅助摇臂;8、9—同步活塞;10—正时活塞

图 3-54　VTEC 的基本结构

它驱动的气门较大;辅助凸轮升程较小,所以它驱动的气门较小。这时,中间摇臂 6 虽然也被凸轮驱动,但因为三个摇臂彼此分离独立,所以中间摇臂并不参与工作,对气门动作无影响。因此,发动机低速运转时,VTEC 的工作原理和普通发动机相似。

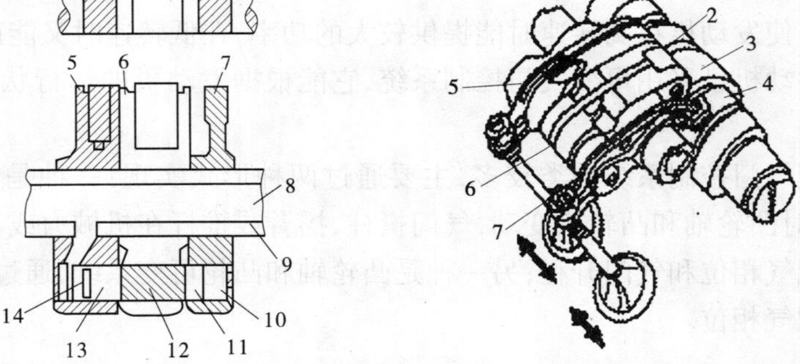

1—凸轮轴;2—主凸轮;3—中间凸轮;4—辅助凸轮;5—主摇臂;

6—中间摇臂;7—辅助摇臂;8—摇臂轴中心油道;9—摇臂轴;

10—止推活塞弹簧;11—止推活塞;12—同步活塞 B;13—同步活塞 A;14—正时活塞

图 3-55　发动机低速运转

发动机达到某一个设定的高转速(如 3 000 r/min)时,由 ECU 传来的信号打开 VTEC 电磁阀,压力机油通过摇臂轴上的油孔 16(见图 3-56)进入正时活塞,正时板移出,推动摇臂内的正时活塞使三根摇臂锁成一体。由于中间凸轮升程最高,摇臂锁为一体后由它驱动,进气门开启时间延长,升程增加。所以,发动机高速运转时,VTEC 系统改变气门正时和气门升程,使发动机功率和转矩得到提高。

当发动机再次降低到某一个设定的低转速时,VTEC 电磁阀断电,切断油路,摇臂内的液压也随之降低,活塞在回位弹簧的作用下退回原位,三根摇臂再次分离,独立工作。

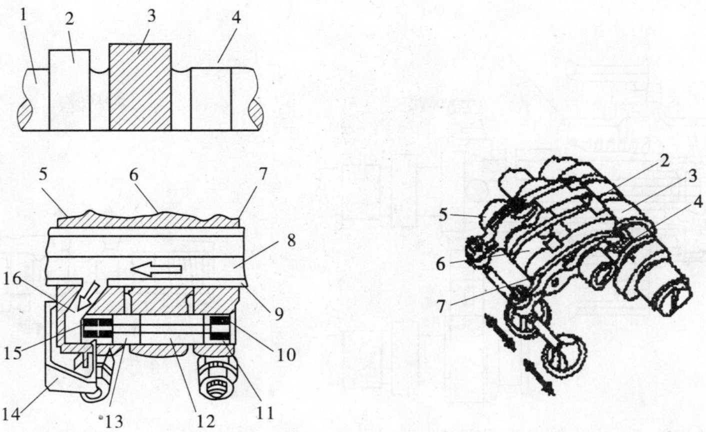

1—凸轮轴;2—主凸轮;3—中间凸轮;4—辅助凸轮;5—主摇臂;
6—中间摇臂;7—辅助摇臂;8—摇臂轴中心油道;9—摇臂轴;
10—止推活塞弹簧;11—止推活塞;12—同步活塞 B;
13—同步活塞 A;14—正时板;15—正时活塞;16—摇臂轴油孔

图 3-56　发动机高速运转

二、日本丰田 VVT－i 介绍

VVT－i 即智能可变进气系统,下面作简要介绍。

(一) VVT－i 的作用

VVT－i 用于控制进气凸轮轴在 45°～50°的范围内调整凸轮轴转角,使配气正时满足优化控制发动机工作状况的要求,从而提高发动机在所有转速范围内的动力性、燃油经济性以及降低尾气排放。根据车型的不同需要,VVT－i 的结构、控制范围等有所不同。

(二) 结构与工作原理

1. VVT－i 控制器

VVT－i 控制器(见图 3-57)包括由正时同步齿形带驱动的齿轮和与进气凸轮轴刚性连接的内齿轮,以及一个位于内、外齿轮之间的可动活塞。活塞的内外表面上有螺旋花键。活塞沿轴向的移动会改变内、外齿轮间的相位,从而连续改变气门的配气相位。

2. 凸轮轴正时机油控制阀

凸轮轴正时机油控制阀(见图 3-58)根据 ECU 的指令控制阀轴的位置,从而将油压施加给凸轮轴正时同步齿形带轮,以提前或推迟配气正时。发动机停机时,凸轮轴正时机油控制阀处于最延迟位置。

根据发动机 ECU 的指令,当凸轮轴正时机油控制阀位于图 3-59 所示位置时,机油压力施加在活塞的左侧,使得活塞向右移动。由于活塞上螺旋花键的作用,进气凸轮轴相对于凸轮轴正时同步齿形带轮提前某一个角度。当凸轮轴正时机油控制阀位于图 3-60 所示位置时,活塞向左移动,并向延迟的方向旋转。进而,凸轮轴正时机油控制阀关闭油道,保持活塞两侧的压力平衡,从而保持配气相位,由此便得到了理想的配气正时。凸轮轴正时机油控制阀内阀的位置由发动机 ECU 输出电压的占空比控制。

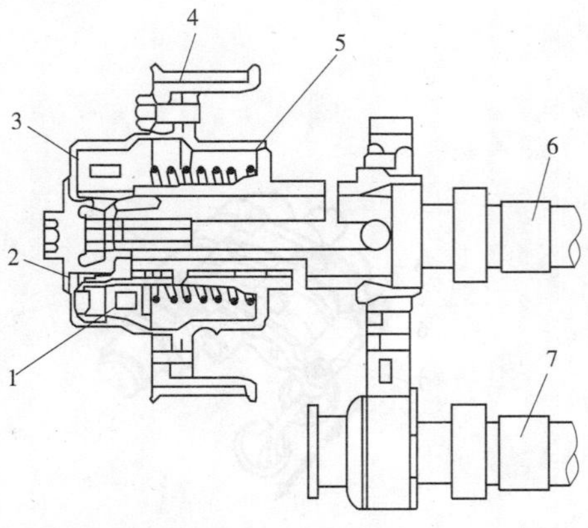

1—外齿轮；2—内齿轮；3—活塞；4—正时齿带；
5—外壳；6—进气凸轮轴；7—排气凸轮轴

图 3-57　VVT－i 控制器

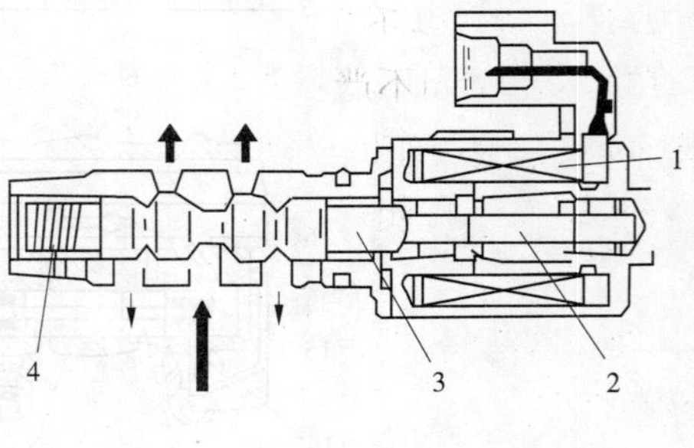

1—线圈；2—柱塞；3—控制阀；4—弹簧

图 3-58　凸轮轴正时机油控制阀

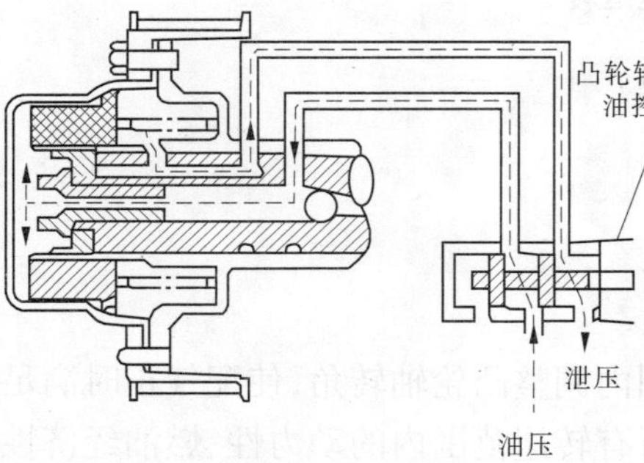

图 3-59　正时提前

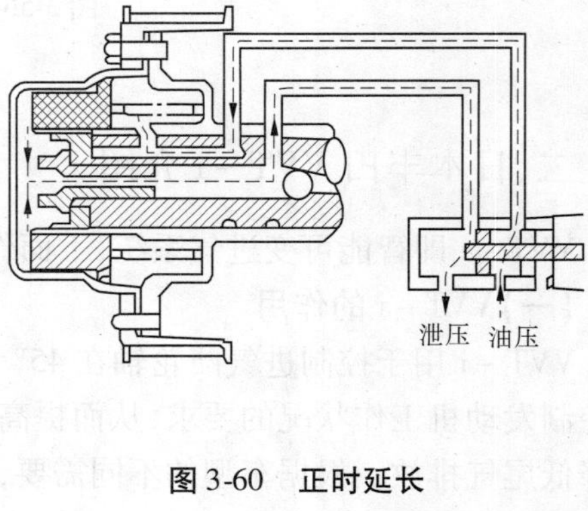

图 3-60　正时延长

单元六　配气机构的故障诊断与排除

一、汽缸的压缩压力不足

(一)故障现象

发动机功率下降，消耗增加，启动困难。

(二)故障原因

汽缸的压缩压力不足主要有汽缸充气不足和汽缸密封性不良两方面的原因。而影响汽缸充气不足和密封性不良的原因又是多方面的，其中有配气机构方面的原因，也有曲柄连杆机构和进、排气系统方面的原因。

1. 汽缸充气不足

(1)配气相位失准(进气时间短、气门开度小)：配气机构传动件磨损变形，配气正时记号没对准，气门间隙过大。

(2)活塞汽缸组密封不良(进气吸力小)。

(3)空气滤清器滤芯堵塞(进气阻力大)。

(4)排气系统堵塞(废气排不净,影响进气量)。

2. 汽缸密封性不良

(1)气门关闭不严:气门弹簧弹力不足(气门落座时回弹)、气门间隙过小、气门与气门座密合不严、气门座圈松动、气门杆弯曲。

(2)活塞汽缸组密封不良:活塞与缸壁间隙过大、活塞环"三隙"过大、卡滞、汽缸壁拉缸。

(3)汽缸垫漏气:缸盖、缸体密封面翘曲,汽缸盖螺栓不紧,汽缸套高出量小,汽缸垫损坏或弹性差。

汽缸的压缩压力还与发动机汽缸的压缩比有关。汽油机的最低压缩压力应为440 ~ 780 kPa,柴油机的最低压缩压力应不低于2.0 MPa,若低于上述值,则属于压缩压力不足故障。

二、配气机构的异响

(一)凸轮轴响

1. 故障现象

(1)在发动机上部发出有节奏、较钝重的"嗒嗒"声。

(2)中速时响声明显,高速时响声杂乱或消失。

2. 故障原因

(1)凸轮轴轴向间隙过大,产生轴向窜动。

(2)凸轮轴有弯、扭变形。

(3)凸轮工作表面磨损。

(4)凸轮轴轴颈磨损,径向间隙过大。

3. 故障诊断与排除

(1)检查凸轮轴轴向间隙,如其轴向间隙过大,则应更换止推板;严重时,应更换凸轮轴。

(2)如凸轮轴轴向间隙正常,则表明凸轮轴弯、扭变形,此轮磨损或凸轮轴轴颈磨损等不良现象。此时,应分解配气机构,查明具体原因,酌情更换凸轮轴。

(二)气门脚响

1. 故障现象

(1)发动机怠速时,汽缸盖罩内发出有节奏的"嗒嗒嗒"声。

(2)发动机转速升高时,响声增大。

(3)发动机温度变化或作断火试验时,响声不变。

2. 故障原因

(1)气门间隙调整不当。

(2)气门杆尾端与气门间隙调整螺钉磨损。

(3)气门间隙调整螺钉的锁紧螺母松动。

(4)凸轮磨损或摇臂圆弧工作面磨损。

3. 故障诊断与排除

(1)拆下汽缸盖罩,检查气门间隙调整螺钉的锁紧螺母是否松动;检查气门间隙值,并酌情重新调整。

(2)检查气门杆尾部端面和调整螺钉的磨损情况,必要时更换气门或调整螺钉。

(3)检查凸轮与摇臂圆弧工作面的磨损情况,酌情更换凸轮轴或摇臂。

(三)气门弹簧响

1. 故障现象

(1)发动机怠速时有明显的"嚓嚓"声。

(2)不同转速下均有清脆的响声,多根气门弹簧不良,机体有震抖现象。

2. 故障原因

气门弹簧过软或折断。

3. 故障诊断与排除

(1)拆下汽缸盖罩,用旋具撬住气门弹簧,若弹簧折断,应予以更换。

(2)仍用旋具撬住气门弹簧,怠速运转发动机,若响声消失,即为该弹簧过软。如弹簧过软,必须更换。

(四)气门座圈响

1. 故障现象

(1)发出有节奏的类似气门脚响,但比气门脚响的声音大很多。

(2)发动机转速一定时,响声时大时小,并伴有破碎声。

(3)发动机中、低速运转时,响声较清脆,高速运转时响声增大且变得杂乱。

2. 故障原因

(1)气门座圈和汽缸盖气门座圈座孔配合后过盈量不足。

(2)气门座圈镶入汽缸盖气门座圈座孔后,滚边时没有将座圈压牢。

(3)气门座圈粉末冶金质量不佳,受热变形以致松动。

3. 故障诊断与排除

拆下汽缸盖罩,经检查不是气门脚响和气门弹簧响,即可断定为气门座圈响。分解配气机构后进一步检查,必要时,铰削气门座圈座孔,更换松动的气门座圈,并保证其压入后有足够的过盈量。

小　结

配气机构的作用是根据发动机的工作需要,适时地开启和关闭各缸的进、排气门,进行进气和排气。它主要由气门组件、凸轮轴组件、凸轮轴传动组件和气门驱动组件组成。现代轿车发动机较多采用多气门顶置式、顶置凸轮轴式、同步齿形带传动式结构。

进、排气门均早开和迟闭。进、排气门实际开闭时刻用曲轴转角来表示,称为配气相位。

在使用中,由于零件磨损改变了配气机构的工作可靠性,减少气门的开启时间和减小气门的最大开度,使发动机功率下降、燃料消耗增加,甚至导致发动机运转和启动不正常。因此,必须及时检查、调整和维修配气机构零件,做好维护工作,以保证配气适时、进气充足、排气彻底、关闭严密、工作平稳无异响,使发动机具有良好的动力性和经济性。维修关键之处是保证气门密封良好和配气相位准确。

可变气门控制系统能根据发动机的运行状况改变气门升程和气门开启的时间，使发动机在所有工作转速下都能获得较佳的配气相位和气门升程，提高发动机的动力性和经济性。

技能训练

实训　配气机构的拆装

（一）考核要求

（1）拆卸配气机构的步骤和方法。

（2）结合实际操作，叙述配气机构的装配标记和顺序。

（二）主要内容及目的

（1）熟悉气门顶置式配气机构的组成，气门组和气门传动组各主要机件的构造、作用与装配关系。

（2）掌握正确的拆装步骤、方法和要求。

思考题

一、选择题

1. 曲轴与凸轴的传动比是（　　）。

A. 1∶1　　B. 1∶2　　C. 2∶1

2. 气门间隙过大，发动机工作时（　　）。

A. 气门早开　　B. 气门迟开　　C. 不影响气门开启时刻

3. 气门的升程取决于（　　）。

A. 凸轮的轮廓　B. 凸轮轴的转速　C. 配气相位

二、判断题

1. 气门间隙是指气门与气门座之间的间隙。（　　）

2. 进气门头部直径通常比排气门的大，而气门锥角有时比排气门的小。（　　）

3. 凸轮轴的转速比曲轴的转速快1倍。（　　）

4. 采用液压挺柱的发动机的气门间隙等于0。（　　）

5. 挺柱在工作时既有上下运动，又有旋转运动。（　　）

三、简答题

1. 已知某型号发动机的进气提前角为20°，气门重叠角为39°，进气持续角为256°，排气持续角为249°，画出其配气相位图。

2. 采用液压挺柱有哪些优点？

项目四　电控汽油喷射系统

【任务介绍】

电控汽油喷射系统能提供发动机在各种工况下最合适的混合气浓度,使发动机在各种工况条件下保持最佳的动力性、经济性和排放性能;增大了燃油的喷射压力,因此雾化比较好。汽车在不同地区行驶时,对大气压力或外界环境温度变化引起的空气密度的变化,发动机电控单元(ECU)能及时准确地作出补偿。在进气系统中,由于没有像化油器那样的喉管部位,因而进气阻力小。发动机冷机启动容易,暖机性能提高。

【任务分析】

引导学生完成电控汽油喷射系统的作用、分类、组成等相关知识的学习,然后实施电控汽油喷射系统的检查。

1. 掌握电控汽油喷射系统各零部件的结构和工作原理;
2. 正确对电控汽油喷射系统进行检修与故障排除;
3. 叙述每类传感器的工作原理;
4. 正确完成每类传感器的检修步骤;
5. 了解传感器的类型、结构;
6. 叙述凸轮轴、曲轴位置传感器的构造与工作原理;
7. 能正确完成凸轮轴、曲轴位置传感器的检修;
8. 掌握氧传感器的类型与工作原理;
9. 能够依据氧传感器信号判断混合气的浓稀程度。

【相关知识】

汽油喷射是指用喷油器将一定数量和压力的汽油直接喷射到汽缸或进气歧管中,与空气混合形成可燃混合气。其作用是提高燃油的雾化质量、改进燃烧效率、减少污染物排放,同时通过对汽油喷射时间的控制来调节喷油量,从而改变混合气浓度,精确控制空燃比,使发动机在各种工况下都处于最佳工作状态。目前,电控汽油喷射系统已被世界各国汽车业广泛应用。

单元一　概　述

一、电控汽油喷射系统的分类

电控汽油喷射系统种类繁多,归纳起来有下列几种分类方法。

(一)按燃油喷射位置分类

按燃油喷射位置的不同,分为缸外喷射和缸内喷射。

1. 缸外喷射

缸外喷射是将汽油喷在进气管道的相应部位,通常喷在进气管道的末端,故又称进气管喷射方式,其喷射压力低,一般为0.25~0.35 MPa,是目前汽车上最常用的喷射方式。

2. 缸内喷射

缸内喷射是将喷油器直接安装在燃烧室内,把燃油直接喷入汽缸内,配合汽缸内组织的气体流动形成可燃混合气,容易实现分层燃烧和稀混合气燃烧,可以进一步改善汽油机的经济性和排放性。其喷射压力要求较高,为3.0~4.0 MPa,现在还未广泛应用。缸内喷射如图4-1所示。

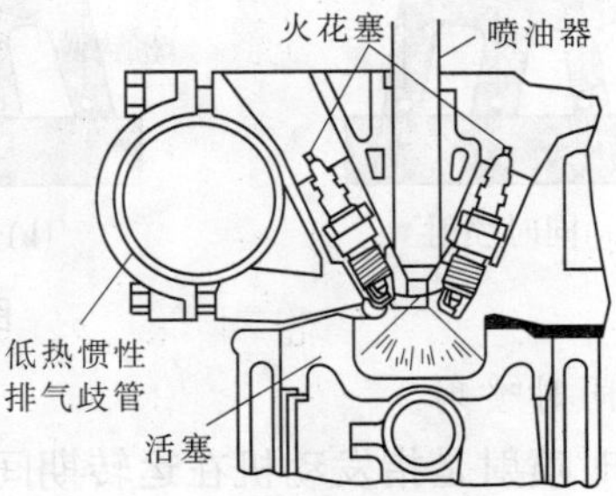

图4-1 缸内喷射

(二)按喷油器数量分类

按喷油器数量的不同,缸外喷射方式分为单点喷射和多点喷射,如图4-2所示。

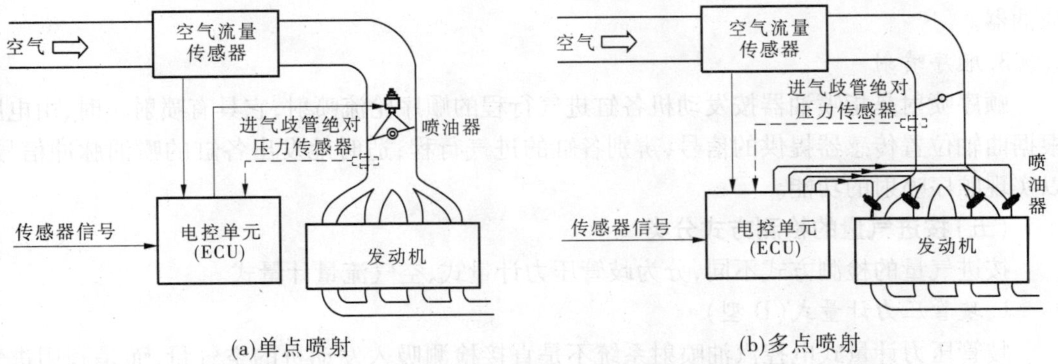

图4-2 单点喷射和多点喷射示意图

1. 单点喷射

在节气门上方设置一个或两个喷油器,对各缸实行集中喷射燃油,燃油被喷入进气气流中,形成燃油混合气,在进气行程中燃油混合气被吸入汽缸内。

单点喷射又称为节气门喷射或中央燃油喷射,因其易造成各缸混合气分配不均和控制精度低等而被淘汰。

2. 多点喷射

喷油器布置在进气歧管内,每缸进气门前分别设置一个喷油器,实行各缸分别供油。

(三)按喷射方式分类

按喷射方式不同分类,分为间歇喷射和连续喷射。

1. 间歇喷射

在发动机运转期间,汽油间歇喷射是在进气行程中的某段时间内进行的,喷油量大小取决于喷油器持续开启时间,即电脑指令的喷油脉冲宽度。

2. 连续喷射

连续喷射的燃油喷射的时间占有全部工作循环的时间,都是喷在进气道内的,大部分燃油是在进气门关闭后喷射的。

(四)按喷射时序分类

按喷射时序不同,间歇喷射可分为同时喷射、分组喷射、顺序喷射, 如图4-3所示。

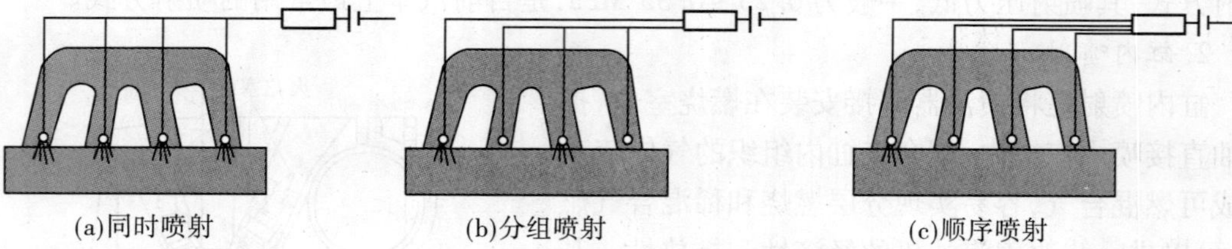

图 4-3　间歇喷射方式

1. 同时喷射

同时喷射是指发动机在运转期间，各缸喷油器同时开启且同时关闭，由电脑的同一个喷油指令控制所有的喷油器同时动作。

2. 分组喷射

分组喷射是指将喷油器分成两组交替喷射，电脑发出两路喷油指令，每路指令控制一组喷油器。

3. 顺序喷射

顺序喷射是指喷油器按发动机各缸进气行程的顺序轮流喷射，它具有喷射正时，由电脑根据曲轴位置传感器提供的信号，辨别各缸的进气行程，适时地发出各缸的喷油脉冲信号，以实现顺序喷射的功能。

（五）按进气量的检测方式分类

按进气量的检测方式不同，分为歧管压力计量式、空气流量计量式。

1. 歧管压力计量式（D 型）

歧管压力计量式电控汽油喷射系统不是直接检测吸入发动机的空气量，而是利用进气绝对压力传感器检测进气管内绝对压力（真空度），电子控制单元（ECU）根据进气管绝对压力和发动机转速，推算出吸入的空气量，再根据进气量和发动机转速确定基本供油量。歧管压力计量式电控汽油喷射系统如图 4-4 所示。

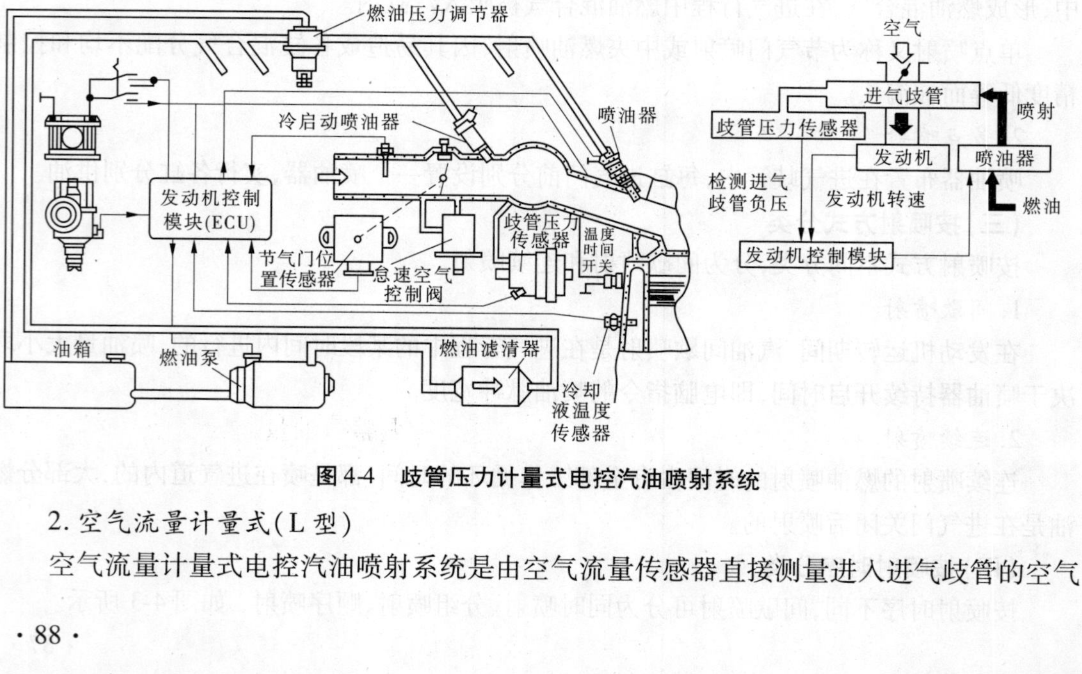

图 4-4　歧管压力计量式电控汽油喷射系统

2. 空气流量计量式（L 型）

空气流量计量式电控汽油喷射系统是由空气流量传感器直接测量进入进气歧管的空气

量的,其检测精度高,故可精确地控制空燃比。空气流量计量式电控汽油喷射系统对空气流量的检测又可分为体积流量型和质量流量型,如图 4-5 所示。体积流量型采用叶片式或卡门旋涡式空气流量计;质量流量型采用热线式或热膜式空气流量计。

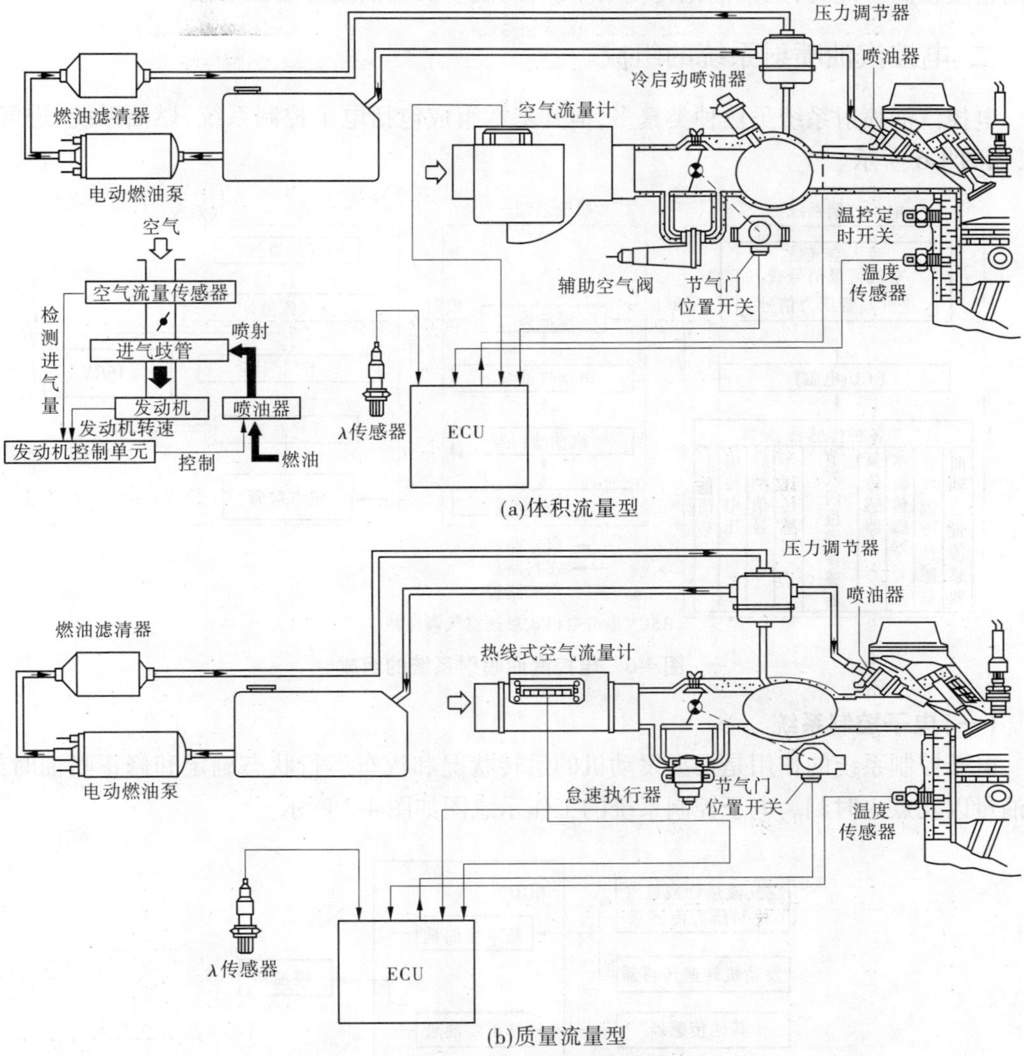

图 4-5　空气流量计量式电控汽油喷射系统

(六)按有无反馈信号分类

按有无反馈信号,可分为开环控制系统和闭环控制系统。

1. 开环控制系统(无氧传感器)

根据系统中各传感器的输入信号,判断发动机的工作状态,按最佳发动机性能、排放等要求所需的事先已确定好的数据(程序编写在 ECU 中)调整喷油量、点火提前角等。其精度直接依赖于所设定的基准数据和喷油器调整标定的精度。如果发动机在使用中由于机械磨损发生了变化,或生产出的发动机由于制造精度的差异而不同,则无法保证发动机性能等指标最优。

2. 闭环控制系统(有氧传感器)

在发动机排气管上装有氧传感器,可测出混合气成分的变化趋势,把相对最佳混合气成分偏浓或偏稀的信息传给 ECU,ECU 根据此信息修正喷油量,使空燃比控制在 14.7:1左右,控制精度较高。此时,三元催化转化效率最佳,发动机燃油经济性也最佳。

二、电控汽油喷射系统的组成

电控汽油喷射系统虽然种类繁多,但其基本组成包括电子控制系统、燃油系统、进气系统,如图 4-6 所示。

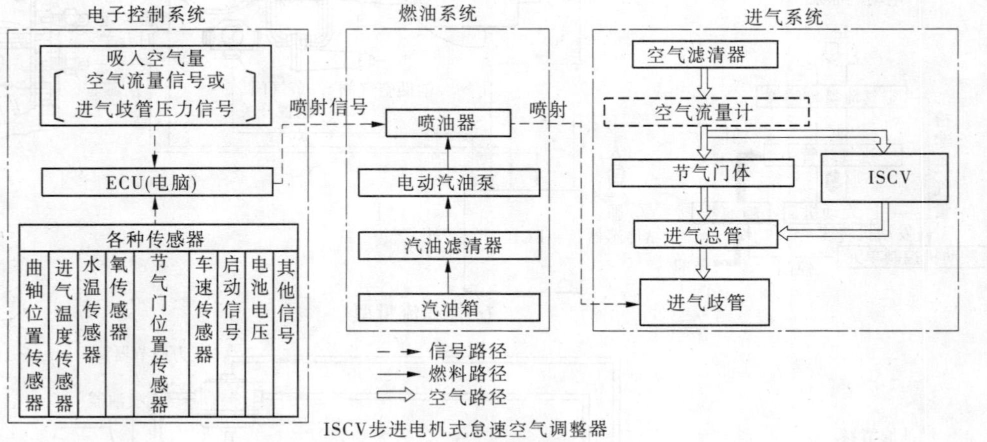

图 4-6 电控汽油喷射系统的组成

(一)电子控制系统

电子控制系统的作用是根据发动机的运转状况和汽车运行状态确定和修正喷油时刻、喷油量以及点火时刻。电子控制系统的工作示意图如图 4-7 所示。

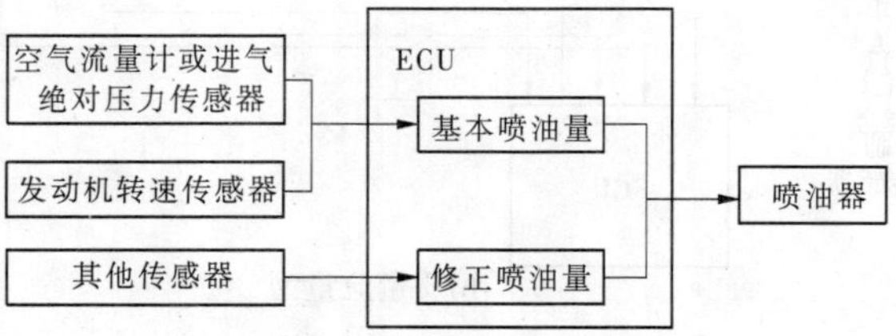

图 4-7 电子控制系统的工作示意图

(二)燃油系统

燃油系统的作用是用电动汽油泵向喷油器提供足够压力的燃油,喷油器根据电控单元的控制指令,向进气歧管末端进气门前方(缸外喷射)喷射燃烧时所需的一定量的燃油。燃油系统的组成和工作流程如图 4-8 所示。

(三)进气系统

进气系统的作用是为发动机可燃混合气的形成提供必要的清洁空气,并测量和控制空气量。空气供给系统的组成和工作流程如图 4-9 所示。

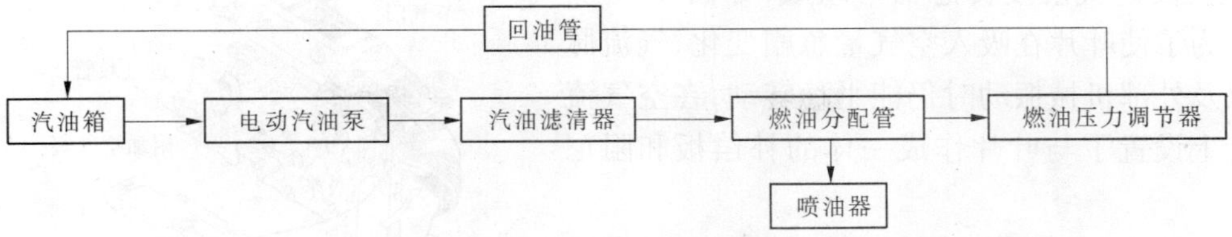

图 4-8　燃油系统的组成和工作流程

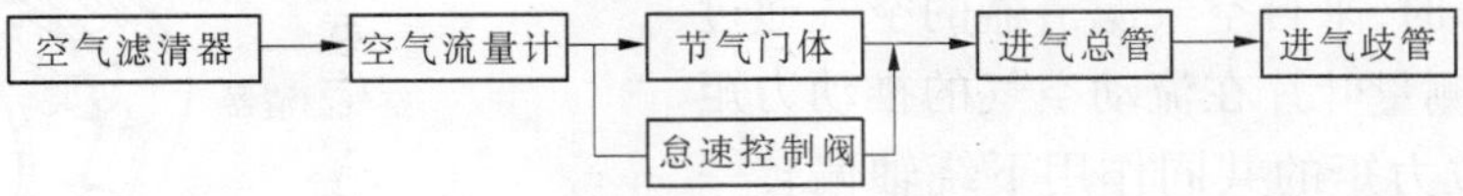

(a)L型喷射系统

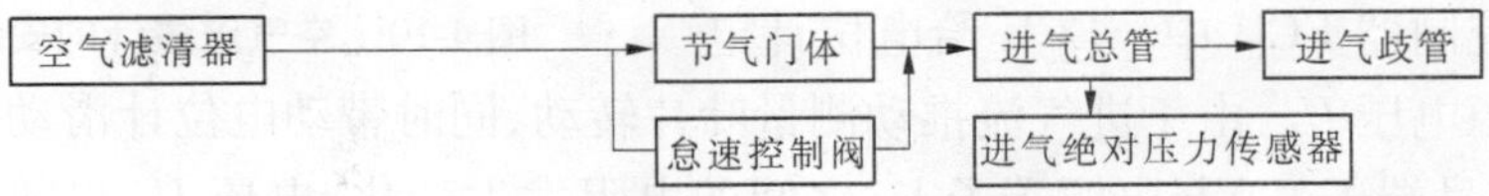

(b)D型喷射系统

图 4-9　空气供给系统的组成和工作流程

三、电控汽油喷射系统的优点

电控汽油喷射系统能实现对混合气浓度（即空燃比）的高精度控制，能根据发动机运行工况和运行环境的变化，实现最佳空燃比控制及最佳点火提前角控制，以优化发动机各种运行工况，提高发动机的动力性和经济性；由于配有排放物控制系统，大大降低了 HC、CO 和 NO_x 三种主要有害气体的排放，从而取得了良好的节油和排气净化等效果，排放污染物减少了 50% 以上；在进气系统中，由于没有化油器那样的喉管部位，因而空气流动阻力小，最大转矩可提高 7%，最大功率可提高 9%，加速时间可缩短 20%，等速百公里油耗也有所下降。另外，电控汽油喷射系统有减速断油功能，既能降低排放，也能节省汽油。

单元二　空气供给系统的结构与工作原理

空气供给系统由空气滤清器、进气总管、进气歧管、空气计量装置、节气门体、怠速控制阀、节气门位置传感器等组成。

一、空气计量装置

空气计量装置的作用是对进入汽缸的空气质量进行间接或直接地测量，并把空气流量的电信号输送给电子控制单元（ECU）。空气计量装置按其测量方式的不同分为空气流量计和进气歧管绝对压力传感器两种。空气流量计的安装位置如图 4-10 所示。

（一）空气流量计

空气流量计的类型主要有叶片式、卡门旋涡式、热线式和热膜式四种。

1. 叶片式空气流量计

叶片式空气流量计由测量叶片、补偿板、回位弹簧、电位计、旁通气道、怠速调整螺钉、油泵开关及进气温度传感器等组成，如图 4-11 所示。为了使叶片在吸入空气量急剧变化、气流脉动以及外部机械振动时仍能平稳转动，在空气流量计上设置了与叶片作成一体的补偿板和阻尼室。

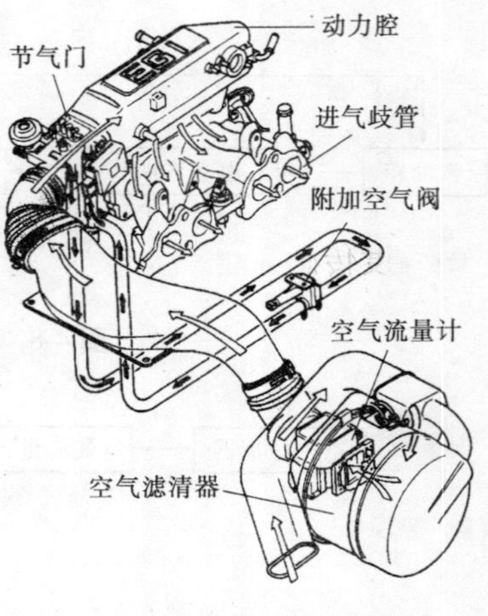

图 4-10　空气流量计的安装位置

叶片式空气流量计是利用力学原理对发动机进气量进行测量的，其工作原理如图 4-12 所示。发动机工作时，来自空气滤清器的空气通过空气流量计，使测量叶片在流动空气的推动力矩和回位弹簧复位力矩的共同作用下绕轴偏转一定的角度，该角度被同轴连接的电位计转变为电压信号输入到控制器 ECU 中。ECU 给电位计电阻提供一个电源电压 U_B，由于进气流推动测量叶片转动，同时带动电位计滑动触点转动，使电位计触点（信号端子 V_S）与电源端子 V_C 之间的电阻发生变化，电压 U_S 也随之发生变化。当进气压力与测量叶片回位弹簧的弹力平衡时，测量叶片和电位计即停止在某一位置，电压 U_S 也有一个相应的固定值。电位计将此位置产生的电压信号 U_S 输送给 ECU，ECU 根据 U_S/U_B 来确定发动机进气量的大小。

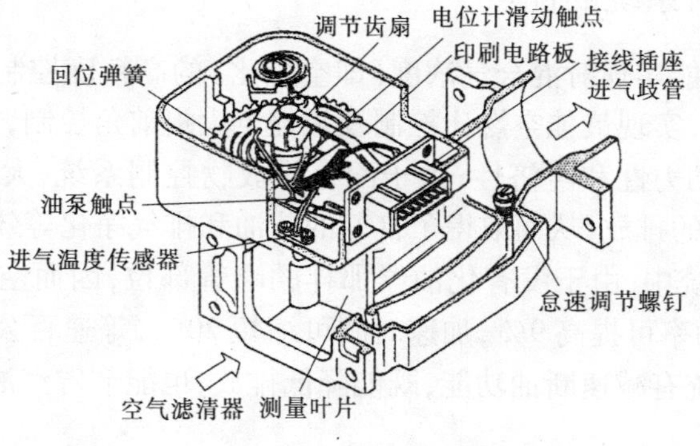

图 4-11　叶片式空气流量计

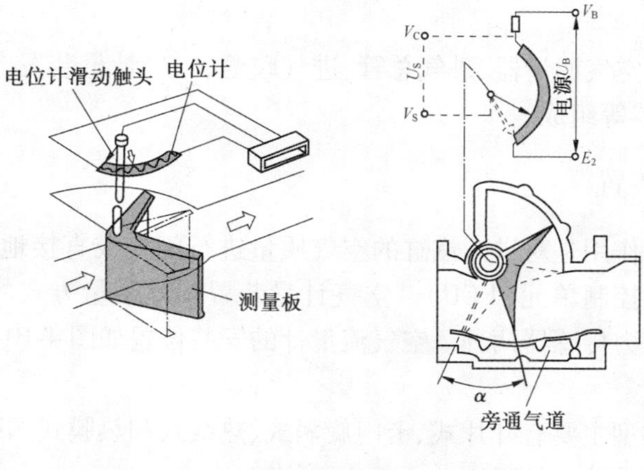

图 4-12　叶片式空气流量计工作原理

叶片式空气流量计上设置有旁通气道，经此气道进入发动机的空气不经流量计计量。在旁通气道中安装有怠速混合气调整螺钉。

叶片式空气流量计内通常还设有燃油泵开关，用以控制燃油泵继电器。发动机工作时，空气通过流量计使测量叶片偏转、开关触点闭合，接通燃油泵继电器，燃油泵工作。

进气温度传感器也设置在空气流量计内，用来检测进气温度。叶片式空气流量计对空气的计量是体积型，需要考虑空气密度，而空气密度会随着空气的温度、压力变化，所以电子控制单元（ECU）就根据进气温度传感器信号，对喷油量进行修正。

2. 卡门旋涡式空气流量计

根据涡流频率的检测方法的不同，汽车用旋涡式空气流量计分为光电式和超声波式两种。

1）光电式空气流量计

光电式空气流量计主要由整流栅、旋涡发生器、发光二极管、光电晶体管、反射镜等组成，如图4-13所示。

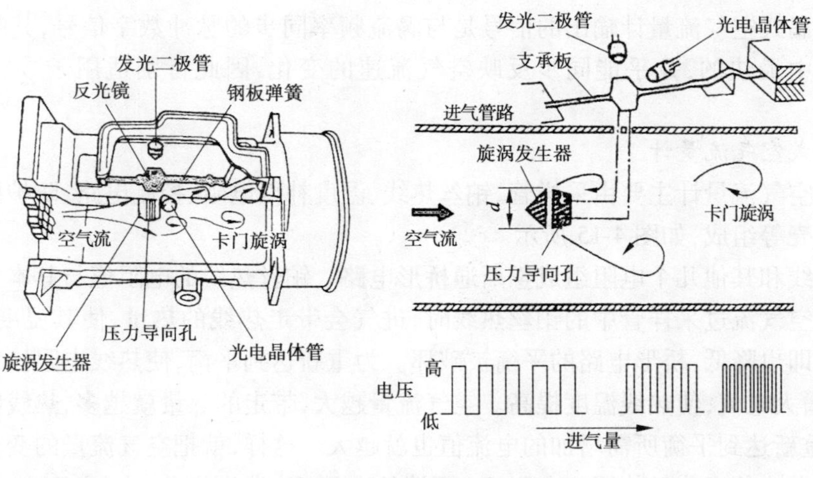

图4-13　光电检测涡流式空气流量计

当发动机工作时，进气流通过旋涡发生器，并使旋涡发生器两侧的空气压力发生变化，通过压力导向孔作用在金属箔板弹簧上，而使其振动。发光二极管的光束照在振动的金属箔上时，被反光镜反射到光电晶体管上，使光电晶体管导通，从而向电子控制单元（ECU）提供信号电压。根据来自空气流量计的脉冲信号电压，电子控制单元（ECU）可计算出实际进气量。

2）超声波式空气流量计

超声波式空气流量计主要由旋涡发生器、超声波发生器、超声波接收器、集成电路、进气温度传感器、大气压力传感器等组成，如图4-14所示。

当发动机工作时，超声波发生器就不断地向超声波接收器发出一定频率（40 Hz）的超声波。与此同时，进气流通过旋涡发生器，并在其后产生涡流，涡流使进气流的移动速度和压力（其实就是进气流的密度）发生变化。当由发生器发射的超声波通过进气流到达超声波接收器时，由于涡流的影响，接收器接收到超声波信号的时间（即单个波的相位）和时间之差（即相邻波之间的相位差）发生变化，而且此时间差的变化与涡流频率成正比。电子控

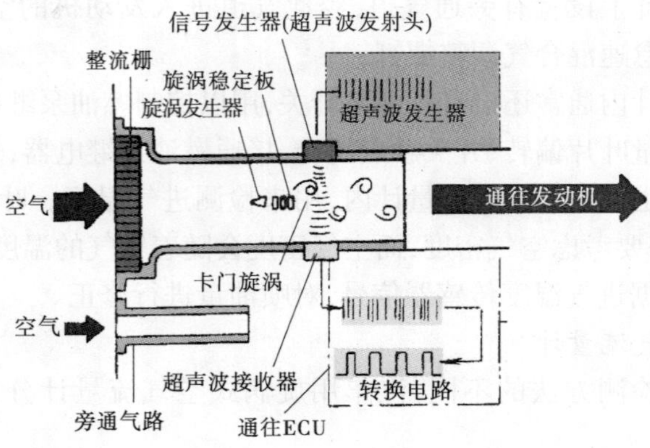

图 4-14　超声波检测涡流式空气流量计

制单元(ECU)据此可计算出实际进气量。

整流栅的作用是使吸入空气在旋涡发生器上游形成稳定的气流,减小外界气流的干扰。

卡门旋涡式空气流量计输出的信号是与涡流频率同步的脉冲数字信号,其响应速度是空气流量计中最快的,几乎能同步反映空气流速的变化,因此特别适用于数字式计算机处理。

3. 热线式空气流量计

热线式空气流量计主要由采样管、铂丝热线、温度补偿电阻、控制电路、防护网及空气流量传感器外壳等组成,如图 4-15 所示。

铂丝热线和其他几个电阻组成惠斯通桥形电路。铂丝热线的电阻值与其本身的温度成正比。当有空气流过采样管中的铂丝热线时,进气会带走热线的热量,使其温度降低,热线的电阻值随即也降低,桥形电路的平衡被破坏。为重新达到平衡,使热线电阻恢复到原来数值,就必须增大电流,使热线温度提高。空气流量越大,带走的热量就越多,热线电阻的变化就越大,为重新达到平衡所需增加的电流值也就越大。这样,就把空气流量的变化转换为电流的变化。电流的变化又使固定电阻 R_A 两端的电压 U_0 发生变化,电压 U_0 就是热线式空气流量计的传感信号,电子控制单元(ECU)据此可计算出实际进气量,如图 4-16 所示。

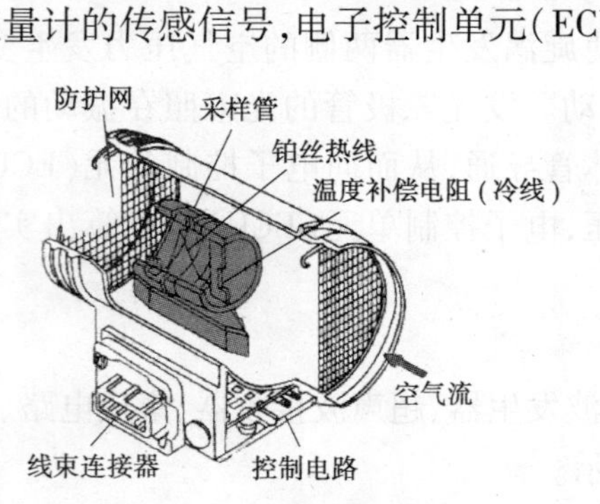

图 4-15　热线式空气流量计

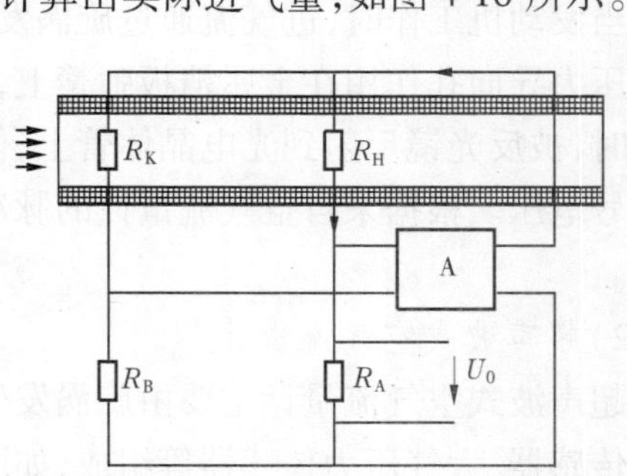

图 4-16　热线式空气流量计的工作原理

为消除环境温度的影响,设置了一根温度补偿电阻 R_K(也叫冷线),也安装在采样管内,其电阻值也随进气温度的变化而变化,从而抵消了环境温度对桥形电路平衡的影响。

热线式空气流量计自清洁的两种方法:一种方法是提高热线的保持温度(一般使保持温度升高到 200 ℃以上),以防止灰尘沾附;另一种方法是在电子控制单元(ECU)中设置自清洁功能，通过加热热线来清除污垢。空气流量计的自清洁功能是指当关闭点火开关使发动机停转后，电子控制单元（ECU）控制自清洁电路接通，将热线加热到约 1 000 ℃，并保持约 1 s，烧掉沾附在热线上的灰尘。

4. 热膜式空气流量计

热膜式空气流量计的工作原理和结构与热线式空气流量计基本相同，其结构如图 4-17 所示，不同之处在于热膜式空气流量计采用热膜代替热线，并将热膜镀在陶瓷片上，制造成本较低，而且测量元件不直接承受空气流的作用力，因此使用寿命较长。

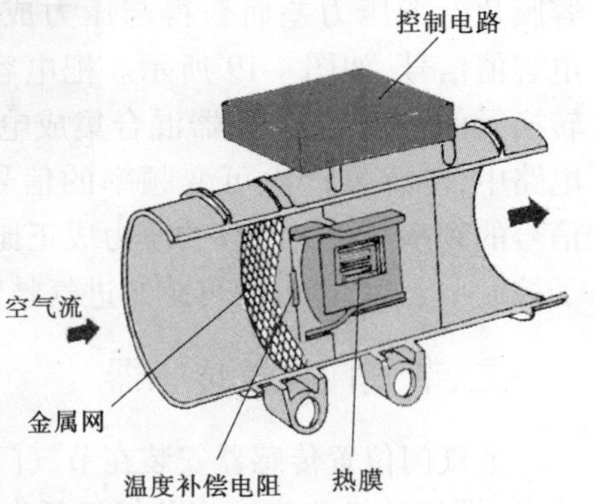

图 4-17　热膜式空气流量计

（二）进气歧管绝对压力传感器

进气歧管绝对压力传感器用于 D 型电控汽油喷射系统中，进气歧管绝对压力传感器的作用是把进气歧管内节气门后方的进气压力转换成电信号，并将其信号输入到电子控制单元（ECU），作为燃油喷射和点火控制的主控制信号。

按工作原理的不同，进气歧管绝对压力传感器可分为半导体压敏电阻式、电容式和电感式三种。当今发动机电控系统中，应用的较为广泛的进气歧管绝对压力传感器是半导体压敏电阻式。

1. 半导体压敏电阻式

半导体压敏电阻式进气歧管绝对压力传感器，主要由压力转换元件、混合集成电路、真空室、壳体和线束插接器组成，如图 4-18 所示。

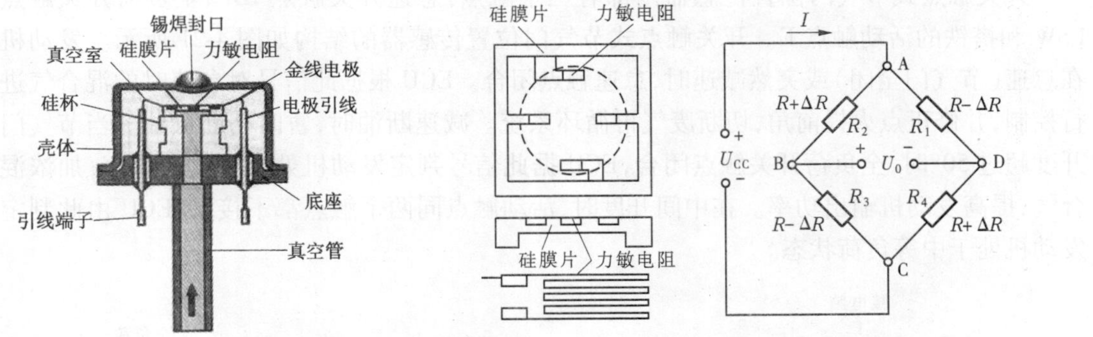

图 4-18　半导体压敏电阻式进气歧管绝对压力传感器的结构和工作原理

压力转换元件是利用半导体的压阻效应制成的硅膜片，硅膜片周围有四个应变电阻，组成惠斯通电桥。硅膜片的一侧是真空室，另一侧与进气歧管连接。当进气歧管压力发生变化时，硅膜片发生变形，附着在其上的应变电阻的电阻值随之改变，从而使输出电压发生变化，应变电阻的电阻值与硅膜片的变形成正比例关系。经集成电路将这一电压放大处理后，作为进气歧管绝对压力信号输送给电子控制单元（ECU）。电子控制单元（ECU）根据发动机的转速、节气门开度、进气歧管绝对压力与进入发动机汽缸的空气流量的对应关系，由进气歧管内的绝对压力计算出进气量，从而确定基本喷油量。

2. 电容式

电容式进气歧管绝对压力传感器用氧化铝膜片和底板彼此靠近排列，形成电容，利用电容膜片上下压力差而获得与压力成正比例的电容值信号，如图 4-19 所示。把电容(即压力转换元件)连接到传感器混合集成电路的振荡电路中，传感器产生可变频率的信号，其输出信号的频率与进气歧管的压力成正比，频率在 80 ~ 120 Hz 范围内变化。输出信号输送到电子控制单元后，电脑便可感知进气歧管的压力，以此计算发动机的基本喷油量。

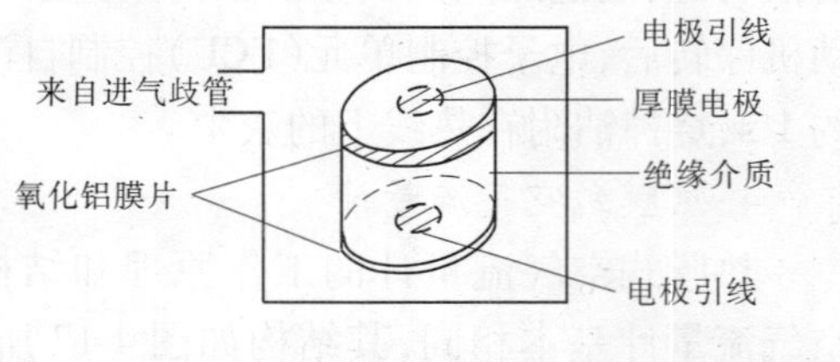

图 4-19　电容式进气歧管绝对压力传感器的结构

二、节气门位置传感器

节气门位置传感器安装在节气门体上，通过节气门轴与节气门联动，用来检测节气门的开度(即发动机负荷)，将节气门开度转换成电信号输送给电子控制单元(ECU)。ECU 根据此信号判别发动机工况，决定控制方式，控制燃油喷油量、点火正时、废气再循环、空调、怠速以及变速器换挡等多种功能和参数。节气门位置传感器的安装位置如图 4-20 所示。

图 4-20　节气门位置传感器的安装位置

节气门位置传感器主要有以下两种类型。

(一)开关触点式节气门位置传感器

开关触点式节气门位置传感器内部有三个触点：怠速开关触点 IDL、全负荷开关触点 PSW 和搭铁的活动触点 E。开关触点式节气门位置传感器的结构如图 4-21 所示。发动机在怠速(节气门全闭)或突然减速时，怠速触点闭合。ECU 根据此信号对怠速时的混合气进行控制，并修正点火提前角，切断废气再循环系统。减速断油时，暂时切断供油。当节气门开度超过 50°时，全负荷开关触点闭合，ECU 据此信号判定发动机处于大负荷状态，加浓混合气，提高发动机输出功率。在中间开度时，活动触点同两个触点都不接触，ECU 由此判定发动机处于中等负荷状态。

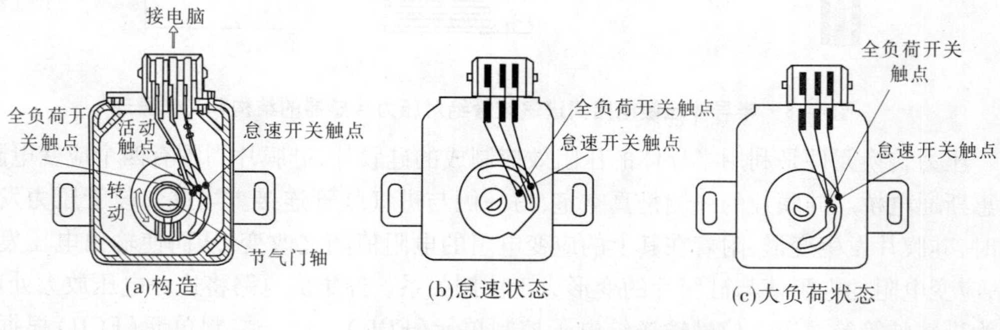

图 4-21　开关触点式节气门位置传感器的结构

(二)线性式节气门位置传感器

线性式节气门位置传感器采用线性电位计，由节气门轴带动电位计的滑动触点。在不同的节气门开度下,接入回路的电阻则不同,节气门开度的输出电压成线性变化。发动机怠速运转时,怠速触点闭合,IDL 信号端子电压为 0,VTA 信号端子与 VC 电源端子间电阻较大,传感器信号电压较低,为 0.6~0.9 V。随着节气门开度的增大,电位计的滑动触点在电阻膜上滑动,从而在该触点上得到与节气门开度成比例的线性电压,即 VTA 信号电压,如图 4-22 所示。

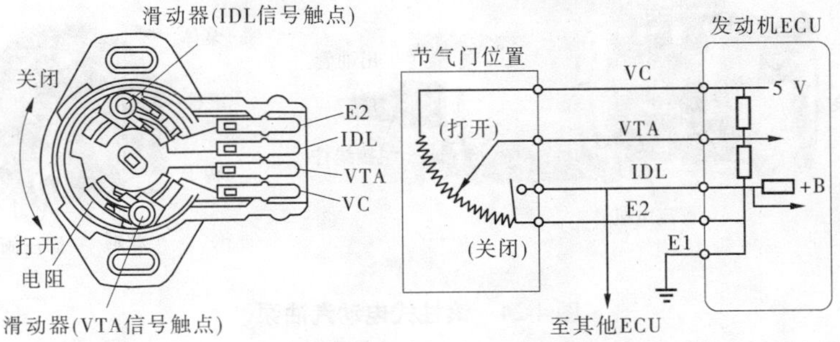

图 4-22 线性式节气门位置传感器结构及原理

单元三 燃油供给系统的结构与工作原理

燃油供给系统的作用是向发动机进气歧管内喷入清洁、雾化良好的燃油。燃油供给系统由油箱、电动汽油泵、燃油脉动阻尼器、燃油滤清器、燃油压力调节器、喷油器和输油管等组成,如图 4-23 所示。

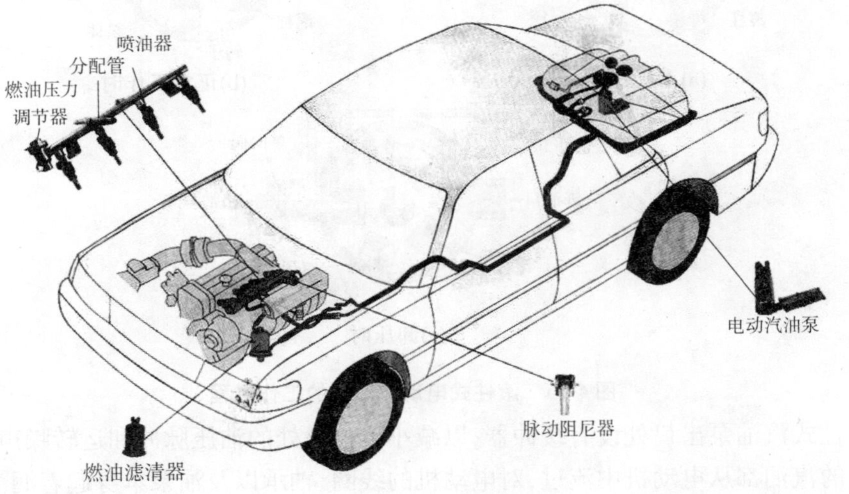

图 4-23 燃油供给系统

一、电动汽油泵

电动汽油泵的作用是将汽油从油箱中吸出,加压后经喷油器供入发动机汽缸。电控汽油喷射的压力一般为 0.25 ~0.35 MPa。

按其安装形式分,电动汽油泵有内装泵和外装泵两种。外装泵安装在油箱之外的输油管路中,内装泵安装在燃油箱内。内装泵通常用固定在燃油箱上的油泵支架垂直悬挂在燃油箱内。与外装泵相比,内装泵不易产生气阻和燃油泄漏,且噪声小,因而被广泛应用。

根据其油泵的结构与原理不同,燃油泵可分为滚柱式、叶片式(涡轮式)、齿轮式等。

(一)滚柱式

滚柱式电动汽油泵主要由永磁式电动机、滚柱式油泵、单向阀、溢流阀等组成,如图 4-24 所示。

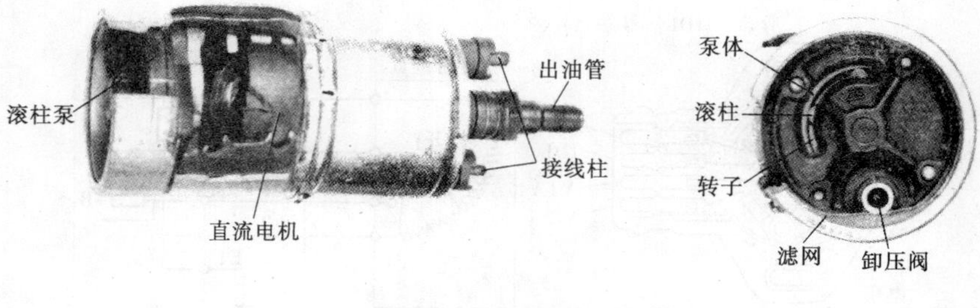

图 4-24　滚柱式电动汽油泵

装有滚柱的转子偏心地安装在泵体内。转子转动时,在离心力的作用下,滚柱紧压在泵体的内表面上起密封作用,形成五个独立的密封油腔。油腔的容积在转子旋转时不断发生变化,在进油口,容积增大,形成一定的真空,将燃油吸入泵内;在出油口,容积减小,压力升高,燃油由出油口输出。滚柱式电动汽油泵的工作过程如图 4-25 所示。

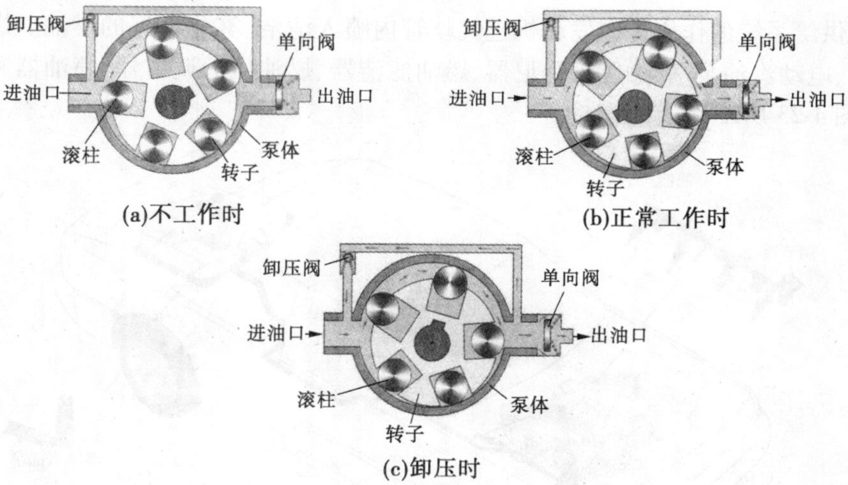

图 4-25　滚柱式电动汽油泵的工作过程

在滚柱式汽油泵出口处设有缓冲器,以减小出油口处的油压脉冲和运转噪声。

输送的汽油都从电动机中流过,对电动机的线圈、轴承以及油泵本身起着润滑和冷却作用。因此,在无油的情况下,绝对禁止运转电动汽油泵。

(二)叶片式(涡轮式)

叶片式电动汽油泵主要由永磁电动机、叶片泵、单向阀、卸压阀等组成,如图 4-26 所示。在油泵的出油口处设有单向阀,又叫止回阀。

叶片式电动汽油泵由电动机驱动,由于电动机的转速较高,在叶片小槽与泵体进油口之间就会产生真空。当叶片小槽转到进油口处时,在真空吸力的作用下,燃油进入泵体内;当叶片小槽转到出油口处时,在离心力的作用下,出油口处的压力升高,燃油经单向阀泵出,输

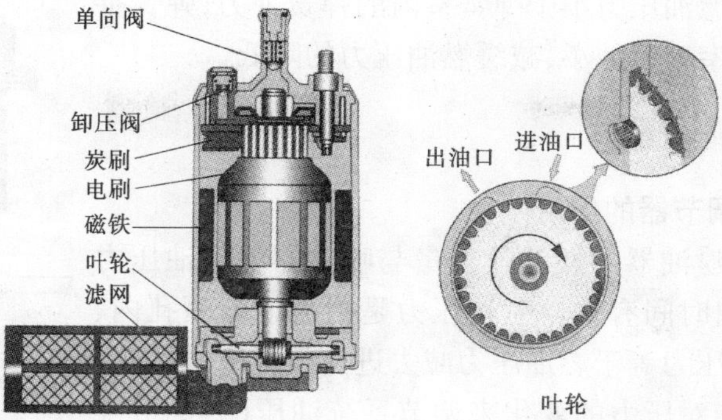

图 4-26　叶片式电动汽油泵的结构

送到燃油分配管和喷油器。

当燃油泵内的燃油压力超过规定值时，油压克服卸压阀弹簧的弹力将卸压阀打开，部分燃油返回到进油口一侧，使油压不至于过高而损坏燃油泵。

设置单向阀使发动机熄火后燃油管路内仍保持一定的燃油压力，可减少气阻现象，便于发动机再次启动。

叶片泵工作时噪声低、振动小、磨损少，所以工作寿命及可靠性都比较好。

二、燃油滤清器

燃油滤清器安装在燃油泵之后的输油管路中，除去燃油中所含的氧化铁、粉尘等杂质和水分，防止燃油系统堵塞，减小机械磨损，确保发动机正常工作。

目前，广泛采用纸质滤芯、一次性的燃油滤清器。滤清器内部经常受到 0.25 ~ 0.35 MPa 的燃油压力，对其外壳的耐压强度要求在 0.50 MPa 以上，则其外壳通常为金属材质，如图 4-27 所示。更换燃油滤清器时，应首先释放燃油管路中的压力。安装时，应注意燃油滤清器壳体上燃油流动方向的箭头标记，不能装反，如图 4-28 所示。

图 4-27　燃油滤清器的实物图

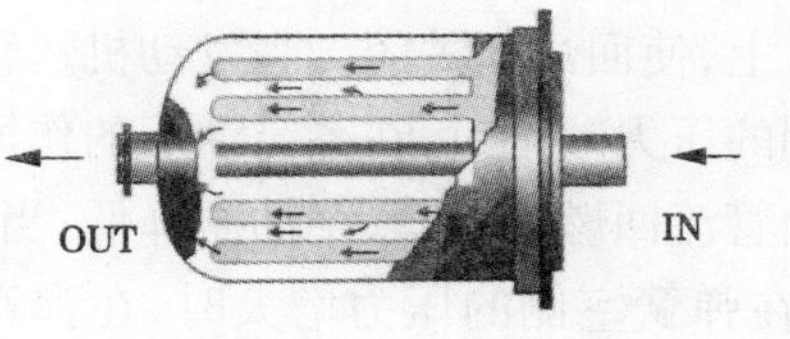

图 4-28　燃油滤清器的工作示意图

三、燃油脉动阻尼器

燃油脉动阻尼器的作用是减小喷油器喷油时引起的燃油压力脉动，使燃油系统的压力保持稳定。

燃油脉动阻尼器是主要由膜片和弹簧组成的缓冲装置。膜片将燃油脉动阻尼器分成了弹簧室和燃油室，弹簧室内安装有弹簧，如图 4-29 所示。当系统内燃油压力升高时，燃油压力大于弹簧室内的弹簧弹力，弹簧被压缩，使燃油室容积增大，减缓燃油压力的增加；当系统内燃油压力降低时,燃油压力小于弹簧室内的弹簧弹力,弹簧推动膜片向下,使燃油室容积减小,减缓燃油压力的降低。

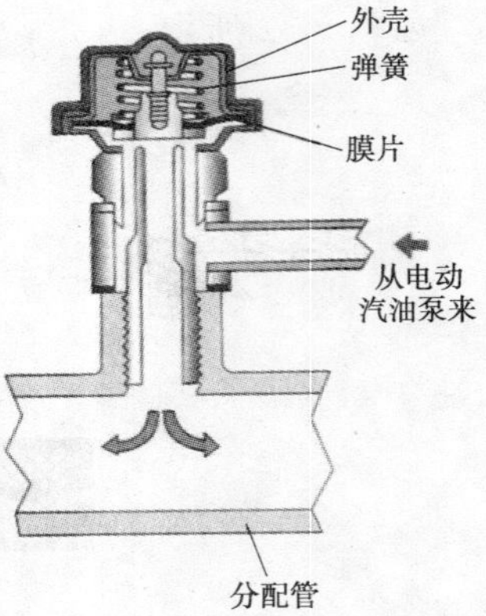

图 4-29　燃油脉动阻尼器

四、燃油压力调节器

(一)燃油压力调节器的作用

发动机工作时,喷油器的燃油喷射量与喷油器的喷油压力及喷油器针阀的开启时间有关。喷油压力是指喷油器喷孔内、外的压力差,即喷油压力等于燃油压力减去进气歧管绝对压力。

根据进气歧管绝对压力的变化来调节系统油压(燃油分配管油压),使燃油压力与进气管压力之差保持在恒定值(一般为 0.25 ~ 0.35 MPa),使得喷油器的燃油喷射量唯一地取决于喷油器的开启持续时间,达到精确控制喷油器喷油量的目的。

(二)燃油压力调节器的结构及工作原理

燃油压力调节器一般安装在分配油管(供油总管)的一端。其进油口和分配油管相连,回油口接回油管,真空管接口通过一个软管与进气歧管相连。燃油压力调节器的结构和实物分别如图 4-30、图 4-31 所示。

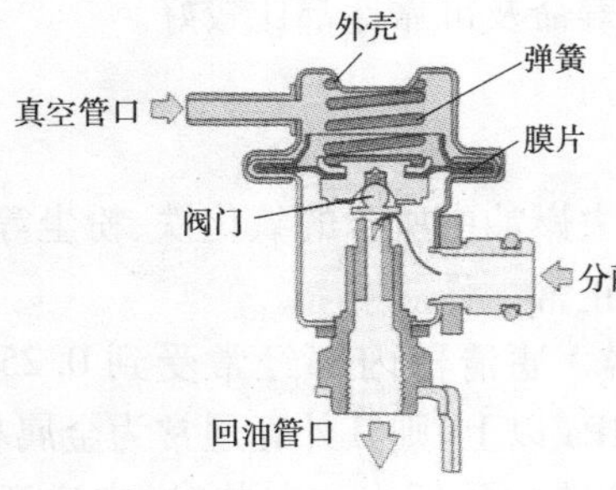

图 4-30　燃油压力调节器的结构

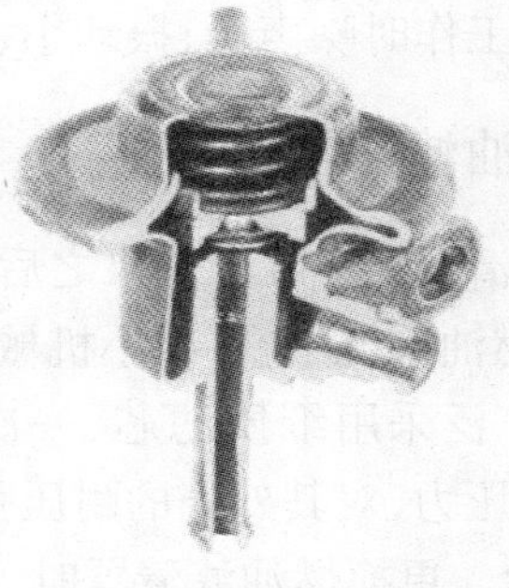

图 4-31　燃油压力调节器的实物

燃油压力调节器金属外壳内部由橡胶膜片分为燃油室和弹簧室两部分。弹簧室弹簧紧压在膜片上,使回油阀关闭。当发动机运转,进气歧管内真空度增大时,即负荷减小,作用在弹簧室侧的压力减小时,在系统油压的作用下,膜片移向弹簧室一侧,打开回油阀,部分燃油通过回油管流回燃油箱,系统油压降低;当发动机运转,进气歧管内真空度减小时,即负荷增大,作用在弹簧室侧的压力增大时,在弹簧弹力的作用下,膜片移向燃油室一侧,关闭回油阀,燃油系统回油量减小,系统油压随之升高。不论进气歧管真空度如何变化,燃油压力调节器都能使喷油压力保持恒定。

五、喷油器

喷油器的作用是根据电子控制单元(ECU)的控制信号将汽油呈雾状喷入进气歧管内与空气混合,在进气行程中被吸入汽缸。通过控制喷油器可以实现喷油量和喷油正时控制。喷油正时控制包括喷油顺序和喷油时刻控制。目前,广泛采用电磁式喷油器。

(一)喷油器的结构

喷油器实际上是一个电磁阀,主要由喷油器壳体、衔铁、针阀、电磁线圈、回位弹簧等组成，如图 4-32 所示。

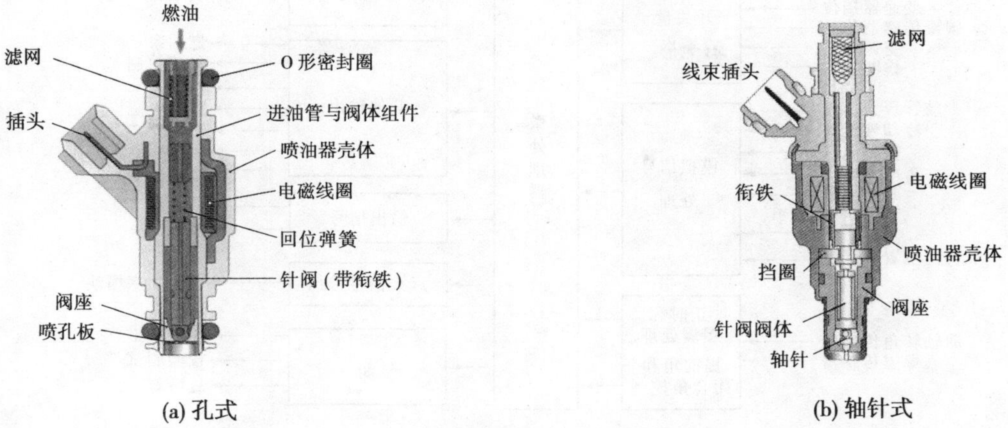

图 4-32　喷油器的结构

（二）喷油器的种类

1. 按喷油器针阀的结构分类

按喷油器针阀的结构特点，喷油器可分为轴针式喷油器和孔式喷油器。

轴针式喷油器汽油的雾化质量比孔式喷油器的稍差一些，喷口不易堵塞。另外，针阀的质量比较大，动态响应特性不如球阀式喷油器。

孔式喷油器的针阀端部有锥形和球形两种，雾化质量高。采用球形端部的喷油器通常称为球阀式喷油器。球阀本身具有自动定心作用，因此导杆较短，质量较小，具有较好的密封性和动态响应特性。

按喷孔的数目，喷油器可分为单孔式、双孔式及环孔式。

2. 按喷油器电磁线圈的电阻值分类

喷油器按其电磁线圈的电阻值大小又可分为低阻喷油器和高阻喷油器。低阻喷油器电磁线圈的线径较粗、匝数较少、电阻值较小，一般为 0.6 ~ 3 Ω。高阻喷油器采用线径较细、匝数较多的电磁线圈（或内装附加电阻），电阻值较大，为 12 ~ 17 Ω。由于本身的电阻较大，因此存在迟滞时间较长、动态响应特性较差等不足。

（三）喷油器的工作原理

当电子控制单元（ECU）的喷油控制信号将喷油器的电磁线圈与电源回路接通时，电磁线圈产生磁力，衔铁及针阀克服弹簧压力、摩擦力和自身重量而被吸起，燃油喷出。断电时，电磁力消失，衔铁及针阀在回位弹簧的作用下将喷油孔封住，喷油器停止喷油。

单元四　电子控制系统的结构与工作原理

电子控制系统主要由传感器、电子控制单元（ECU）和执行器组成。电子控制系统的功用是根据体现发动机工作状态的各个传感器输送来的信号，结合电子控制单元（ECU）内存储的程序进行综合分析和处理，确定发动机的喷油量、喷油时刻和点火时间。电子控制系统框图如图 4-33 所示。

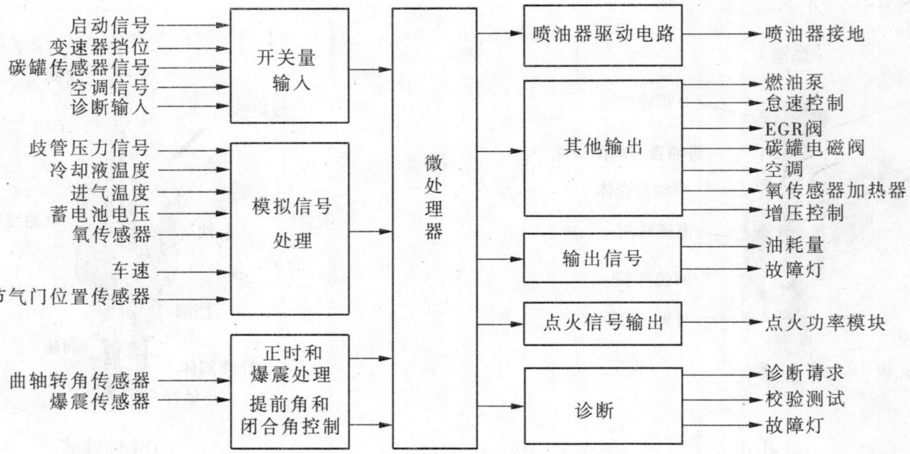

图 4-33　电子控制系统框图

一、温度传感器

温度传感器是基于温度的传感器,ECU 用于控制调节很多系统。这些系统要正常工作就需要发动机处于工作温度范围,温度传感器输送给 ECU 的信号要准确。例如,ECU 要控制调节燃油喷射量,就必须知道发动机冷却液温度的准确信号。发动机用温度传感器包括冷却液温度(ECT)传感器、进气温度(IAT)传感器和废气再循环(EGR)温度传感器等,如图 4-34 所示。这些温度传感器内装负温度系数(NTC)的热敏电阻,即温度愈低,则电阻愈高;反之,温度愈高,则电阻愈低。因此,可通过热敏电阻的阻值变化来探测温度的变化。

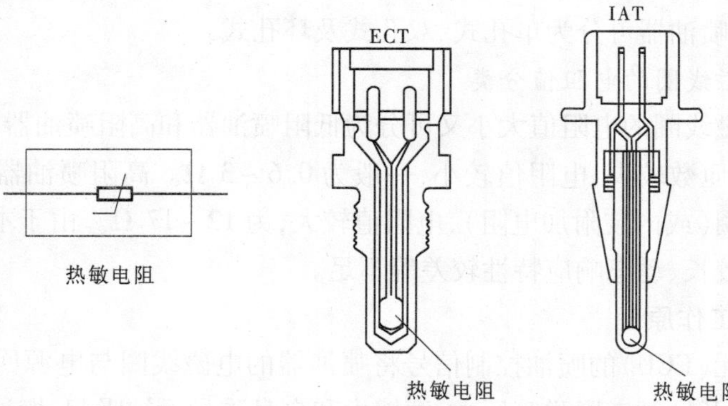

图 4-34　常见的温度传感器

(一)冷却液温度传感器

1. 作用

冷却液温度传感器用于检测发动机冷却水的温度,向 ECU 输送温度信号,作为燃油喷射和点火正时的修正信号,同时也是其他控制系统的控制信号。

2. 安装位置

冷却液温度传感器一般安装在缸体水道、缸盖水道、上出水管等处,如图 4-35 所示。它与冷却液直接接触,用于测量发动机的冷却液温度,其内部装有负温度系数的热敏电阻。

图 4-36为冷却液温度传感器的电路原理图及其实物与结构图。当发动机冷却液温度高时，热敏电阻的电阻值小，信号电压低；当发动机冷却液温度低时，热敏电阻的电阻值大，信号电压高。ECU 根据电阻值的这一变化便可测得发动机冷却液的温度，进行喷油量修正。

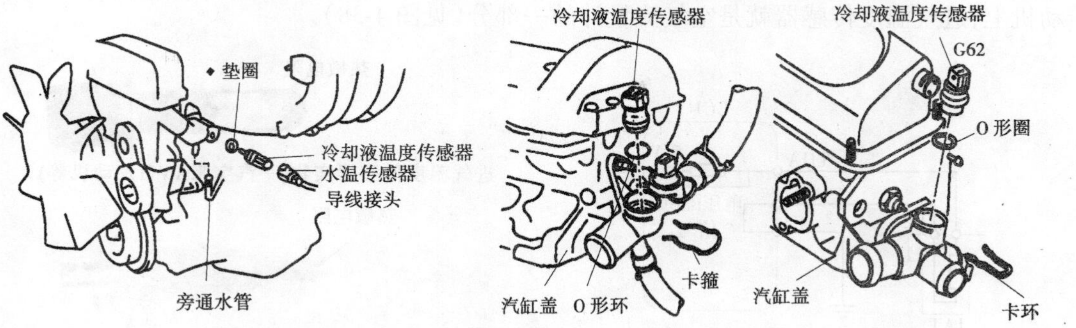

图 4-35　冷却液温度传感器的安装位置

当出现因汽车负载过大、缺水、点火时间不对、风扇不转等故障造成冷却液温度过高时，发动机机体温度上升，从而使发动机不能工作。所以，在仪表系统内设计了冷却液温度表，利用冷却液温度传感器检测发动机冷却液温度，让驾驶员能够直观地看出发动机冷却液在任何工况时的温度，并且及时作出相应的处理。

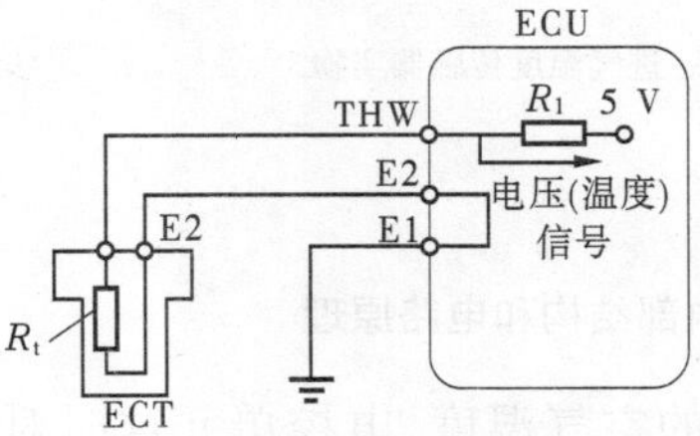

(a)冷却液温度传感器的电路原理图

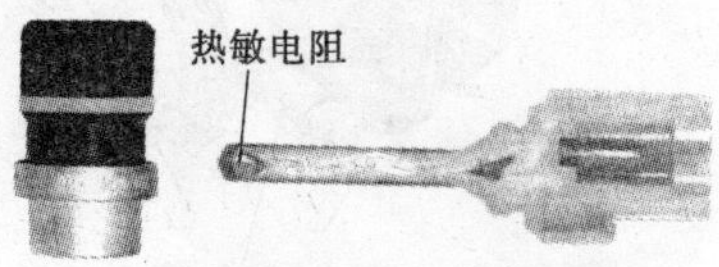

(b)冷却液温度传感器的实物

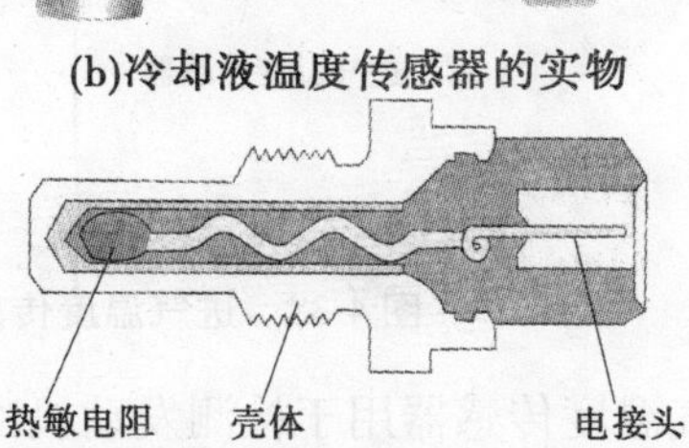

(c)冷却液温度传感器的结构图

图 4-36　冷却液温度传感器

除了修正喷油量，冷却液温度传感器信号还用于修正点火正时、可变气门正时、确定换挡时刻等。

典型的冷却液温度传感器在 20 ℃时，其电阻值为 2 ~ 4 kΩ，冷却液温度达到 80 ℃时，电阻值大多在 400 Ω 以下，冷却液温度传感器的特性曲线见图 4-37。冷却液温度传感器通常具有一条或两条引线。具有两条引线的，一条为信号线，另一条为搭铁线；具有一条引线的，则利用传感器外壳搭铁。传感器导线无极性之分。

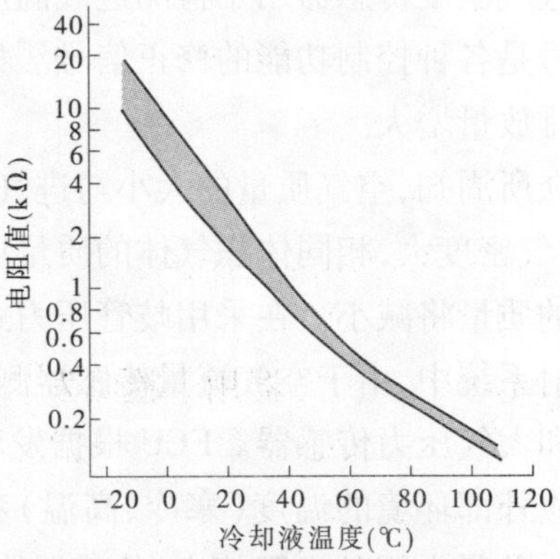

图 4-37　冷却液温度传感器的特性曲线

(二)进气温度传感器

在装有进气歧管绝对压力传感器的 D 型电控汽油喷射系统的发动机上,进气温度传感器安装在空气滤清器之后的进气管上;而在装有空气流量计的 L 型电控汽油喷射系统的发动机上,进气温度传感器就是空气流量计的一部分(见图 4-38)。

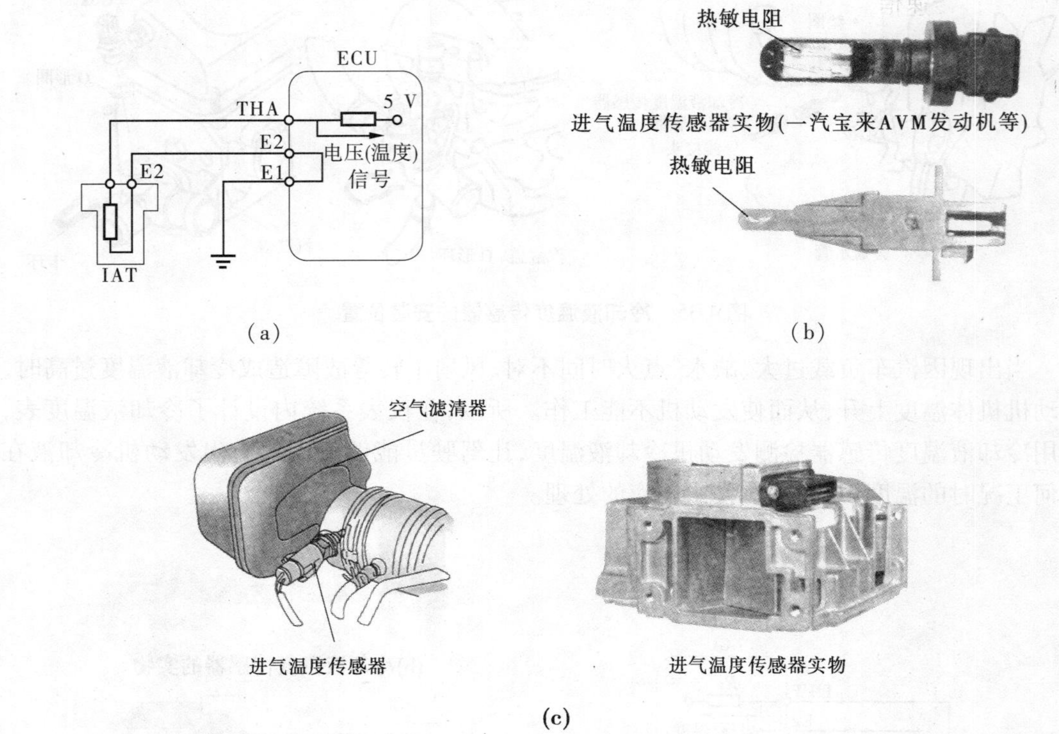

图 4-38　进气温度传感器的安装位置、内部结构和电路原理

进气温度传感器用于检测发动机冷启动时进气道的空气温度,电控单元这时对进气温度和冷却液温度进行对比,如果两者之差在 8 ℃内,电控单元就确定发动机处于冷启动工况。这为发动机是否进行闭环控制、燃油蒸发控制等提供了判断依据。

进气温度传感器用于检测进气温度,并将温度信号转换为电信号传送给 ECU。进气温度信号是各种控制功能的修正信号。如果进气温度传感器信号中断,就会导致热启动困难、废气排放量增大。

众所周知,空气质量的大小与进气温度和大气(进气)压力的高低有关。当进气温度低时,空气密度大,相同体积气体的质量增大;反之,当进气温度升高时,空气密度小,相同体积气体的质量将减小。在采用歧管压力式、叶片式、卡尔旋涡式和量芯式空气流量传感器的汽油喷射系统中,由于空气流量传感器测定的空气流量为体积流量,因此需要配装进气温度传感器和大气压力传感器。ECU 根据发动机的进气温度和压力信号修正喷油量,使发动机自动适应外部环境的温度(寒冷、高温)和压力(高原、平原)变化。当进气温度低(空气密度大)时,热敏电阻的电阻值大,传感器输送到 ECU 的信号电压高,ECU 控制喷油器增加喷油量;当进气温度高(空气密度小)时,热敏电阻的电阻值小,传感器输送到 ECU 的信号电压低，ECU 将控制喷油器减少喷油量。

二、曲轴/凸轮轴位置传感器

曲轴位置传感器又称为发动机转速与曲轴转角传感器，其功用是采集曲轴转动角度信号和发动机转速信号。曲轴转动角度信号用于确定点火时刻和喷油时刻，发动机转速信号用于确定喷油量和点火提前角。

凸轮轴位置传感器又称为汽缸判别传感器和相位传感器。凸轮轴位置传感器的功用是采集配气凸轮轴的位置信号，识别第 1 缸压缩行程的上止点。

曲轴/凸轮轴位置传感器常见的安装位置在曲轴前端、凸轮轴前端、飞轮上、分电器内部等，两传感器有安装在一起的，也有分开安装的。

常见的曲轴/凸轮轴位置传感器根据其工作原理的不同可分为电磁感应式、霍尔式和光电式三种。

(一)电磁感应式

电磁感应式曲轴/凸轮轴位置传感器主要结构有转子(即触发齿轮)、永久磁铁、铁芯、感应线圈，如图 4-39 所示。当发动机运转时，正时转子随着旋转，铁芯与正时转子凸起之间的相对位置也随之变化，穿过感应线圈铁芯的磁通量也随之发生周期性变化，根据电磁感应原理，感应线圈中便产生感应电压，并以交流形式输出。

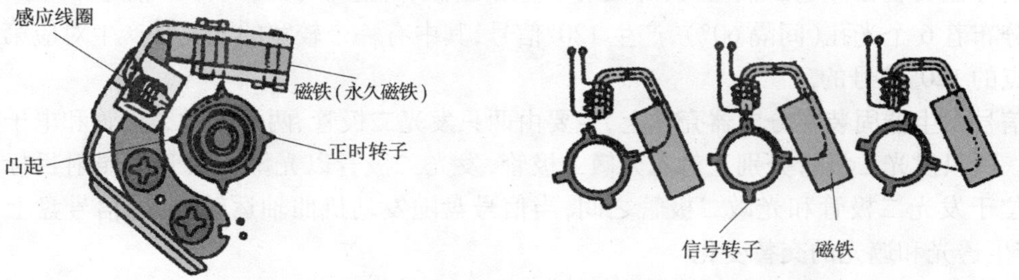

图 4-39　电磁感应式曲轴/凸轮轴位置传感器的结构

(二)霍尔式

霍尔式曲轴/凸轮轴位置传感器由转子、永久磁铁、霍尔晶体管和放大器等组成，如图 4-40 所示。

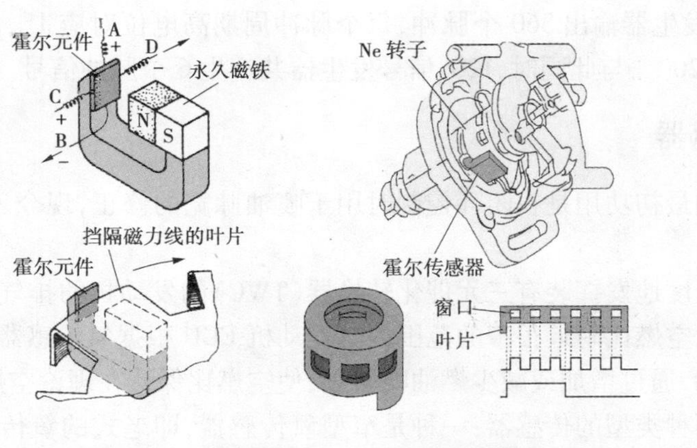

图 4-40　霍尔式曲轴/凸轮轴位置传感器

ECU 通过电源使电流通过霍尔晶体管，旋转转子的凸起经过磁场时使磁场强度改变，霍尔晶体管产生的霍尔电压经放大后输送给 ECU,ECU 根据霍尔电压产生的次数确定曲轴转角和发动机转速。

(1)叶片对永久磁铁和霍尔元件隔磁,不产生霍尔电压。

(2)叶片离开空气隙,产生霍尔电压。

(三)光电式

光电式曲轴位置传感器由转子、发光二极管、光敏二极管和放大器等组成,如图 4-41 所示。

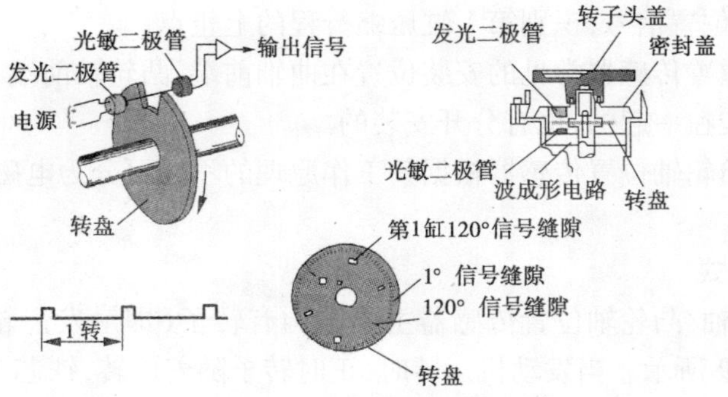

图 4-41　光电式曲轴位置传感器

信号盘安装在分电器轴上,其外围有 360 条缝隙,产生 1°(曲轴转角)信号。外围稍靠内侧分布着 6 个光孔(间隔 60°),产生 120°信号,其中有一个较宽的光孔是产生对应第 1 缸上止点的 120°信号的。

信号发生器固装在分电器壳体上,主要由两只发光二极管、两只光敏二极管和电子电路组成。两只发光二极管分别正对着光敏二极管,发光二极管以光敏二极管为照射目标。信号盘位于发光二极管和光敏二极管之间,当信号盘随发动机曲轴运转时,因信号盘上有光孔,产生透光和遮光的交替变化。

光电式信号发生器工作原理:当发光二极管的光束照射到光敏二极管上时,光敏二极管感光而导通;当发光二极管的光束被遮挡时,光敏二极管截止。信号发生器输出的脉冲电压信号送至电子电路放大整形后,向电控单元输送曲轴转角 1°信号和 120°信号。因信号发生器安装位置的关系,120°信号在活塞上止点前 70°输出。发动机曲轴每转 2 圈,分电器轴转 1 圈,则 1°信号发生器输出 360 个脉冲,每个脉冲周期高电位对应 1°,低电位亦对应 1°,表征曲轴共转角 720°。与此同时,120°信号发生器共产生 6 个脉冲信号。

三、氧传感器

氧传感器的最初功用是在闭环控制时用于喷油脉宽的修正,现今还用于检测催化转换器的转化效率。

为了最大程度地发挥装有三元催化转换器(TWC)的发动机的排气净化性能,必须将空燃比保持在理论空燃比附近很窄的范围内。发动机 ECU 根据氧传感器输出的信号,判断混合气是浓还是稀,通过增加或减少燃油喷射量,使空燃比保持在理论空燃比附近。发动机排气管上安装有两种类型的传感器:一种是窄型氧传感器,即老式的氧传感器,简称为氧传感器;另一种是宽型氧传感器,即新型的氧传感器,被称为空燃比传感器。

氧传感器是排气氧传感器 EGO(Exhaust Gas Oxygen Sensor)的简称,其功用是通过监测排气中氧离子的含量来获得混合气的空燃比信号，并将该信号转变为电信号输入到 ECU。ECU 根据氧传感器信号，对喷油时间进行修正，实现空燃比反馈控制（闭环控制），从而将过量空气系数（λ）控制在 0.98～1.02 的范围内（空燃比 A/F 约为 14.7），使发动机得到最佳浓度的混合气，从而达到降低有害气体的排放量和节约燃油的目的。

汽车发动机汽油喷射系统采用的氧传感器分为氧化锆（ZrO_2）式和氧化钛（TiO_2）式两种类型，氧化锆式氧传感器又分为加热型与非加热型氧传感器两种，氧化钛式氧传感器一般都为加热型传感器。

（一）氧传感器的类型及安装位置

按材质，氧传感器分为氧化锆（ZrO_2）式和氧化钛（TiO_2）式两种类型；按作用分为非加热型和加热型；按在排气管中的安装数量分为单氧传感器和双氧传感器。双氧传感器用在采用 OBD－Ⅱ系统的车辆上，其中一个氧传感器安装在催化转换器前面的排气管上（上游氧传感器），另一个安装在催化转换器后面的排气管上（下游氧传感器）。上游氧传感器被 ECU 用于调节空燃比，下游氧传感器被 ECU 用于判断三元催化转换器的转化效率。

（二）氧化锆式氧传感器的结构、工作原理和形式

1. 氧化锆式氧传感器的结构

氧化锆式氧传感器的结构如图 4-42 所示，该传感器主要由氧化锆管、铂电极和保护套组成。氧化锆管固定在带有安装螺纹的固定套中，氧化锆管的内、外表面均覆盖着一层多孔性铂膜作为电极，氧化锆管内侧通大气，外侧直接与排气管中的废气接触。在氧化锆管外表面的铂膜层上，还覆盖着一层多孔的陶瓷涂层，并加有带槽口的保护套，用来防止废气对铂电极产生腐蚀。在传感器的线束插接器端有金属护套，上面开有小孔，以便氧化锆管内侧通大气。

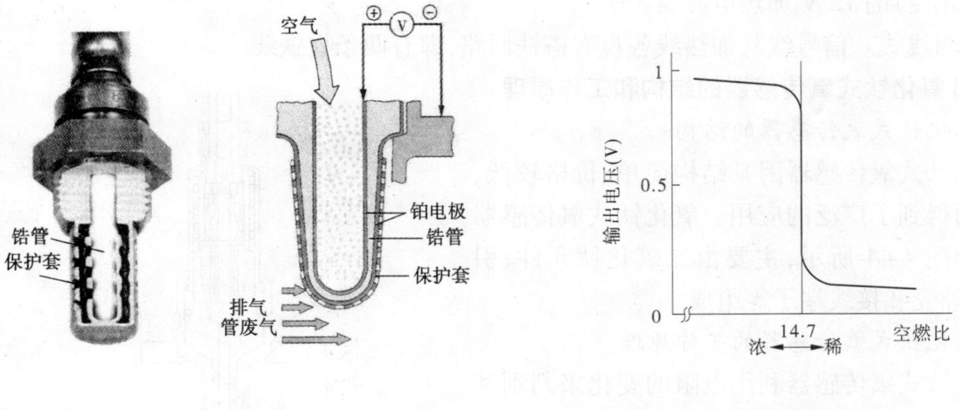

（a）结构　　　　（b）输出特性

图 4-42　氧化锆式氧传感器及其输出特性

2. 氧化锆式氧传感器的工作原理

氧化锆式氧传感器实质是一个化学电池，又称为氧浓差电池。在 400 ℃以上的高温时，氧气发生电离。若氧化锆管内、外表面接触的气体中的氧存在浓度差别，则在固体电解质（二氧化锆元件）内部氧离子从大气一侧向排气一侧扩散，形成微电池，氧化锆管内、外表面的两个铂电极之间将会产生电压。发动机工作时，由于氧化锆管内表面接触的大气中氧浓度是固定的，而与氧化锆管外表面接触的废气中的氧浓度是随空燃比变化的，所以可将氧化

锆管内、外表面两个电极间产生的电压输送给 ECU，作为判断实际空燃比的依据。当混合气过稀时，排出的废气中氧含量高，氧化锆管内、外侧氧浓度差小，两电极间产生的电压很低（接近0 V）；当混合气过浓时，排出的废气中氧含量低，氧化锆管内、外侧氧浓度差大，两电极间产生的电压高（接近 1 V），如图 4-43 所示。

因为氧传感器的工作特性与温度密切相关，温度强烈地影响着氧化锆管对氧离子的导通能力。氧化锆只能在 400 ℃以上的高温时才能正常工作，低于 350 ℃时几乎没有信号。另外，输出信号的电压随混合气空燃比变化的响应时间也与温度有关。为保证发动机在进气量少、排气温度低时也能正常工作，有的氧传感器内装有加热器，加热器也由发动机 ECU 控制，如图 4-43 所示。加热式的锆管内有加热元件，通电 30 s 便达到工作温度。加热元件为正温度系数（PTC）电阻，温度较低时电阻很小，加热电流、功率大，加热很快。加热后电阻升高，功率不大。

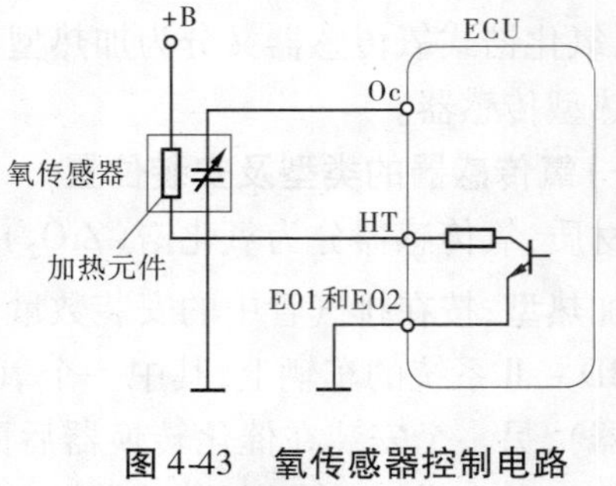

图 4-43　氧传感器控制电路

3. 氧化锆式氧传感器的形式

（1）单引线式。氧传感器只有一根信号线，以外壳做搭铁回路。该种氧传感器依靠排气管散发的热量才能正常工作，当发动机怠速工作达不到正常工作温度时，ECU 会以一固定值代替氧传感器信号值。

（2）两线式。一条为信号线，另一条则为搭铁线。

（3）三线式。用在加热型的氧传感器上，其中两条引线同上述，第三条线为来自继电器（或点火开关）的 12 V 加热电源线。

（4）四线式。信号线与加热线各自有搭铁回路，即有两条搭铁线。

（三）氧化钛式氧传感器的结构和工作原理

1. 氧化钛式氧传感器的结构

氧化钛式氧传感器因其结构简单、价格较低、体积小而得到了广泛的应用。氧化钛式氧传感器的结构如图 4-44 所示，主要由二氧化钛元件、引线、保护外壳和接线端子等组成。

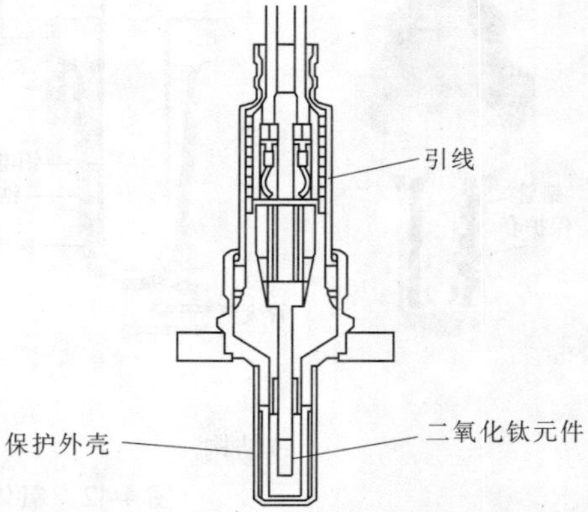

图 4-44　氧化钛式氧传感器的结构

2. 氧化钛式氧传感器的工作原理

氧化钛式氧传感器利用电阻的变化来判别其中的含氧量。作为对氧气敏感、易于还原的半导体材料，氧化钛与氧气接触时发生氧化还原反应，使晶格结构发生变化，从而导致电阻值变化。它是一种电阻型气敏传感器，就像冷却液温度传感器一样，有着电阻高低的变化，这时只要供给一参考电压，即可由电压得知当时混合比的状况。近来的车型为了使氧化钛式氧传感器有与氧化锆式氧传感器相同的变化，将参考电压改为 1 V，所以其信号电压也在 0 ~ 1 V 的范围内。混合气稀，尾气中氧的含量多，则氧化钛式氧传感器呈现高电阻的状态。此时，1 V 电源电压经氧传感器电阻降压，返回 ECU 的输出电压信号 OX 电压低于 0.45 V。混合气浓,尾气中氧的含量少,则氧化钛式氧传感器因缺氧而形成低电阻的氧化半导体,此时 1 V 电源电压经氧传感器电阻降压,返回 ECU 的输出电压信号 OX 电压高于 0.45 V,如图 4-45、图 4-46 所示。

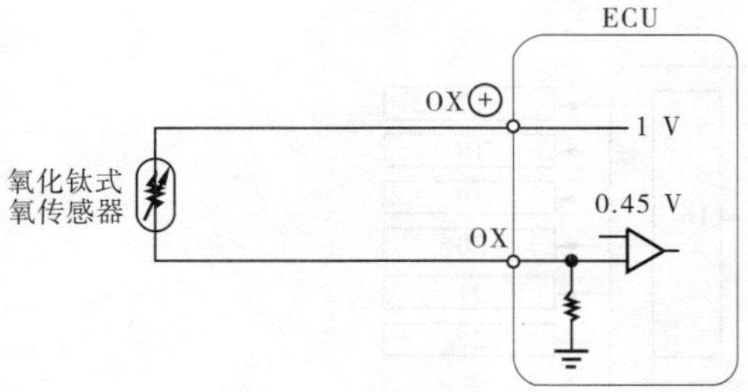

图 4-45　氧化钛式氧传感器电路原理

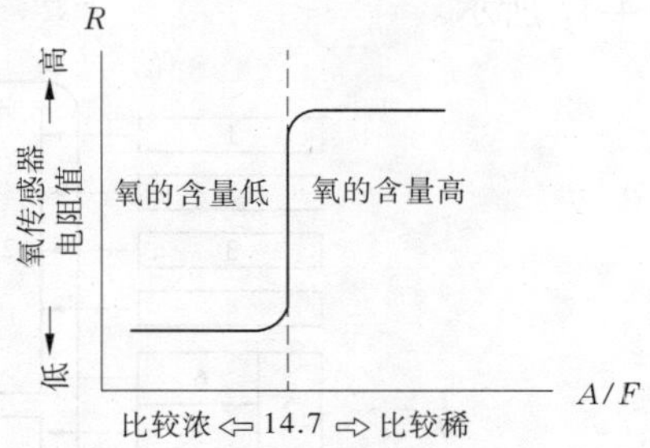

图 4-46　氧化钛式氧传感器的电压特性

为了使氧化钛式氧传感器能迅速达到它的工作温度(300 ℃),在氧传感器内部有热敏电阻加热元件进行加热,所以目前的氧化钛式氧传感器都为四线的。氧化钛式氧传感器应用范围很小,其数量为车上氧传感器使用数量的 1%。氧化钛式氧传感器的安装螺纹直径为 14 mm,而氧化锆式氧传感器的安装螺纹直径为 18 mm,两者不能互换。

四、电子控制单元(电控单元,ECU)

电控单元是一种电子综合控制装置。ECU 的存储器中存放了发动机各种工况的最佳喷油持续时间,在接收了各种传感器传来的信号后,确定满足发动机运转状态的汽油喷射量,并计算出喷油器的喷射时间。ECU 还可对多种信息进行处理,实现 EFI 以外的其他多方面的控制,如点火控制、怠速控制、排气再循环控制、自动变速器控制(ECT 合一)、防抱死控制等。

(一)电子控制单元(ECU)的基本功能

(1)给传感器提供标准电压,接收各种传感器和其他装置输送的信息,并将其转换成微机所能接收的数字信号;

(2)储存该车型的特征参数和运算所需的有关数据信息;

(3)确定计算输出指令所需的程序,并根据输入信号和相关程序计算输出指令数值;

(4)将输入信号和输出指令信号与标准值进行比较,确定并存储故障信息;

(5)向执行元件输出指令,或根据指令输出自身已储存的信息;

(6)自我修正功能(学习功能)。

输入 ECU 的传感器信号有两种:一种是模拟信号,如叶片式空气流量计和冷却液温度传感器的输出信号等;另一种是数字信号,如节气门位置传感器和转速传感器的输出信号等。信号的形态不同,输入 ECU 内的处理方法也不一样。从传感器来的信号在输入 ECU 时,首先通过输入回路,数字信号输入微机,模拟信号则由 A/D 转换器转换成数字信号之后输入微机。微机对各种输入信号进行运算处理,确定能满足发动机运转状态的汽油最佳喷射时间,并把结果通过输出回路送往喷油器。

(二)ECU 的结构

1. ECU 的外部接线

ECU 被屏蔽封装在一铝质的方盒内,设置在乘员座的仪表板下。不同车型 ECU 的插头、引线，以及ECU引线间的电压、电阻值各不相同，检测时请参考相应车型的维修手册。

2. ECU的内部结构

ECU主要由输入回路、模/数（A/D）转换器、微型计算机（微机）和输出回路组成，如图4-47所示。

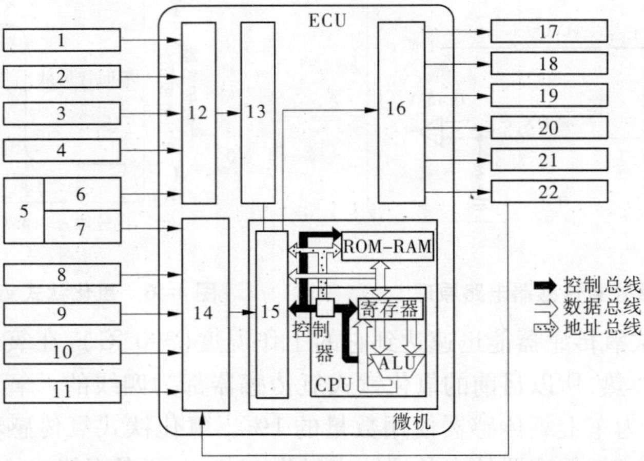

1—压力传感器；2—进气温度传感器；3—冷却液温度传感器；4—蓄电池电压；5—节气门开度传感器；6—节气门开度；7—节气门全闭；8—车速传感器；9—启动开关；10—A/C开关；11—分电器采集线圈；12—输入回路；13—A/D转换器；14—输入回路；15—I/O接口；16—输出回路；17—喷油器；18—电动汽油泵；19—VSV阀；20—CHECKENGINE灯；21—主继电器；22—点火器

图4-47 ECU的组成

输入回路的作用是将系统中各传感器检测到的信号经I/O接口送入微机，从传感器来的模拟信号（吸入空气量、空气温度、发动机冷却液温度、发动机负荷和电源电压以及在闭环控制系统中来自氧传感器的余氧电压）和数字信号（发动机转速信号和节气门开度信号）首先进入输入回路，在除去杂波和把正弦波转变为矩形波后，再转换成输入电平，通过I/O接口直接进入微机。微机能够根据需要把各种传感器送来的信号用内存的程序（微机进行处理的顺序）和数据进行运算处理，并把处理结果（如汽油喷射信号）送往输出回路。

输入/输出装置（I/O接口）是根据CPU的命令在各传感器或执行元件之间执行数据传送任务的装置。由于传感器和执行元件种类繁多，它们在速度、电平、功率等方面都不能与CPU匹配，必须经过I/O接口的转换才能匹配。因此，微机与外界进行数据交换时，都是通过输入/输出接口来完成的。这些接口是微机与被控制对象进行信息交换的纽带，并且具有数据缓冲、电平匹配、时序匹配等多种功能。

输出回路为微机与执行元件之间建立联系，它将微机作出的决策指令转换为控制信号来驱动执行元件进行工作。微机输出的是数字信号，而且输出电压也比较低，用这种输出信号一般不能驱动执行元件，因此需将其转换成可以驱动执行元件的输出信号。输出回路输出三类控制信号：喷油器控制信号、点火控制信号和电动汽油泵驱动信号。

单元五　电控汽油喷射系统检测与故障诊断

电控汽油喷射发动机只要有油有电，喷油时间及点火时间准确，发动机便可启动着火，余下的问题便只是修正问题。各种修正的精确与否是保证发动机更好地燃烧、更平稳地工作的保证。本节先介绍电控汽油喷射发动机的燃油压力检测,再详细地阐述各零部件的检测与常见故障的诊断。

一、燃油压力检测

(一)汽油系统油压的释放与预置

检测汽油压力时需要连接油压表到汽油管路中,由于发动机熄火后,汽油管路中仍保持着较高的汽油压力,应先释放掉汽油管道内的油压。具体方法如下:

(1)启动发动机。

(2)在发动机运转中拔下电动汽油泵继电器(或拔下电动汽油泵电源插头)。

(3)待发动机自行熄火后,再转动启动开关,启动发动机 2 ~ 3 次,汽油压力即可完全释放。

(4)关闭点火开关,装回电动汽油泵继电器(或插上电动汽油泵电源接线)。

在拆卸汽油管道进行检修之后,为避免首次启动发动机时因油路内尚未建立起汽油压力而使启动时间过长,应将点火开关反复打开、关闭数次,来预置汽油系统的油压。

(二)汽油压力的检测

检测发动机运转时汽油管路内的油压可以判断油路有无故障。检测汽油压力时,应准备一个量程为 1 MPa 左右的油压表及专用的油管接头,按下列步骤进行:

(1)将汽油系统卸压,拆下蓄电池负极电缆线。

(2)将油压表和油管一起安装在汽油管路中,如安装到汽油滤清器油管接头(见图 4-48)、冷启动喷油器油管接头等便于安装和观察的部位。

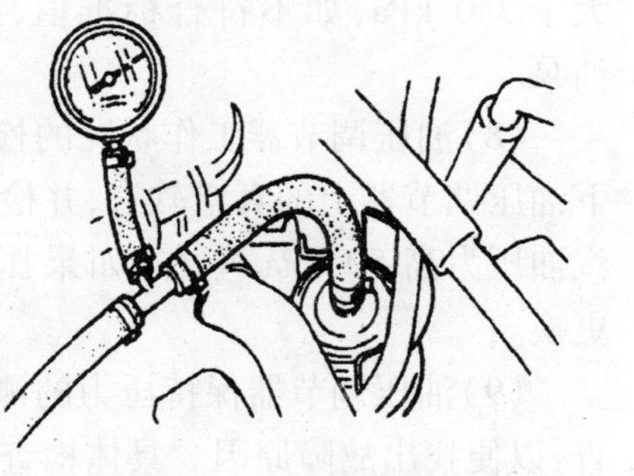

图 4-48 油压表的安装

(3)重新装上蓄电池负极电缆线。

(4)测量汽油系统的静态油压。

启动发动机,使之怠速运转,或用一跨接导线将电动汽油泵的两个检测插孔短接,打开点火开关(不要启动发动机),让汽油泵运转。观察表上的油压值,应符合规定值,若油压过高,应检查油压调节器;若油压过低,应检查电动汽油泵、汽油滤清器和油压调节器。

(5)测量汽油系统的保持压力。测量静态油压结束后,过 5 min 再观察油压表指示的油压(此时的压力称为汽油系统保持压力)。其值应不低于规定值(如 147 kPa)。若油压过低,应进一步检查电动汽油泵的保持压力、油压调节器的保持压力及喷油器有无泄漏。

(6)发动机运转时汽油压力的测量。启动发动机,让发动机怠速运转,测量此时的汽油压力,如图 4-49(a)所示;缓慢开大节气门,测量在节气门接近全开时的汽油压力;拔下油压调节器上的真空软管,并用手堵住,如图 4-49(b)所示,让发动机怠速运转,测量此时的汽油压力。该压力和节气门全开时的汽油压力基本相等,若测得的油压过高,应检查油压调节器及其真空软管;若测得的油压过低,则应检查电动汽油泵、汽油滤清器及油压调节器。

(7)电动汽油泵最大压力和保持压力的测量。将油压表接在汽油管路上,并将出油口堵住,如图 4-50 所示。用一根跨接导线将电动汽油泵的两个检测插孔短接,打开点火开关,

(a) 测量怠速及节气门全开时的汽油压力　(b) 测量拔下油压调节器真空软管后的汽油压力

图 4-49　汽油压力的测量

持续 10 s 左右(不要启动发动机),使电动汽油泵工作,同时读出油压表的压力,该压力称为电动汽油泵的最大压力,它应当比发动机运转时的汽油压力高 200 ~ 300 kPa,通常可达 490 ~ 640 MPa。如不符合标准值,应更换电动汽油泵。

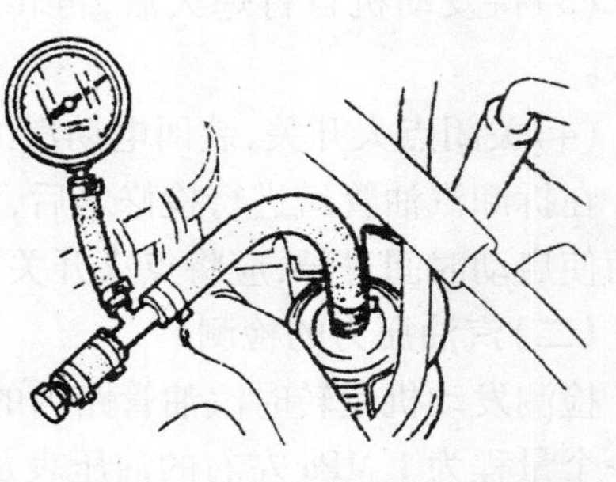

图 4-50　电动汽油泵最大压力的测量

关闭点火开关 5 min 后再观察油压表压力,此时的压力称为电动汽油泵的保持压力,其值应大于 340 kPa,如不符合标准值,应更换电动汽油泵。

(8)油压调节器工作状况的检查。用前述方法测量发动机运转时的汽油压力,然后拔下油压调节器上的真空软管,并检查汽油压力。此时的汽油压力应比发动机怠速运转时的汽油压力高 50 kPa 左右,如果压力变化不符合要求,即说明油压调节器工作不良,应更换。

(9)油压调节器保持压力的测量。当汽油系统保持压力不符合标准值时,应作此项检查,以便找出故障原因。具体检查方法:将油压表接入汽油管路,用一根短导线将电动汽油泵的两个检测插孔短接,打开点火开关并保持 10 s,让电动汽油泵运转,然后关闭点火开关,拔去检测插孔上的短接导线,用包上软布的钳子将油压调节器的回油管夹紧,使回路停止回油,5 min 后观察汽油压力,该压力称为油压调节器的保持压力。如果该压力仍然低于汽油系统保持压力的标准值,说明汽油系统保持压力过低的故障不处在油压调节器;若此时压力大于标准值,则说明油压调节器有泄漏,应更换。

(10)测量汽油系统在怠速运转时的压力时,夹住油压调节器回油管使回路停止回油,此时,油压表的指示压力应比没有夹住回油管时的高 2 ~3 倍,否则说明汽油泵泵油不足。

将各缸喷油器电线插头拔下,接通点火开关并连续启动 15 s,观察油压表指示压力,待 30 s 后,再次观察油压表的指示压力,其值不应回落。若油压回落,则重新启动 15 s,然后夹住油压调节器的回油管。若 30 s 后油压不回落,则为油压调节器泄漏。

如果夹住油压调节器回油管,油压仍然下降,则夹住油压调节器的进油口,如此时油压不再回管,油压不再回落,则为汽油泵单向止回阀不良,应更换汽油泵。

二、汽油泵及其控制电路的常见故障及检测

（一）汽油泵的常见故障及影响

汽油泵本身最常见的故障是滤网堵塞、泵内阀泄漏和电动机故障，油泵因磨损而泵油压力不足的故障较少见。汽油泵的常见故障及影响见表4-1。

表4-1　汽油泵的常见故障及影响

故障部位	对电控汽油喷射系统的影响	对发动机的影响
安全阀漏油或弹簧失效	供油压力偏低，供油量不足	发动机工作不平稳或不工作，发动机不能加速，发动机无力
单向阀漏油	输油管路不能建立残压	发动机启动困难
进油滤网堵塞	供油不足，汽油泵有时发出尖叫声	发动机高速“打嗝”，加速不良，严重时怠速不稳
电动机烧坏	无汽油供出	发动机不工作
油泵磨损	泵油压力不足	发动机启动困难，动力不足，加速不良

（二）汽油泵故障检查

1.汽油泵的就车检查

工作状况的检查：用一跨接导线分别连蓄电池正极和汽油泵继电器“F_P”端子；打开点火开关但不要启动发动机；打开油箱盖，仔细听有无汽油泵运转的声音，若听不到电动汽油泵转动的声音，也感觉不到进油管的压力，说明电动汽油泵不工作。对此，应检查汽油泵电源熔断器有无烧断、继电器有无损坏、控制线路有无断路等。若上述检查都正常，则应拆检汽油泵。

就车油压检查：用一跨接导线分别连接在蓄电池正极和汽油泵继电器的“F_P”端子，使汽油泵工作，测量输油管路中的油压。

如果油压正常，则说明汽油泵、汽油压力调节器均良好。

如果油压偏高，则一般为油压调节器不良。

如果油压偏低，则将油压调节器回油管拆下并将接口堵住，再使汽油泵工作，测输油管路中的油压。如果此时油压能达到正常值，说明油压调节器不良，需要更换油压调节器；如果油压仍然偏低，则为汽油泵安全阀或油泵本身不良。

如果测量出油压为零，则为汽油泵电动机不工作或油路堵塞。

2.汽油泵的单件检查

用万用表欧姆挡测量电动汽油泵两端子间的电阻，一般为2～3 Ω，如果电阻很大则说明汽油泵的电动机内部接触不良或有断路；将蓄电池电源短时间加在电动汽油泵两端子上，如正常，应能听到汽油泵转子高速转动的声音。以上检验如有异常，则应更换电动汽油泵。

（三）汽油泵控制电路的常见故障及检查

1.汽油泵不工作的常见故障原因

汽油泵不工作是造成电控汽油喷射系统不能启动或启动后随即熄火的常见故障原因之一。造成汽油泵不工作的原因如下：

(1)汽油泵电动机不能转动;

(2)EFI 主继电器故障;

(3)汽油泵继电器故障;

(4)空气流量计上的汽油泵开关触点接触不良;

(5)ECU 或转速传感器故障(空气流量计不带汽油泵开关或 D 型 EFI 系统);

(6)线路插接器松动、接触不良,熔丝烧断,点火开关不良等。

2. 故障检查方法

可用以下方法确定故障的具体部位:

(1)用一导线将汽油泵检查插孔短接,接通点火开关,看汽油泵工作与否。

若汽油泵工作,可判定为空气流量计汽油泵开关或汽油泵继电器至空气流量计之间的线路不良,需检查空气流量计汽油泵开关能否通路。如果能通路,则是有关线路有故障,检查线路和插接器;如果不能通路,则需要更换空气流量计。

对于由 ECU 控制汽油泵的 EFI 系统,则先检查转速与曲轴转角信号是否正常,如果信号不正常,更换转速信号传感器;如果信号正常,线路连接也无问题,则需要换 ECU。

若将汽油泵检查插孔短接后汽油泵仍不工作,则需作下一步检查。

(2)用万用表的电压挡测量检查插孔" + B"对地电压,正常值应为蓄电池电压。

若电压低或无电压,则为汽油泵继电器前的电源电路有故障,需检查有关的熔断器、线路插头器、点火开关等。若电压正常,则作下一步检查。

(3)用万用表电压挡测量检查插孔"F_P"对地电压,正常值也应为蓄电池电压。若电压正常,可判定为汽油泵及有关电路有故障,检查有关线路,如果无问题,则需更换汽油泵。若电压不正常,则检查或更换汽油泵继电器。

三、喷油器及其驱动电路的常见故障及检查

(一)常见故障及影响

喷油器是汽油喷射系统中故障较多的部件之一,其常见故障及影响见表 4-2。

表 4-2　喷油器的常见故障及影响

故障部位	对电控汽油喷射系统的影响	对发动机的影响
喷油器阀胶结、喷油器堵塞	喷油器不喷油或喷油量少,喷油雾化不良	发动机动力下降,加速迟缓,怠速不稳容易熄火,发动机不能工作或发动机工作不稳
电磁线圈或内部线路连接处断路	喷油器不喷油	发动机不工作
喷油器密封不严	喷油器滴油	油耗上升,排气管"放炮",发动机启动困难或不能启动,排气处冒黑烟
喷油器阀口积污	喷油量减少	发动机工作不稳,进气管回火,发动机动力不足,加速性差

(二)喷油器电阻检测

如果怀疑某缸喷油器不工作,可用万用表检测该缸喷油器电磁线圈的电阻(见

图 4-51),看是否正常。电流驱动型(低阻抗型)喷油器电磁线圈的电阻值一般为 1.5 ~ 5 Ω,电压驱动型(高阻抗型)喷油器电磁线圈的电阻值一般在 12 ~ 16 Ω。如测得的电阻过小或过大,都需要更换该缸喷油器。

(三)喷油器驱动电路的常见故障及检查

1. 喷油器不工作的故障原因

(1)喷油器电磁线圈不良或内部接线断脱;

(2)喷油器外串联电阻断路或漏电(低电阻电压驱动型喷油器);

(3)线路断脱或插接器有接触不良的地方;

(4)线路熔断器烧断;

(5)电子控制器(ECU)有故障。

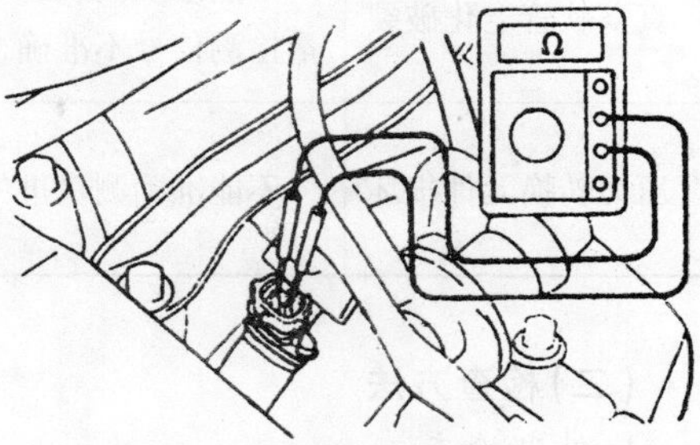

图 4-51　喷油器电磁线圈电阻的测量

2. 故障检查方法

以图 4-52 所示的喷油器驱动电路为例,可用以下方法来确定故障的具体部位:

(1)拔下喷油器上的线路插接器,接上一个高阻抗的试灯,摇转发动机,看试灯是否闪亮。若试灯闪亮,则检查喷油器电磁线圈电阻,若电阻过大或不通,需更换喷油器;若试灯不闪亮,则作下一步检查。

(2)将试灯接在接线端子"+B"与搭铁之间,检查"+B"点通电与否。若试灯不亮,说明"+B"点未通电,需检查点火开关及有关的线路;若试灯亮,则说明"+B"点通电,需作下一步检查。

(3)用万用表欧姆挡检查串联电阻是否正常(无串联电阻的则无此步诊断)。若电阻不正常或不通,则更换串联电阻;若电阻正常,则作下一步检查。

(4)检查喷油器及其与 ECU 的连接线路。若喷油器或线路不良,更换或检修不良处;若喷油器和线路均良好,则需更换 ECU。

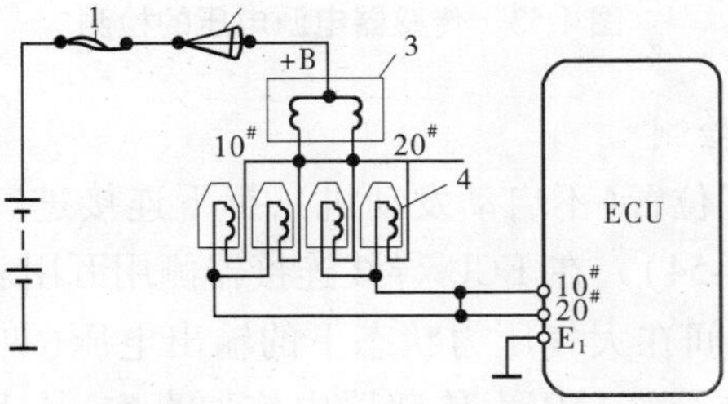

1—熔断器;2—点火开关;3—电阻器;4—喷油器

图 4-52　喷油器驱动电路的检查

四、进气歧管压力传感器的常见故障及检查

(一)进气歧管压力传感器的常见故障

进气歧管压力传感器的常见故障有真空软管老化破裂、压力转换元件损坏,其影响见表 4-3。

表 4-3 进气歧管压力传感器的常见故障及影响

故障部位	对电控汽油喷射系统的影响	对发动机的影响
真空软管老化破裂	不能准确反映进气歧管的绝对压力，进气量检测信号不准确，从而影响测量基本油量	发动机工作性能不良、加速性差，油耗增加，发动机无力
压力转换元件损坏	不能准确测量进气量	发动机启动困难、动力不足、工作性能不良、油耗增加、加速性差

(二)检查方法

1. 外部检查

检查连接在进气歧管上的真空软管有无破裂、老化、压瘪等现象。

2. 传感器电源电压的检测

如图 4-53 所示点火开关置于“OFF”位置，拔下进气歧管绝对压力传感器的导线连接器，然后将点火开关置于“ON”位置(不启动发动机)，用万用表电压挡测量导线连接器中电源端“V_C”和接地端“E_2”之间的电压，其电压值应为 4.5 ~ 5.5 V。如有异常，应检查进气歧管绝对压力传感器与 ECU 之间的线路是否导通。若断路，应更换或修理线束。

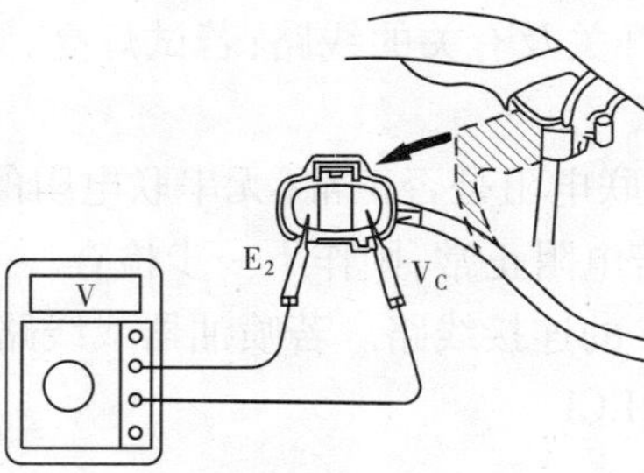

图 4-53 传感器电源电压的检测

3. 传感器输出电压的检测

将点火开关置于“ON”位置(不启动发动机)，拆下连接进气歧管绝对压力传感器与进气歧管的真空软管(见图 4-54)。在 ECU 导线连接器侧用万用表电压挡测量进气歧管绝对压力传感器 PIM—E_2 端子间在大气压力状态下的输出电压(见图 4-55)，并记下这一电压值；然后用真空泵向进气歧管绝对压力传感器内施加真空，从 13.3 kPa 起，每次递增 13.3 kPa，一直增加到 66.7 kPa，测量在不同真空度下进气歧管压力传感器(PIM—E_2端子间)的输出电压。该电压应随真空度的增大而不断下降。将不同真空度下的输出电压下降量与标准值相比较，如不符，应更换进气管压力传感器。

五、节气门体与节气门位置传感器的常见故障及检查

(一)节气门体与节气门位置传感器的常见故障及影响

节气门体与节气门位置传感器的常见故障及影响见表 4-4。

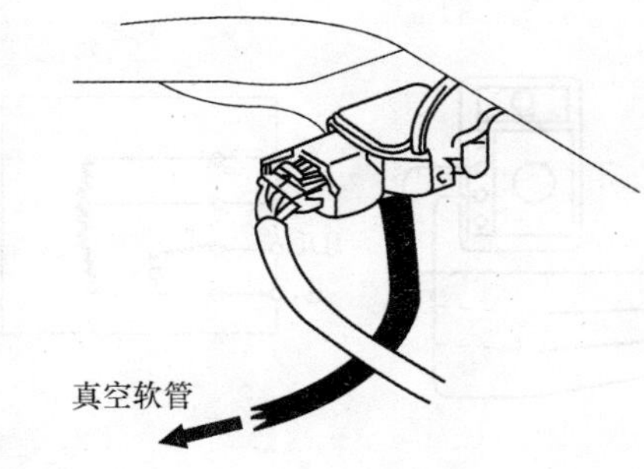

图 4-54　拆下传感器真空软管

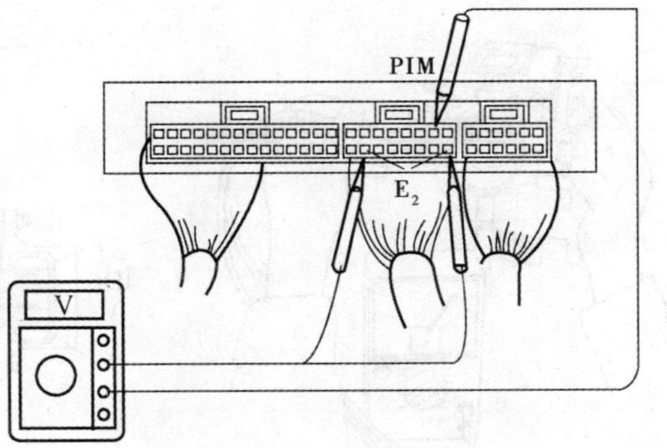

图 4-55　测量传感器输出的信号

表 4-4　节气门体与节气门位置传感器的常见故障及影响

故障部位	对电控汽油喷射系统的影响	对发动机的影响
节气门黏附积炭	节气门关闭不严	怠速不稳或怠速过高不能调低
怠速空气道堵塞	怠速时空气量不足	怠速不稳或无怠速
节气门位置传感器怠速触点接触不良	无怠速信号	怠速不稳或无怠速
节气门位置传感器全负荷触点接触不良(开关量输出型)	无全负荷信号	发动机加速困难
节气门位置传感器电位计电阻值不准确(线性输出型)	节气门位置信号不正确	发动机动力不足、运转不平稳、加速性差
节气门位置传感器电位计滑动触头接触不良(线性输出型)	节气门位置信号时有时无	发动机工作性能不良、发抖、喘振、加速性差,发动机加速时失速
节气门位置传感器怠速触点调整不当	怠速信号不正确	发动机怠速不稳或怠速熄火或怠速过高不能调低,开空调(或用动力转向)时熄火

(二)故障检查方法

检查节气门拉索运动是否有发卡、回位过于迟缓等现象。如怠速不能调低,将辅助空气软管夹紧,若怠速仍然不能下降,则需拆检节气门体。检查节气门是否能关闭、怠速空气道有无堵塞等。拔去节气门位置传感器的线束插头,对于开关量输出型节气门位置传感器,可用万用表欧姆挡在节气门位置传感器接线插座上测量怠速触点和全负荷触点的导通情况(见图 4-56),当节气门全闭时,怠速触点应导通;当节气门全开或接近全开时,全负荷触点应导通;在其他开度下,两触点均应不导通。否则,应调整和更换节气门位置传感器。

对于线性输出型节气门位置传感器,则用万用表测量节气门开度端子的电阻(见图 4-57中"E"和"V_T"端子之间的电阻),该电阻应随节气门开度增大而成线性连续增大(各端子电压见表 4-5),如果电阻值忽大忽小或为∞,则需更换节气门位置传感器。

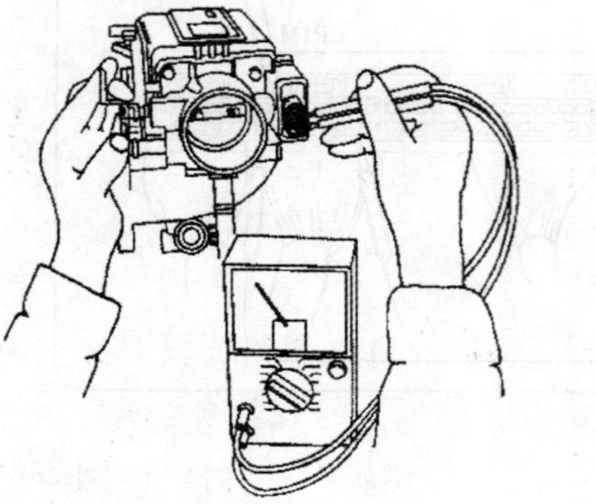

图 4-56　开关量输出型节气门位置传感器的检查

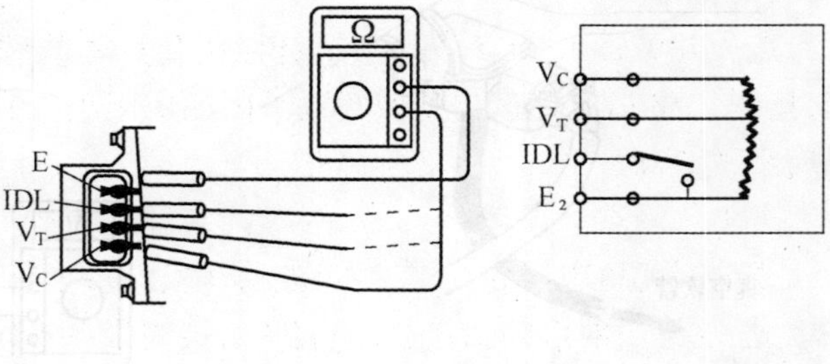

图 4-57　线性输出型节气门位置传感器的检查

表 4-5　线性输出型节气门位置传感器各端子电压

端子	条件	标准电压(V)
IDL—E_2	节气门开	9～14
V_C—E_2	—	4.0～5.5
V_T—E_2	节气门全闭	0.3～0.8
	节气门全开	3.2～4.9

在检测传感器的电阻时,应拔下此传感器的导线插头,用塞尺测量节气门限位螺钉与止动杆的间隙(用手拨动节气门),用欧姆表测量此传感器导线插孔上端子间的电阻,其电阻值应符合表 4-6 的规定。

表 4-6　节气门位置传感器上各端子间电阻值

限位螺钉与止动杆的间隙(mm)	端子名称	电阻值(kΩ)
0	V_T—E_2	0.34～6.3
0.45	IDL—E_2	0.5 或更小
0.55	IDL—E_2	∞
节气门全开	V_T—E_2	2.4～11.2
	V_C—E_2	3.1～7.2

V_T—E_2 端子间电压值随节气门开度的增大成正比增加,而且不应出现中断现象。

六、温度传感器的常见故障及检查

(一)常见故障及影响

温度传感器的常见故障有:内部线路接触不良或断线,热敏元件性能变化等。温度传感器无信号输出或温度信号不准,会影响对喷油量的修正精度,造成混合气过浓或过稀。对于发动机而言,温度传感器的故障会造成发动机不能启动、发动机运转不平稳、发动机停转或间断运转、发动机功率下降等多种故障现象。

(二)故障检查方法

1. 就车检查

点火开关置于“OFF”位置,拆卸温度传感器导线连接器,用数字式高阻抗万用表欧姆挡,按图 4-58 所示测试传感器两端子间的电阻值。其电阻值与温度的高低成反比,在热机时应小于 1 kΩ。

2. 单件检查

拔下温度传感器导线连接器,然后从发动机上拆下传感器。将该传感器置于烧杯内的水中,加热杯中的水,同时用万用表欧姆挡测量在不同水温条件下冷却液温度传感器两接线端子间的电阻值,如图 4-59 所示。将测得的值与标准值相比较,如果不符合标准,则应更换温度传感器。

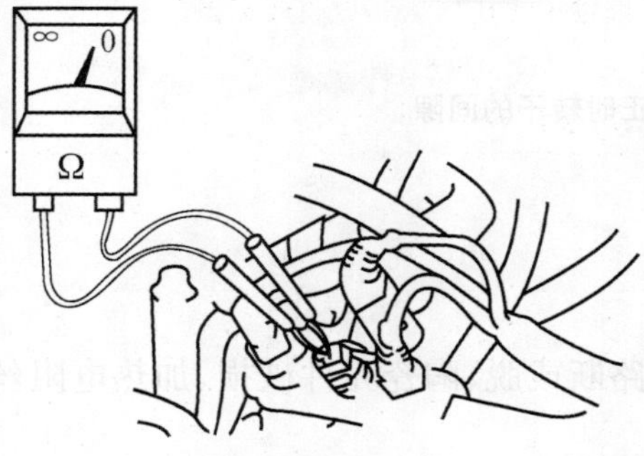

图 4-58　就车检查冷却液温度传感器的电阻

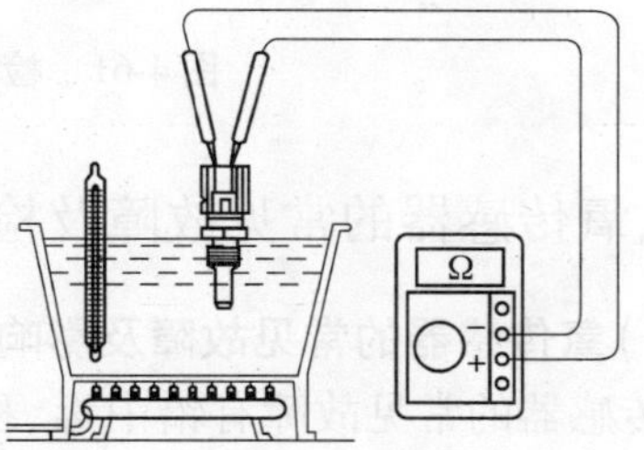

图 4-59　冷却液温度传感器的检测

七、发动机转速与曲轴位置传感器的常见故障及检查

点火开关置于“OFF”位置,拔下凸轮轴/曲轴位置传感器的导线连接器,用万用表的电阻挡测量凸轮轴/曲轴位置传感器上各端子间的电阻值。如果阻值不在规定的范围内,必须更换凸轮轴/曲轴位置传感器。凸轮轴/曲轴位置传感器电路如图 4-60 所示。

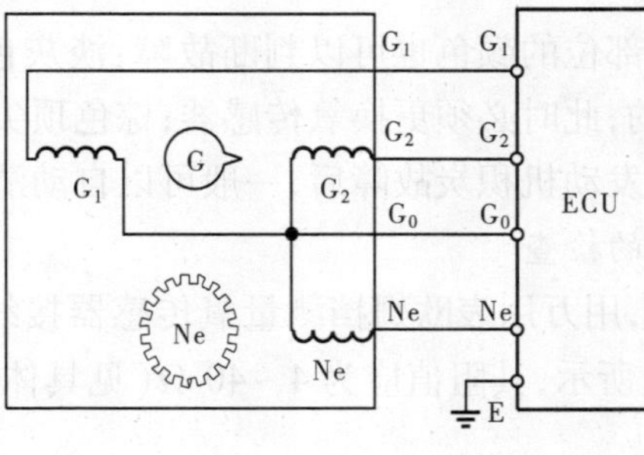

图 4-60　凸轮轴/曲轴位置传感器电路

(一)传感器输出信号的检查

拔下凸轮轴/曲轴位置传感器的导线连接器,当发动机转动时,用万用表的电压挡检测凸轮轴/曲轴位置传感器上 G_1—G_0、G_2—G_0、Ne—G_0 端子间是否有脉冲电压信号输出。如没有脉冲电压信号输出,则须更换凸轮轴/曲轴位置传感器。

(二)电磁式感应线圈与正时转子的间隙检查

如图 4-61 所示,用厚薄规测量正时转子与感应线圈凸出部分的空气间隙,其间隙应为 0.2 ~ 0.4 mm。若间隙不合要求,则须更换分电器壳体总成。

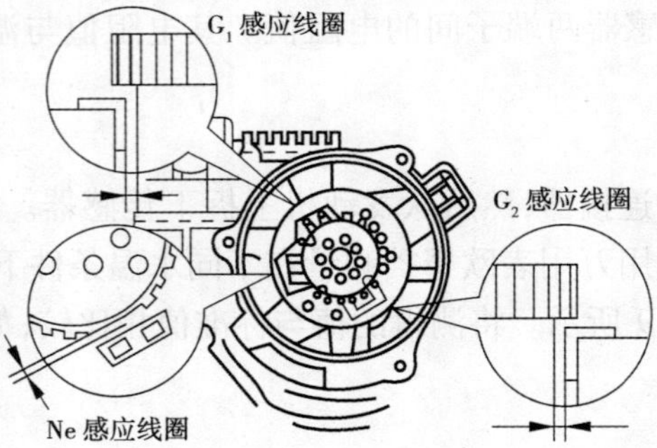

图 4-61　检查感应线圈与正时转子的间隙

八、氧传感器的常见故障及检查

(一)氧传感器的常见故障及影响

氧传感器的常见故障有铅中毒、积炭、内部线路断或脱、陶瓷元件破损、加热电阻丝烧断等。

氧传感器的故障会使电控汽油喷射系统 ECU 不能得到排气管中氧浓度的信息,不能对空燃比进行反馈控制,会使发动机油耗和排气污染增加,发动机将出现怠速不稳、缺火、喘振(抖)等故障现象。

(二)故障检查方法

1. 氧传感器的外观颜色检查

从排气管上拆下氧传感器,检查传感器外壳上的通气孔有无堵塞、陶瓷芯有无破损。如有损坏,则应更换氧传感器。

通过观察氧传感器顶尖部位的颜色也可以判断故障:淡灰色顶尖是氧传感器的正常颜色;白色顶尖是由污染造成的,此时必须更换氧传感器;棕色顶尖是由铅污染造成的;黑色顶尖是由积炭造成的。在排除发动机积炭故障后,一般可以自动清除氧传感器上的积炭。

2. 氧传感器加热器电阻的检查

拔下氧传感器线束插头,用万用表欧姆挡测量氧传感器接线端中加热器接柱与搭铁接柱之间的电阻,如图 4-62(a)所示,其阻值应为 4 ~ 40 Ω(见具体车型说明书)。如不符合标准,应更换氧传感器。

3. 氧传感器反馈电压的测量

测量氧传感器反馈电压时,应先拔下氧传感器的线束插头,对照车型的电路图,从氧传感器的反馈电压输出端引出一条细导线,然后插好线束插头,在发动机运转时从引出线上测量反馈电压(有些车型也可以由故障检测插座内测得氧传感器的反馈电压,如丰田汽车公司生产的小轿车都可以从故障检测插座的 OX_1 或 OX_2 端子内直接测得氧传感器的反馈电压,如图 4-62(b)所示)。

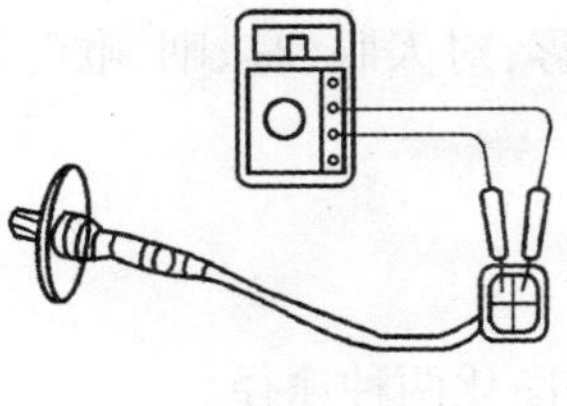

(a) 测量加热器电阻

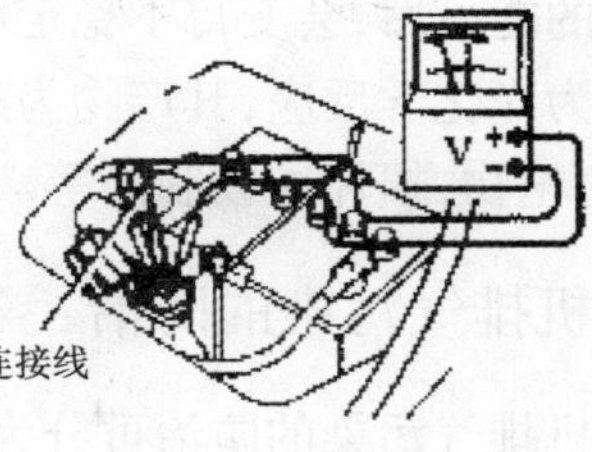

(b) 测量反馈电压

图 4-62　氧传感器的检测

单元六　汽油机的排气污染与检测

汽车尾气污染物主要包括一氧化碳、碳氢化合物、氮氧化合物、光化学烟雾、二氧化硫、烟尘微粒(某些重金属化合物、铅化合物、黑烟及油雾)等。

据统计,每辆汽车每天排出一氧化碳约 3 kg、碳氢化合物 0.20～0.40 kg、氮氧化合物 0.05～0.15 kg,一辆轿车一年排出有害废气比自身质量大 3 倍。汽车尾气可谓大气污染的"元凶"。

一、汽油机排气污染产生的主要原因

(一)一氧化碳(CO)产生的主要原因

CO 是汽油在局部缺氧或低温下不完全燃烧的产物,当空气不足时,有部分燃料不完全燃烧而生成 CO。即使空气充足,燃烧产物中也含有 CO,这是由混合气不均匀造成的。

(二)碳氢化合物(HC)产生的主要原因

HC 是未燃的燃料、不完全燃烧或裂解反应的碳氢化合物及少量的氧化反应的中间产物(如醛、酮等)。发动机工作时,如果混合气过浓,由于空气不足,燃烧不完全,未燃燃料或燃烧过程中生成的 HC 增多,HC 的排放浓度增加。而当混合气过稀或缸内废气过多时,则可能引起火焰不充分甚至完全断火,致使排气中的 HC 浓度显著增加。

在汽油机中,缸壁淬冷也是排气中 HC 的主要来源。当火焰传播到汽缸壁面附近时,由于壁面的冷却作用,火焰不能完全传播到缸壁表面,使 0.05～0.4 mm 厚的混合气烧不着,通常把这层烧不着的混合气叫做淬冷层。另外,汽缸体和汽缸盖接合面之间的缝隙、活塞顶部与第一道气环之间的空隙、火花塞磁芯周围的空隙等,火焰也不能传播过去。上述淬冷层和气隙中的混合气没有燃烧就随废气排出。

(三)氮氧化合物(NO_x)产生的主要原因

NO_x 是 NO_2 和 NO 等含氮氧化物的统称,发动机排出的 NO_x 大部分是 NO。NO_x 和其他废气的产生原因不同,它不是来自燃料,而是空气在燃烧室的高温条件下,由氧和氮反应所形成的。燃烧温度越高,燃烧过程中氧气浓度越大,高温下的持续时间越长,NO 的生成量就越多。

(四)光化学烟雾

NO_x 与 HC 受阳光中紫外线照射后,会吸收太阳光所具有的能量。这些物质的分子在吸收了太阳光的能量后，会变得不稳定起来，原有的化学链遭到破坏而形成新的物质。这种化学反应被称为光化学反应，其产物为有害的光化学烟雾，对人眼、鼻、咽、喉等器官均有刺激作用，还损害植物，损坏橡胶制品等。

二、汽油机排气污染的防治

汽车发动机排气污染的防治可分为机内净化和机外净化两种途径。

（一）发动机的机内净化

通过改善可燃混合气的品质和燃烧状况，可抑制有害气体的产生，使排气中的有害气体成分减至最少，这种方式称为机内净化，它是治理汽车发动机排气污染的根本方法。

1. 改善发动机的燃烧状况

它是通过配气相位、点火时刻等的优化调整和燃烧室、火花塞等的优化设计配置来达到的。

配气相位特别是气门重叠时间对 NO_x、HC 排放量的影响很大。试验表明：气门重叠时间长时，因排气彻底、进气充足、汽缸内温度低，NO_x 排放量将减少，而 HC 的增加量并不多；当气门重叠时间短时，HC 将减少，而 NO_x 却增加较多。

延迟点火时刻可降低燃烧最高温度，因而 NO_x 的排放量减少。同时，由于燃烧持续时间较长，促进了氧化作用，使 HC 减少。

减小燃烧室的表面积和容积之比（面容比）可减少 HC 的排放量。面容比按浴盆、盆形、楔形、半球形的燃烧室结构顺序逐渐减小。改变燃烧室设计、加强气体的涡紊流、优化火花塞配置都可对发动机排放产生影响。

2. 废气再循环

废气再循环是将 5% ~20% 的废气再引入进气管，与新鲜混合气一道进入燃烧室，使最高燃烧温度降低，从而减少 NO_x 的生成量。图 4-63 是现代汽车广泛使用的废气再循环装置。

EGR 阀膜片的下部通大气，装有弹簧的另一边为真空室，其真空度由 EGR 电磁阀控制。增大真空室的真空度，使膜片克服弹簧力上拱，阀的开度增大，废气再循环流量增大。当上部失去真空度时，膜片在弹簧力的作用下向下拱而使阀关闭，阻断废气再循环。

如图 4-64 所示，EGR 电磁阀有三个通气口，不通电时，弹簧将阀体向上压紧，通大气的阀口被关闭。这时，EGR 电磁阀使进气管与 EGR 阀真空室相通。当 EGR 电磁阀线圈通电时，产生的电磁力使阀体下移，阀体下端将通进气管的真空通道关闭，而上端的通大气的阀口打开，就可使 EGR 阀的真空室与大气相通。

ECU 根据各有关传感器的信号确定废气再循环流量后，通过输出相应的占空比脉冲信号，控制 EGR 电磁阀在相应的占空比下工作，将 EGR 阀真空室的压力调至相应的值，使 EGR 阀有相应的开度。

当需要增大废气再循环流量时，ECU 输出的占空比减小，EGR 电磁阀相对的通电时间减少，EGR 阀真空室接通进气管的相对时间增大，其真空度增大而使阀开度增大，废气再循环流量相应增加。

当 ECU 输出占空比为 0 的信号（持续低电平）时，EGR 电磁阀断电。这时，EGR 阀真空室与进气管持续相通，其真空度达到最大（直接取决于进气管的真空度），阀的开度最大，废气的再循环流量也达到最大。

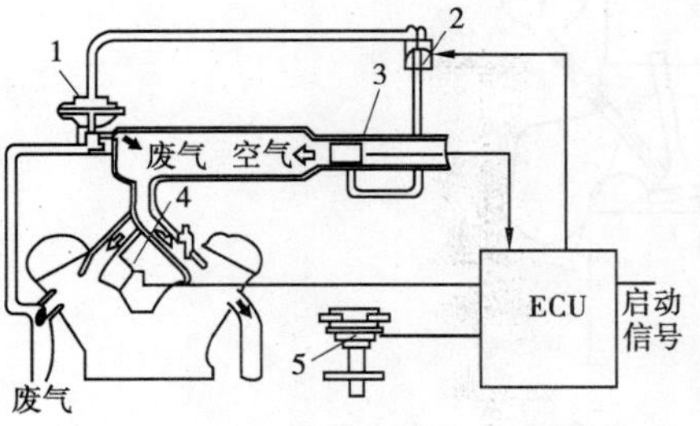

1—EGR 阀;2—EGR 电磁阀;3—节气门;
4—水温传感器;5—曲轴位置传感器

图 4-63 废气再循环装置

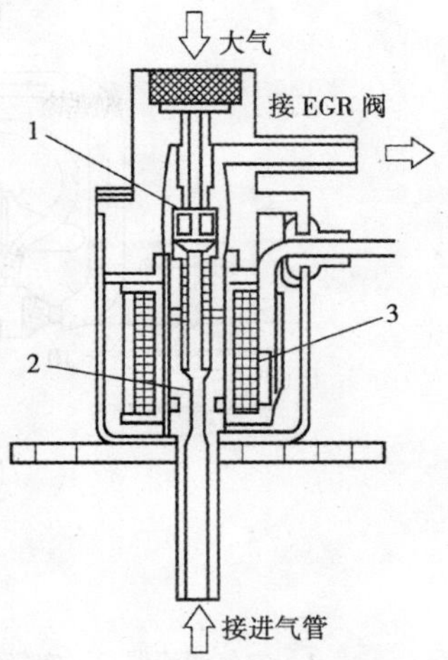

1—空气通道;2—阀体;3—电磁阀线圈

图 4-64 EGR 电磁阀

当不需要废气再循环时,ECU 输出占空比为 100% 的信号(持续高电平),使 EGR 电磁阀常通电,EGR 阀真空室与大气常通,阀关闭,阻断了废气再循环。

(二)发动机的机外净化

在发动机外部安装附加装置,使排出的废气净化后再排入大气,这种措施称为机外净化。机外净化常用以下方法。

1. 二次空气喷射

这种方法将新鲜空气喷射到排气门附近,使高温废气和空气接触混合,使未燃 HC、CO 进一步燃烧。

二次空气供给装置(见图 4-65)由发动机驱动叶片式空气泵 2,通过两根软管输送:一路从化油器 6 下侧经回火防止阀 10 进入进气管;另一路通过单向阀 4,经空气分配管 5 送到各缸的排气门座附近。

2. 催化转换器

催化转换器是利用催化剂的作用使排气中的有害成分 CO、HC 和 NO_x 尽量进行化学反应,转化为对人体无害的 CO_2、H_2O 和 N_2 的一种排气净化装置。

目前普遍采用的是三元催化转换器,它可同时减少 CO、HC 和 NO_x 的排放。它以排气中的 CO 和 HC 作为还原剂,把 NO_x 还原为氮(N_2)和氧(O_2),而 CO 和 HC 在还原反应中被氧化为 CO_2 和 H_2O。使用三元催化转换器时,必须把可燃混合气空燃比控制在理论值(约 14.7)附近,才能同时高效地净化 CO、HC 和 NO_x。

催化转换器(见图 4-66)的外形如同大型消声器,用耐高温耐腐蚀的不锈钢制成,安装在消声器之前。壳体内的催化剂是直径为 2 ~ 4 mm 的氧化铝(Al_2O_3)颗粒,在其多孔性的表面上涂有铂。

催化转换器的使用条件相当严格。装用催化转换器的发动机只能使用无铅汽油。如果使用加铅汽油,铅覆盖在催化剂表面将使催化剂失效。而且仅当温度超过 523 ~ 623 K(250 ~

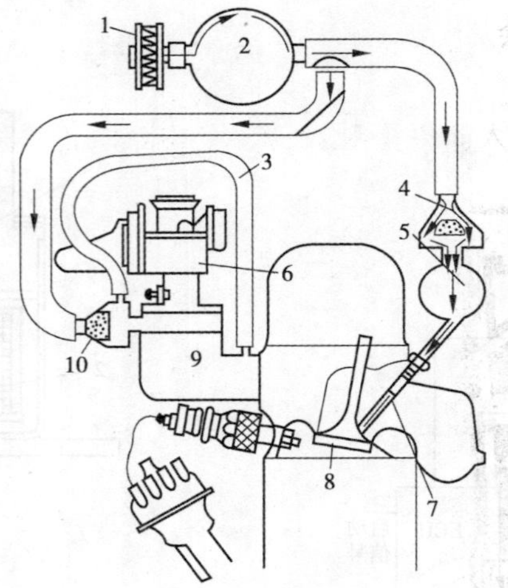

1—空气滤清器;2—空气泵;3—防止回火管;4—单向阀;5—空气分配管;
6—化油器;7—空气喷管;8—排气门;9—进气管;10—回火防止阀

图 4-65　二次空气供给装置

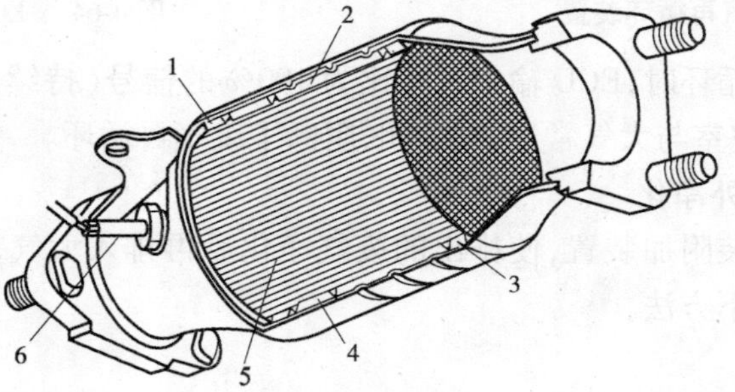

1,3—支承环;2—波纹网眼环;4—密封垫;5—整体式催化反应器载体;6—温度传感器

图 4-66　催化转换器

350 ℃)时,催化转换器才起催化反应。温度较低时,转换器的转换效率急剧下降。因此,催化转换器都安装在温度较高的排气管后面。

3. 曲轴箱强制通风装置

发动机工作时,有部分可燃混合气和燃烧产物会经汽缸、活塞环窜入曲轴箱内,它们含有 HC 等有害气体,应进行净化。目前多用闭式曲轴箱强制通风装置,也称 PCV 装置(见图 4-67),它由 PCV 阀及进、排气管路组成。发动机工作时,新鲜空气自空气滤清器 1 经通风管 5 和闭式通风口 6 进入曲轴箱和曲轴箱内的窜气混合,从机体通气道 8、缸盖通气道 9 经 PCV 阀 3 被吸入进气管。因此,有适量的窜气在汽缸内再次燃烧。

PCV 阀可随发动机运转状况自动调节吸入汽缸的窜气量,其结构和原理如图 4-68 所示。在怠速或小负荷时,窜气量较少。此时,由于进气管真空度较高,阀门被吸向右方(见图 4-68(a)),气流通路关小,吸入汽缸的窜气量较少。在加速或大负荷时,窜气量增多,进气管真空度变低,PCV 阀的气流通路开大(见图 4-68(b)),因而有较多的窜气量进入汽缸再燃烧。

在图 4-67 所示的闭式曲轴箱通风系统中,当发动机高速大负荷运转时,一旦窜气量过多而不能完全被吸尽，窜气会从曲轴箱经闭式通气口倒流入空气滤清器，通过节气门2被吸入进气管。

PCV装置能完全防止窜入曲轴箱内的HC对外排放，现已得到广泛应用。

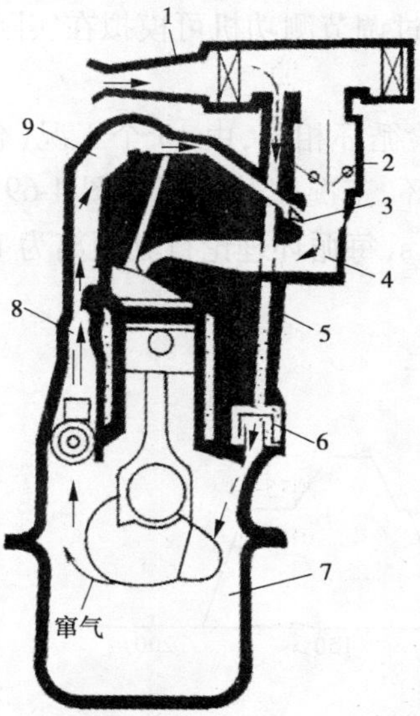

1—空气滤清器；2—节气门；3—PCV阀；
4—进气管；5—通风管；6—闭式通风口；
7—曲轴箱；8—机体通气道；9—缸盖通气道

图4-67 闭式曲轴箱强制通风装置

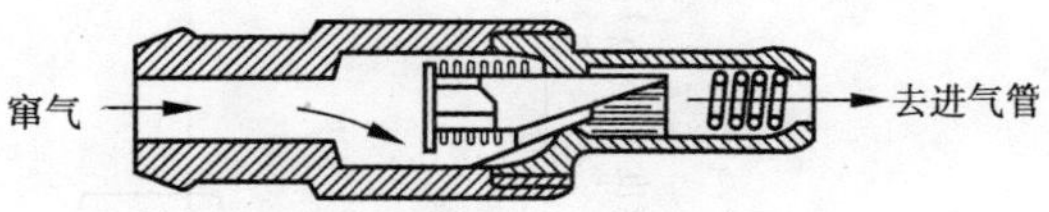

(a) 怠速时

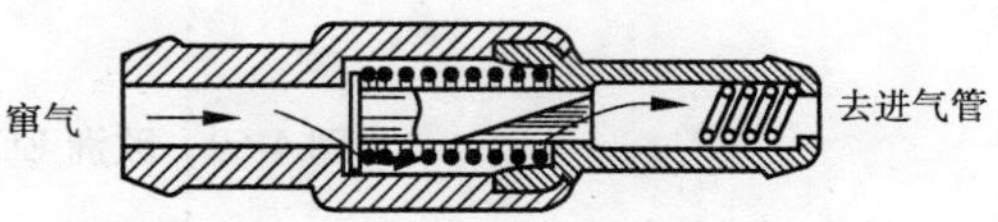

(b) 加速时

图4-68 PCV阀

三、汽油机排气污染的检测

(一)内燃机排气污染检测的指标

1. 排放物的体积分数和质量浓度

单位排气体积中排放污染物的体积称为排放物的体积分数，通常以%和10^{-6}(百万分比)表示，质量浓度常用mg/m^3等计量。

2. 质量排放量

在环境保护实践中，要求对污染物进行总量控制。因此，作为污染源的内燃机或装配内燃机的车辆，要确定运转单位时间、按某标准进行一次测试或车辆按规定的工况组合行驶后折算到单位里程的污染物排放量。质量排放量用g/h、g/N或g/km等作为单位。

3. 比排放量

内燃机每做单位功所排放的污染物质量称为比排放量，用g/(kW·h)作为单位表示，可以更客观地评价内燃机的排放性能。这个指标与汽油消耗率类似，也可以称为污染物排放率。

(二)汽油机的排放标准

针对日益严重的环境问题，世界各国都在不断制定更加严格的排放法规。我国从1983年开始，相继颁布多个汽车排放标准。目前，我国等效采用欧洲的排放标准，2000年开始执行EU Ⅰ标准，2003年开始执行EU Ⅱ标准，2005年开始执行EU Ⅲ标准，2007年对轻型柴油车开始执行国Ⅳ标准。

(三)汽油机主要排气污染物的检测

1. 试验规范

各国对汽车排放的测试方法都是根据相同的原理：在底盘测功机(转鼓试验台)上模拟其特定行驶循环，并测定所排出有害物质的质量，通过调节测功机可模拟在实际道路上行驶的功率，用惯性质量模拟汽车质量。

我国轻型汽车试验程序与欧洲 ECE15 工况试验循环相同，由 15 个工况(包括怠速、换挡、等速及减速等工况)组成，每次试验重复 4 个循环，工况试验循环如图 4-69 所示。整个试验的平均速度为 18.7 km/h，有效行驶时间为 195 s，每循环理论行驶距离为 1.013 km，试验当量距离为 4.052 km。

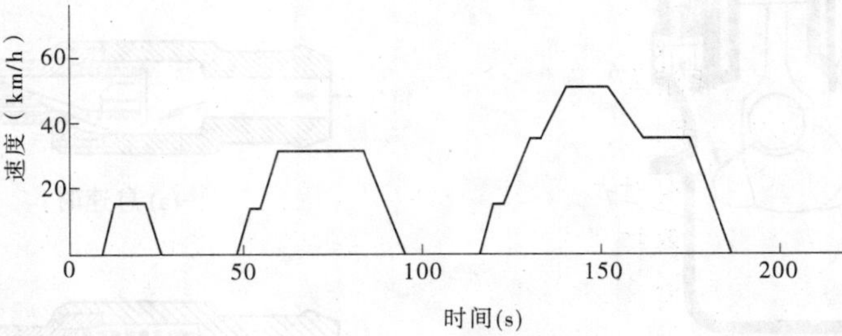

图 4-69　欧洲 ECE15 工况试验循环

2. 排气取样系统

我国规定的排气取样系统是定容取样系统(CVS, Constant Volume Sampling)(见图 4-70)，它是一种接近于将汽车排气扩散到大气中的实际状态的取样法。

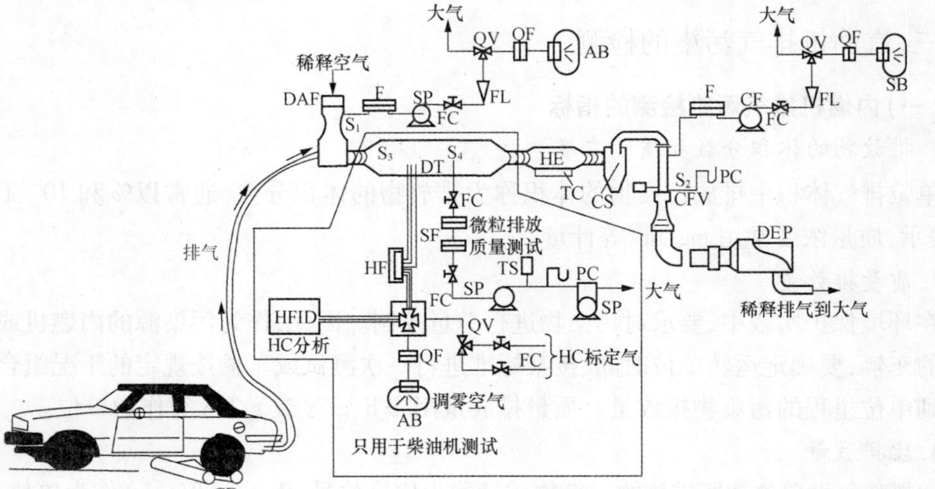

CD—底盘测功机；$S_1 \sim S_4$—取样探头；F—滤清器；SP—取样泵；FC—流量控制器；PC—压力表；

CF—累计流量计；CFV—临界流文杜里管；CS—旋风分离器；HE—换热器；QF—快接管头；

HF—加热滤清器；QV—快速作用阀；SF—测量微粒排放质量取样滤清器；FL—流量计；

AB—环境空气取样袋；SB—稀释排气取样袋；DAF—稀释空气滤清器；DT—稀释风道；

TC—温度控制器；TS—温度传感器；DEP—稀释排气抽气泵

图 4-70　定容取样系统示意图

3. 测试仪器

排气污染物检测仪器较多，按工作原理分类有红外线气体分析仪、氢火焰离子分析仪、化学发光分析仪（CLD）和烟度计等，按检测的有害气体排放数量分有两组分、四组分和五组分等。不同检测仪器的结构原理和检测方法有所不同，可阅读相关使用说明书进行具体操作。

小　结

按喷油器数量的不同，缸外喷射方式分为单点喷射和多点喷射。

电控汽油喷射系统虽然种类繁多，但基本上都由电子控制系统、燃油系统、进气系统组成。

空气供给系统由空气滤清器、进气总管、进气歧管、空气计量装置、节气门体、怠速控制阀、节气门位置传感器等组成。

空气流量计的类型主要有叶片式、卡门旋涡式、热线式和热膜式四种。

进气歧管绝对压力传感器按工作原理可分为半导体压敏电阻式、电容式和电感式三种。

燃油供给系统的作用是向发动机进气歧管内喷入清洁、雾化良好的燃油。燃油供给系统由油箱、电动汽油泵、燃油脉动阻尼器、汽油滤清器、燃油压力调节器、喷油器和输油管等组成。

燃油脉动阻尼器的作用是减小喷油器喷油时引起的燃油压力脉动，使燃油系统的压力保持稳定。

喷油器的作用是根据电子控制单元（ECU）的控制信号将汽油呈雾状喷入进气歧管内与空气混合，在进气行程中被吸入汽缸。

电子控制系统主要由传感器、电子控制单元（ECU）和执行器组成。

技能训练

实训 1　电控汽油喷射系统的认识

（一）实训内容

（1）电控汽油喷射系统的总体认识。

（2）电控汽油喷射系统的主要传感器、电控单元、执行器的基本结构认识。

（二）实训要求

（1）掌握电控汽油喷射系统的总体组成。

（2）理解电控汽油喷射系统的主要传感器、电控单元、执行器的基本结构原理。

实训 2　电控汽油喷射系统主要传感器的检测

（一）实训内容

（1）电控汽油喷射系统检测仪器设备的使用。

（2）电控汽油喷射系统传感器的检测。

(二)实训要求

(1)掌握检测电控汽油喷射系统仪器设备的使用方法。

(2)掌握电控汽油喷射系统各传感器的检测方法。

实训3　汽油压力的检测

(一)实训内容

(1)电动汽油泵的检测。

(2)汽油压力的检测。

(3)喷油器的检测和清洗。

(二)实训要求

(1)掌握汽油压力检测仪器的使用方法。

(2)掌握电动汽油泵的检测方法。

(3)掌握喷油器的检测和清洗方法。

实训4　电控汽油喷射系统故障的诊断与排除

(一)实训内容

(1)解码器、示波器的使用。

(2)电控发动机常见故障的诊断。

(二)实训要求

(1)掌握解码器、示波器的使用方法。

(2)掌握电控发动机常见故障的诊断与分析。

思考题

一、选择题

1. 学生a说,启动发动机前如果点火开关位于“ON”位置,电动汽油泵不运转。学生b说,运转2 s后停止。他们的说法中应该(　　)。

A. 只有学生a正确　　B. 只有学生b正确

C. 学生a和b都正确　　D. 学生a和b都不正确

2. 学生a说,当节气门开度突然加大时,燃油分配管内油压降低。学生b说,当节气门开度突然加大时,燃油分配管内油压不变。他们的说法中应该(　　)。

A. 只有学生a正确　　B. 只有学生b正确

C. 学生a和b都正确　　D. 学生a和b都不正确

3. 学生a说,发动机关闭后,汽油滤清器使汽油喷射管路中保持残余压力。学生b说,发动机关闭后,汽油压力调节器使汽油喷射管路中保持残余压力。他们的说法中应该(　　)。

A. 只有学生a正确　　B. 只有学生b正确

C. 学生a和b都正确　　D. 学生a和b都不正确

4. 学生a说，当进气歧管内真空度降低时，真空式汽油压力调节器将汽油压力提高。学生b说，当进气歧管内真空度降低时，真空式汽油压力调节器将汽油压力降低。他们的说法中应该(　　)。

A. 只有学生a正确　　B. 只有学生b正确

C. 学生a和b都正确　　D. 学生a和b都不正确

5. 学生a说，电控汽油喷射系统的系统油压一般为0.2～0.3 MPa。学生b说，电控汽油喷射系统的系统油压一般为0.2～0.3 kPa。他们的说法中应该(　　)。

A. 只有学生a正确　　B. 只有学生b正确

C. 学生a和b都正确　　D. 学生a和b都不正确

6. 学生a说，喷油器的喷油量主要取决于喷油器的针阀升程。学生b说，喷油器的喷油量主要取决于喷油器的针阀开启的持续时间。他们的说法中应该(　　)。

A. 只有学生a正确　　B. 只有学生b正确

C. 学生a和b都正确　　D. 学生a和b都不正确

7. 学生a说，启动发动机时，对喷油量起决定性作用的是水温传感器的信号。学生b说，启动发动机时，对喷油量起决定性作用的是空气流量计的信号。他们的说法中应该(　　)。

A. 只有学生a正确　　B. 只有学生b正确

C. 学生a和b都正确　　D. 学生a和b都不正确

8. 学生a说，热敏电阻式水温传感器以及进气温度传感器大多采用正温度系数热敏电阻。学生b说，热敏电阻式水温传感器以及进气温度传感器大多采用负温度系数热敏电阻。他们的说法中应该(　　)。

A. 只有学生a正确　　B. 只有学生b正确

C. 学生a和b都正确　　D. 学生a和b都不正确

9. 学生a说，负温度系数的热敏电阻的电阻值随温度的升高而升高。学生b说，负温度系数的热敏电阻的电阻值随温度的升高而降低。他们的说法中应该(　　)。

A. 只有学生a正确　　B. 只有学生b正确

C. 学生a和b都正确　　D. 学生a和b都不正确

10. 学生a说，当结构确定后，电磁喷油器的喷油量主要取决于喷油脉宽。学生b说，当结构确定后，电磁喷油器的喷油量主要取决于工作温度。他们的说法中应该(　　)。

A. 只有学生a正确　　B. 只有学生b正确

C. 学生a和b都正确　　D. 学生a和b都不正确

11. 学生a说，D型电控发动机对空气的计量是直接计量。学生b说，D型电控发动机对空气的计量是间接计量。他们的说法中应该(　　)。

A. 只有学生a正确　　B. 只有学生b正确

C. 学生a和b都正确　　D. 学生a和b都不正确

12. 学生a说，进气歧管绝对压力传感器与空气流量计的作用是相同的，所以一般车上这两种传感器只装一种。学生b说，进气歧管绝对压力传感器与空气流量计可以一起装在汽车上。他们的说法中应该(　　)。

A. 只有学生a正确　　B. 只有学生b正确

C. 学生 a 和 b 都正确　　　　　　D. 学生 a 和 b 都不正确

13. 学生 a 说，电磁式凸轮轴/曲轴位置传感器产生两个 G 信号，G_1 信号和 G_2 信号相隔 360°曲轴转角。学生 b 说，电磁式凸轮轴/曲轴位置传感器产生两个 G 信号，G_1 信号和 G_2 信号相隔 180°曲轴转角。他们的说法中应该（　　）。

A. 只有学生 a 正确　　　　　　B. 只有学生 b 正确

C. 学生 a 和 b 都正确　　　　　　D. 学生 a 和 b 都不正确

14. 对电控发动机进行燃油压力的检查，在怠速时，测得压力为 261.11 kPa。学生 a 说，在回油管路上燃油受到阻滞会产生这问题。学生 b 说，汽油压力调节器真空管断开是产生这个问题的原因。他们的说法中应该（　　）。

A. 只有学生 a 正确　　　　　　B. 只有学生 b 正确

C. 学生 a 和 b 都正确　　　　　　D. 学生 a 和 b 都不正确

15. 在用四气分析仪测试电控发动机废气时，学生 a 说，当混合气较浓时，O_2 读数会偏低。学生 b 说，混合气较浓时，CO 读数较高。他们的说法中应该（　　）。

A. 只有学生 a 正确　　　　　　B. 只有学生 b 正确

C. 学生 a 和 b 都正确　　　　　　D. 学生 a 和 b 都不正确

二、简答题

1. 电控汽油喷射系统按不同的分类方式分为哪些类型？
2. 汽油供给系统主要由哪些部分组成？各起什么作用？
3. 发动机凸轮轴/曲轴位置传感器有哪些类型？简述它们的基本原理。
4. 电控汽油喷射系统主要有哪些传感器？各起什么作用？

项目五　柴油机燃料供给系统

【任务介绍】

柴油机工作原理与汽油机不同,采用高压喷射方法。在压缩行程接近结束时,将柴油喷入汽缸,直接在汽缸内部形成混合气,借缸内空气的高温自行发火燃烧。因此,柴油机燃料供给系统的组成、构造与汽油机有很大区别。

柴油机燃料供给系统担负柴油供给和空气供给,以及可燃混合气的形成、燃烧和废气排出的任务,是发动机正常工作的必要条件。设置本任务的目的:一方面让学生掌握柴油机燃料供给系统的结构、工作过程;另一方面掌握柴油机燃料供给系统故障的检查方法及所用的检修设备。

【任务分析】

引导学生完成柴油机燃料供给系统的作用、组成等相关知识的学习,然后实施柴油机燃料供给系统的检查任务。利用柴油机燃料供给系统各种类型喷油泵的组成和结构特点,然后逐步完成柴油机燃料供给系统检查作业的操作内容。

学习完本任务后应能够:

1. 能了解柴油机燃料供给系统的组成和各组成部分的功用;
2. 能正确对柴油机燃料供给系统进行检查。

【相关知识】

柴油发动机是以柴油为燃料的发动机。柴油与汽油相比,具有黏度大、蒸发性差的特点。柴油机采用高压喷射的方法,在压缩行程接近终了时把柴油喷入汽缸,直接在汽缸内部形成均匀的混合气,凭借汽缸内的高温高压,气体自行发火燃烧。所以,柴油机燃料供给系统是柴油机最重要的系统之一,它的主要功能是为柴油机汽缸内混合气的形成与燃烧提供所需的燃料。

单元一　概　述

一、功用及要求

(一)柴油机燃料供给系统的功用

(1)储存、过滤和输送柴油。

(2)根据柴油机的不同工况,定时、定量、定压地将一定喷油质量的燃油喷入燃烧室,使燃油迅速形成良好的可燃混合气并燃烧。

(3)根据柴油机的负荷变化,调节供油量并稳定柴油机转速。

(4)将燃烧后的废气从汽缸中导出,并排入大气中。

(二)柴油机对燃料供给系统的主要要求

(1)根据柴油机的不同转速和不同负荷,供给相应的燃油量。

(2)燃油要在规定的时刻喷入缸内,即定时喷油。

(3)喷入汽缸的燃油应呈良好的雾状,并满足规定的喷雾形状和角度,以高压喷入。

(4)根据不同柴油机的需要,提供与之相应的供油方式和供油持续时间。

(5)柴油机运转时,根据负荷变化能自动调节供油量。

二、组成

柴油机燃料供给系统的基本组成如图 5-1 所示,由燃油供给装置、空气供给装置、混合气形成装置和废气排放装置四部分组成。

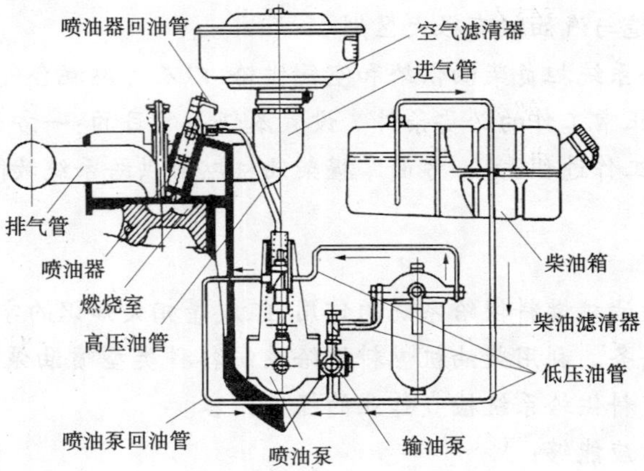

图 5-1　柴油机燃料供给系统的基本组成

(一)燃油供给装置

根据发动机工作时燃油压力的不同,燃油供给装置可分为高压油路和低压油路两部分。低压油路包括柴油箱、输油泵、低压油管、柴油滤清器等,高压油路包括喷油泵、高压油管和喷油器等。

(二)空气供给装置

空气供给装置主要包括空气滤清器、进气管等,有的还装有增压器。

(三)混合气形成装置

由于柴油与空气是边混合边燃烧的,所以柴油机的混合气形成装置就是燃烧室。

(四)废气排放装置

废气排放装置主要由汽缸盖内的排气道、排气管及排气消声器等组成。

单元二　混合气的形成及燃烧室

一、混合气的形成特点及形成方式

(一)混合气的形成特点

(1)混合空间小、时间短。可燃混合气是在燃烧室内形成的,一边喷油,一边燃烧。混合气的形成时间极短,只占曲轴转角的 15°~35°。

(2)混合气不均匀,燃烧室内 α 值变化范围很大。柴油机的充气量一般变化不大,负荷的大小靠喷油量的多少来调节，从而改变了α值，是“质的调节”。高速柴油机的过量空气系数(α)一般在1.15～2.2内变化。大负荷时，喷油量多、α值小、混合气浓；怠速时，喷油量少、α值大、混合气稀，α值可达4～6。

(3)边喷边燃，成分不断变化。

(二)混合气的形成方式

柴油发动机混合气的形成方式主要有两种：空间雾化式和油膜蒸发式。

1. 空间雾化式

空间雾化式指将柴油喷射到燃烧室的空间内，雾化的柴油在燃烧室空间内吸收压缩空气热量并蒸发，此时，柴油蒸气在空气涡流的搅动下扩散并与空气混合。

2. 油膜蒸发式

油膜蒸发式指将柴油大部分喷射到燃烧室的壁面上形成油膜，然后油膜从燃烧室壁面上吸收热量并逐层蒸发，柴油蒸气在空气涡流的搅动下扩散并与空气混合。

二、柴油机的燃烧过程

柴油机可燃混合气的形成与燃烧的条件比汽油机差得多，这是因为进气行程中进入柴油机汽缸的是空气，在压缩行程接近结束时，柴油才被喷入汽缸。为了保证发动机的动力性和经济性，燃烧过程必须在活塞上止点附近快速完成，喷油持续时间极短，只有15°～30°曲轴转角，混合气形成时间只有汽油机的1/20～1/10。因此，柴油机可燃混合气形成装置的任务要比汽油机艰巨得多。

柴油机可燃混合气的形成过程是和燃烧过程紧密结合在一起的，下面就柴油机的燃烧过程作简单介绍。

图5-2所示为柴油机压缩行程和做功行程中，汽缸内压力P随曲轴转角θ变化的关系曲线。

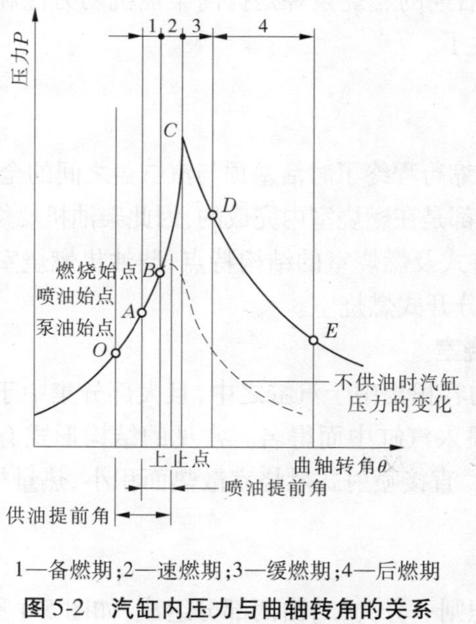

1—备燃期；2—速燃期；3—缓燃期；4—后燃期

图5-2 汽缸内压力与曲轴转角的关系

通常将柴油机混合气形成与燃烧过程按曲轴转角划分为以下四个阶段。

（一）备燃期

从喷油始点 A 到燃烧始点 B 之间的曲轴转角称为备燃期，也叫预燃期、滞燃期。在此期间，喷入汽缸的雾状柴油并不能立即燃烧，而是从汽缸内的高温空气中吸收热量，逐渐蒸发、扩散与空气充分混合，进行燃烧前的化学准备，然后产生一个火焰中心，历时时间为 0.000 3 ~0.000 7 s，时间虽然很短，但对整个燃烧过程影响很大。

（二）速燃期

从出现火焰中心到产生最大压力为止，即 B、C 两点间的曲轴转角称为速燃期。在速燃期内，燃料迅速燃烧，汽缸内压力和温度急剧上升，直到压力达到最大值（C 点）。这一阶段进行得好坏的标志是工作是否平稳、柔和，这取决于上一时期积油量的多少。积油量多，则燃烧后汽缸压力急剧升高，会造成发动机工作粗暴。可见，控制备燃期的长短是控制速燃期工作好坏的重要手段。

（三）缓燃期

从最高压力点 C 到最高温度点 D 之间的曲轴转角称为缓燃期。在这个阶段，开始时燃烧很快，但由于氧气减少，废气增加，燃烧条件不利，所以燃烧越来越慢，但燃烧温度还能继续升高到 1 973 ~2 273 K。这一阶段是边喷边燃，在 D 点之前喷油结束。

（四）后燃期

从缓燃期终点 D 至燃烧停止的 E 点之间的曲轴转角称为后燃期。这个阶段燃烧是在逐渐恶化的条件下的膨胀过程中缓慢进行的。在此期间，压力和温度均降低。后燃期内由于活塞下行，燃料燃烧所放出的热量不能有效地利用，损失增加，排气温度也增高，使发动机受热增加，导致动力性、经济性降低。所以，应尽可能减少这种后燃期燃烧。可采取的方法有提高喷雾品质、选用合适的喷油规律、改善混合气的形成等。

从喷油开始到燃烧结束，仅占 50° ~60°曲轴转角，在这段时间里，改善燃料的雾化、加强气流的运动、提高燃料后期的燃烧条件是提高柴油机动力性和经济性的有效途径。因此，各种形式的燃烧室就产生了。

三、燃烧室

柴油机的燃烧室指压缩行程终了时活塞顶与汽缸盖之间的全部空间。由于柴油机可燃混合气的形成和燃烧基本上都是在燃烧室内完成的，因此柴油机燃烧室的形状比汽油机复杂。

根据混合气的形成方式及燃烧室的结构特点，柴油机燃烧室可分为两大类：一类为直接喷射式燃烧室，另一类为分开式燃烧室。

（一）直接喷射式燃烧室

直接喷射式燃烧室的容积集中于汽缸之中，且大部分集中于活塞顶上的燃烧室凹坑内，这种燃烧室因燃料直接喷入汽缸中而得名。常见的结构形式有 ω 形、四角形、球形及 U 形燃烧室等，如图 5-3 所示。直接喷射式燃烧室散热面积小、热量损失小、经济性好，汽车柴油机大多采用这类燃烧室。

（二）分开式燃烧室

分开式燃烧室的容积则一分为二，由两部分组成，如图 5-4 所示。一部分由活塞顶与汽缸盖底面围成，称为主燃烧室；另一部分在汽缸盖内，称为副燃烧室。主、副燃烧室之间一般

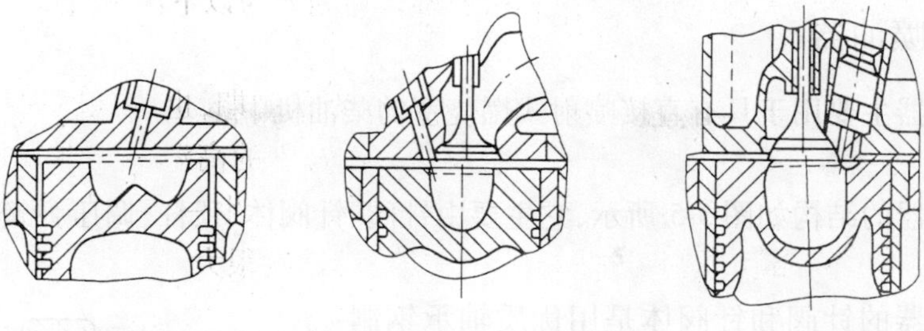

(a)ω形燃烧室　　(b)球形燃烧室　　(c)U形燃烧室

图 5-3　直接喷射式燃烧室

由一个或几个孔道相连通。分开式燃烧室又分为涡流室式和预燃室式燃烧室，如图 5-4 所示。分开式燃烧室内可燃混合气的形成主要依靠强烈的空气运动，对喷油系统要求不高，即可采用喷油压力较低（12～14 MPa）、故障较少的轴针式喷油器。

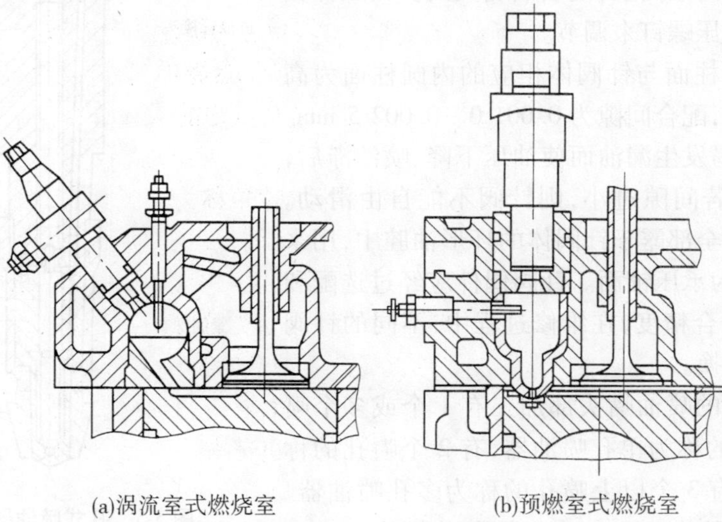

(a)涡流室式燃烧室　　(b)预燃室式燃烧室

图 5-4　分开式燃烧室

单元三　喷油器

喷油器直接安装在柴油机汽缸盖上，喷油嘴头部与高温燃烧室接触，工作条件极为恶劣，因此它是影响柴油机设计指标和使用性能的关键部件之一。喷油器的功能是根据柴油机可燃混合气形成的特点，将燃油雾化成细微的油滴，并将其喷射到燃烧室的特定部位，剩余的燃油回到柴油箱中。

喷油器应满足不同类型的燃烧室对喷雾特性的要求，一般来说，喷射应有一定的贯穿距离、喷雾锥角以及良好的雾化质量，而且在喷油结束时不发生滴漏现象。

喷油器分为开式和闭式两种，开式喷油器的高压油腔与燃烧室相通，而闭式喷油器则在两者之间加装针阀隔断，车用柴油机广泛采用闭式喷油器。喷油器总成主要由喷油嘴体和喷油嘴两部分组成，根据喷油嘴结构的不同可分为孔式喷油器和轴针式喷油器。

一、孔式喷油器

孔式喷油器主要用于具有直接喷射式燃烧室的柴油机中。

(一)结构

孔式喷油器的结构如图 5-5 所示,它主要由针阀、针阀体、顶杆、调压弹簧、调压螺钉、喷油器体等组成。

孔式喷油器的针阀和针阀体是用优质轴承钢制成的一对高精密偶件(俗称喷油嘴或喷油头),针阀偶件通过喷油嘴拧紧螺母与喷油器体紧固在一起。为保证结合面的密封,喷油器体下平面与针阀体的上平面应精密加工贴合,也是限制针阀升程的限位面。调压弹簧的预紧力通过顶杆作用在针阀上,将针阀紧压在针阀体内的密封锥面上,使喷油嘴关闭。调压弹簧的预紧力则由调压螺钉来调节。

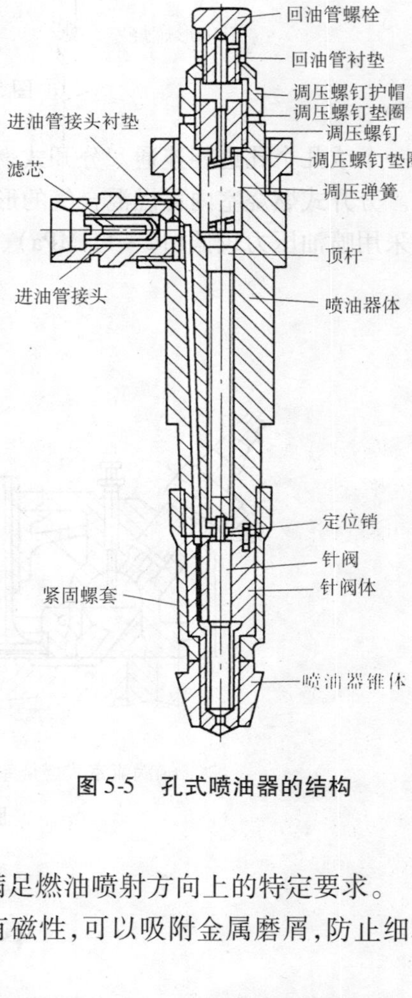

图 5-5　孔式喷油器的结构

针阀上部圆柱面与针阀体相应的内圆柱面为高精度的滑动配合,配合间隙为 0.001 0 ~ 0.002 5 mm。若间隙过大,则易发生漏油而使油压下降、喷油滞后,影响喷雾质量;若间隙过小,则针阀不能自由滑动。针阀中部的锥面全部露于针阀体的环形油腔中,用来承受油压,称之为承压锥面。针阀偶件应经过选配和研磨以保证其配合精度,在维修过程中,不同的针阀偶件之间不能互换。

孔式喷油器的喷油嘴头部加工有 1 个或多个喷孔,有 1 个喷孔的称为单孔喷油器,有 2 个喷孔的称为双孔喷油器,有 3 个以上喷孔的称为多孔喷油器。常见的喷孔数目为 1 ~ 7 个,喷孔直径为 0.2 ~ 0.5 mm。

喷油器体与针阀体之间安装有定位销,其作用是满足燃油喷射方向上的特定要求。

在高压油管接头上装有缝隙式喷油器滤芯,它具有磁性,可以吸附金属磨屑,防止细小杂物堵塞喷孔。

喷油器通常用两个固定螺钉固定在汽缸盖上的喷油器座孔内,用铜制的锥体或铜垫片密封,防止汽缸漏气。

在维修过程中,拆下喷油器后,为防止污物进入喷油器,应在油管接头处和针阀体端部用防污套罩上。

(二)工作原理

柴油机工作时,来自喷油泵的高压柴油通过高压油管输送到喷油器,经过进油管接头、喷油器滤芯以及喷油器体和针阀体内的油道进入喷油嘴内的压力室,如图 5-6 所示。油压作用在针阀的承压锥面上,产生向上的推力,当该推力超过调压弹簧的预紧力时,针阀升起并将喷孔打开,高压柴油经喷孔喷入燃烧室。针阀升起的最大高度即针阀升程,由喷油器体

(或接合座)的下端面限制。当喷油泵停止供油时,喷油嘴压力室的油压迅速下降,针阀在调压弹簧的作用下快速落座,将喷孔关闭,终止喷油。针阀的开启压力即喷油压力取决于调压弹簧的预紧力,如图5-6所示。调压弹簧的预紧力可通过调压螺钉调整(拧入时喷油压力增大,拧出时则减小),调整后用锁紧螺母将调整螺钉锁紧固定。

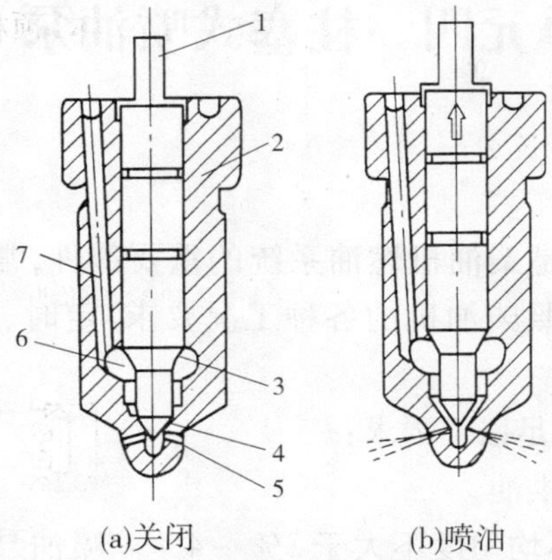

1—针阀;2—针阀体;3—承压锥面;
4—密封锥面;5—喷孔;6—压力室;7—进油道

图5-6 孔式喷油器的工作原理

喷油器工作期间,有少量柴油从针阀与针阀体配合表面之间的间隙中漏出,并沿顶杆周围的缝隙上升,最后通过回油管接头进入回油管,流回油箱或燃油滤清器,这部分柴油在流过针阀和针阀体时对偶件起润滑作用。

二、轴针式喷油器

轴针式喷油器主要用在预燃室式和涡流室式燃烧室的柴油机中。

轴针式喷油器与孔式喷油器的工作原理相同,结构类似,只是喷油嘴头部的结构不同。在轴针式喷油器中,针阀密封锥面下有一段轴针,它穿过针阀体上的喷孔且稍突出于针阀体,使喷孔呈圆环形。因此,轴针式喷油器在喷油时,油束将呈空心的锥状或柱状通过。轴针可以制成圆柱形或截锥形,如图5-7所示。圆柱形轴针喷注的喷雾锥角较小,而截锥形轴针喷注的喷雾锥角较大。因此,轴针制成不同的形状,可以得到不同形状的喷注,以适应不同形状燃烧室的需要。

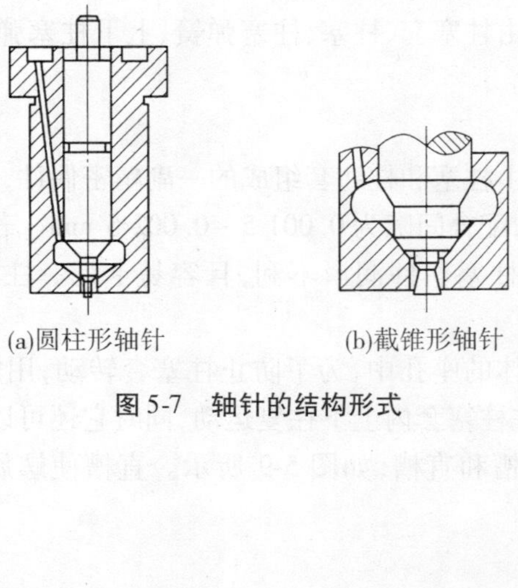

图5-7 轴针的结构形式

轴针式喷油器喷孔的直径较大，一般为 1 ~ 3 mm，易于加工。喷油压力为 10 ~ 15 MPa。轴针式喷油器工作时，轴针在喷孔内往复运动，能清除喷孔中的积炭，喷孔不易堵塞，喷油器工作可靠。

单元四　柱塞式喷油泵

一、概述

喷油泵与喷油器一样，都是柴油机燃油系统的重要部件，常被称为发动机的“心脏”。它的功用是对柴油加压，并按照柴油机的各种工况要求，定时、定量地将高压柴油送至喷油器。

多缸柴油机的喷油泵应满足以下要求：

(1) 按柴油机的工作顺序供油。

(2) 各缸供油量应均匀，不均匀度不大于 3% ~ 4%。喷油泵的供油量应随柴油机工况的变化而变化。为此，喷油泵必须装置油量调节机构。

(3) 各缸供油提前角、延续角应一致，相差不应大于 0.5°曲轴转角。供油提前角也应随柴油机工况的变化而变化。为此，应装置喷油提前器。

(4) 能迅速停止供油，防止喷油器滴漏或异常喷射。

喷油泵的结构形式很多，柴油机的喷油泵按作用原理的不同大体可分为三类：柱塞式喷油泵、喷油泵 - 喷油器和转子分配式喷油泵。柱塞式喷油泵的发展和应用历史较长，因性能良好、使用可靠，为目前大多柴油机所采用。

二、基本结构及工作原理

柱塞式喷油泵是利用柱塞在柱塞套内做往复运动进行吸油和压油的。下面以国产 A 型喷油泵为例介绍柱塞式喷油泵的基本结构和工作原理。

柱塞式喷油泵主要由分泵（泵油机构）、供油量调节机构、驱动机构和泵体四大部分组成，如图 5-8 所示。

（一）分泵

分泵是多缸柴油机上与缸数相等的各组泵油机构，各分泵组装在同一个泵体中，由同一根凸轮轴驱动。分泵主要由柱塞套、柱塞、柱塞弹簧、上下柱塞弹簧座、出油阀、出油阀弹簧和出油阀紧座等零件组成。

1. 柱塞偶件

柱塞偶件是喷油泵中由柱塞和柱塞套组成的一副精密偶件，一般采用优质合金钢制成，经过精细加工和配对研磨，配合间隙为 0.001 5 ~ 0.002 5 mm。若间隙过大，容易漏油，导致油压下降；若间隙过小，对柱塞偶件润滑不利，且容易卡死。柱塞偶件在使用过程中不能互换。

柱塞套安装在喷油泵体的座孔中，为了防止柱塞套转动，用定位螺钉固定，如图 5-8 所示。柱塞由凸轮轴驱动，在柱塞套内上下往复运动，同时它还可以绕本身轴线在一定角度内转动。柱塞头部铣有螺旋槽和直槽，如图 5-9 所示。直槽使螺旋槽与柱塞上方泵腔相通。

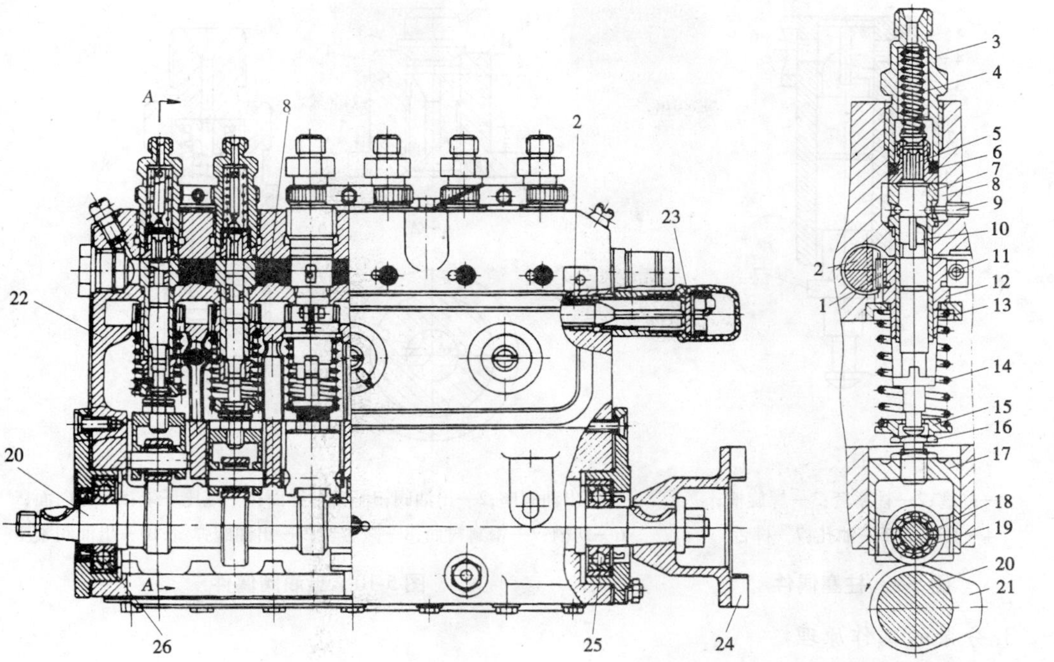

(a)柱塞式喷油泵的结构　　(b)A型喷油泵的分泵构造

1—齿圈；2—供油量调节齿杆；3—出油阀紧座；4—出油阀弹簧；5—出油阀；6—出油阀座；7—柱塞套；8—低压油腔；9—定位螺钉；10—柱塞；11—齿圈夹紧螺钉；12—油量调节套筒；13、15—上、下柱塞弹簧座；14—柱塞弹簧；16—供油定时调节螺钉；17—挺柱；18—滚轮销；19—滚轮；20—喷油泵凸轮轴；21—凸轮；22—喷油泵体；23—供油量调节齿杆保护螺母；24—联轴器从动盘；25、26—轴承

图 5-8　A 型喷油泵的结构

柱塞套上部开有进油和回油用的两个径向油孔，与泵体上的低压油腔相通。柱塞下部加工有榫舌，与油量调节机构配合。

柱塞弹簧的上端通过上柱塞弹簧座支撑在喷油泵体上，下端则通过上柱塞弹簧座支撑于柱塞尾端。借助柱塞弹簧的预紧力使柱塞始终紧压在挺柱上的供油定时调节螺钉上，同时使挺柱的滚轮始终与喷油泵凸轮保持接触。

2. 出油阀偶件

出油阀偶件由出油阀与出油阀座组成，是喷油泵中的另一组精密偶件。出油阀偶件位于柱塞偶件的上方，出油阀座的下端面与柱塞套的上端面接触，出油阀紧座以规定力矩拧入后使两者的接触面保持紧密贴合。同时，出油阀弹簧将出油阀紧压在出油阀座上，如图 5-10 所示。

出油阀的密封锥面与出油阀座的接触表面经过精密研磨，是阀的轴向密封锥面。中部的圆柱面为减压环带，与出油阀座孔的配合间隙很小，是阀的径向滑动密封面，减压环带有防止喷油器喷前和喷后滴漏的作用。在减压环带以下的出油阀表面是其在出油阀座孔内往复运动的导向面，导向部分的横截面为“十”字形，是油流通道。在有些出油阀紧座中设有减容器，以减小高压管路系统的容积、改善燃油的喷射过程、限制出油阀的最大升程。

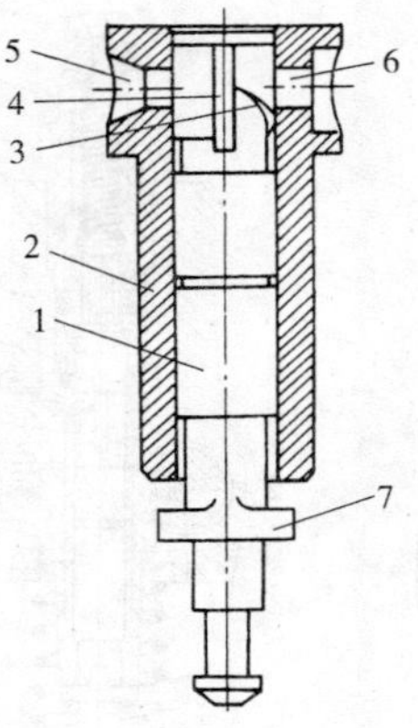

1—柱塞;2—柱塞套;3—螺旋槽;
4—直槽;5、6—油孔;7—榫舌

图 5-9　柱塞偶件

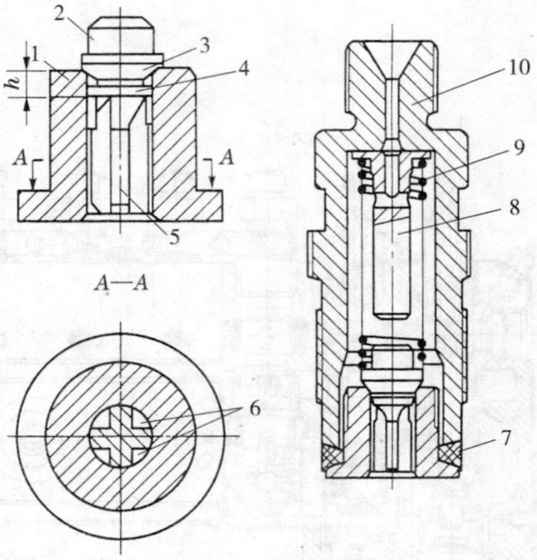

1—出油阀座;2—出油阀;3—密封锥面;4—减压环带;5—导向面;
6—切槽;7—密封衬面;8—减容器;9—出油阀弹簧;10—出油阀紧座

图 5-10　出油阀偶件

3. 分泵的工作原理

1)泵油原理

(1)进油过程。

凸轮转过最高位置,进入回程,在弹簧作用下柱塞下行。当柱塞上端面与进油孔上边缘平齐时,柴油进入柱塞上方,直至柱塞到达下止点,完成进油过程,如图 5-11(a)所示。

(2)压油过程。

凸轮转过最低位置后,进入升程,推动柱塞压缩弹簧上行。当柱塞上端面封闭进油孔时,在柱塞上端形成密封腔,柴油受压,使压力剧增。当压力大于出油阀弹簧的弹力和高压油管内的剩余压力之和时,推开出油阀,开始供油。当油压达到喷油压力时,柴油经喷油器喷入燃烧室。随后,柱塞继续上行,压油过程继续,如图 5-11(b)所示。

(3)回油过程。

柱塞上行到斜槽(或螺旋槽)与柱塞套的回油孔相通时,柱塞腔内的高压柴油经柱塞上的直槽、螺旋槽或柱塞套油孔流回喷油泵的低压油腔,供油终止。由于柱塞腔内的油压急剧下降,所以出油阀在出油阀弹簧和高压油管内柴油的作用下迅速回落。当减压环带进入出油阀座孔时,高压油管与柱塞腔的通路被切断,接着出油阀落座,如图 5-11(c)所示。

可以看出,当出油阀密封锥面已经离开出油阀座,但减压环带尚在出油阀座孔内时,喷油泵不能供油,只有当减压环带全部离开出油阀座孔,即出油阀还要上升一段距离 h 后(见图 5-10),才有高压燃油进入高压油管。这样,一旦供油的通路打开,油压和喷射速度就可以达到理想值,从而防止喷油器喷前滴油。同样,当供油停止、出油阀迅速回落时,只要减压环带进入出油阀座孔,高压油管与柱塞腔的通路就被截断,使燃油不能从高压油管流回柱塞腔。当出油阀完全落座后,高压管路系统的容积因空出减压环带的体积而增大,使高压管路系统的油压迅速降低,喷油器立即停止喷油,从而避免喷油器喷后滴漏和其他不正常喷射现象的发生。

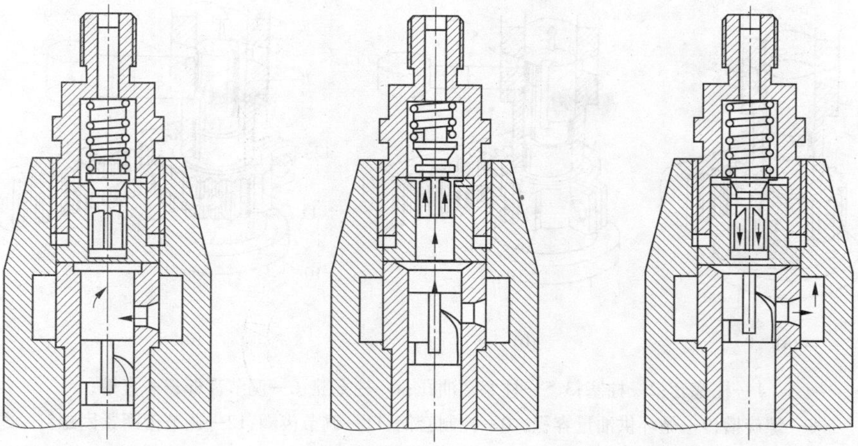

图 5-11　柱塞式喷油泵的泵油原理

2）油量调节原理

柱塞由下止点移动到上止点所经过的距离称为柱塞行程，即喷油泵凸轮的最大升程。由其泵油过程可知，喷油泵并非在整个柱塞行程内都供油，而只在柱塞顶面封闭柱塞套油孔到柱塞螺旋槽打开柱塞套油孔这段柱塞行程内供油，这段柱塞行程称为柱塞有效行程。可见，柱塞有效行程越大，供油的持续时间越长，喷油泵每一次的泵油量即循环供油量越多。因此，欲使喷油泵能随发动机工况的不同而改变供油量，只需改变柱塞的有效行程，通常通过改变柱塞螺旋槽与柱塞套上油孔的相对位置来实现。

（二）供油量调节机构

供油量调节机构的功能：根据柴油机负荷的变化，通过转动柱塞来改变循环供油量。供油量调节机构由驾驶员直接操纵或由调速器自动控制。

A 型喷油泵采用齿杆式供油量调节结构，如图 5-12 所示，它包括调节齿杆、调节齿圈和控制套筒等零件。喷油泵柱塞下端的榫舌嵌入控制套筒的豁口中。控制套筒松套在柱塞套上，其上端装有调节齿圈，并用螺钉夹紧，调节齿圈与调节齿杆相啮合。当驾驶员或调速器拉动调节齿杆时，调节齿圈连同控制套筒带动柱塞相对柱塞套转动，以达到调节供油量的目的。

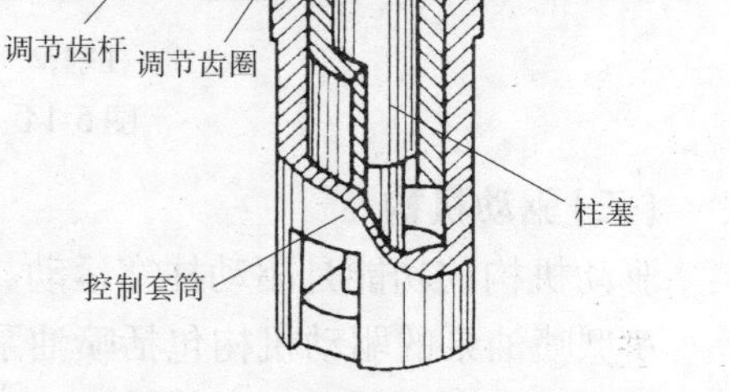

图 5-12　齿杆式供油量调节机构

当供油量调节机构的调节齿杆拉动柱塞转动时，柱塞上的螺旋槽与柱塞套油孔之间的相对位置发生变化，从而改变了柱塞有效行程，如图 5-13 所示。当柱塞上的直槽对正柱塞套油孔时，柱塞有效行程为零，这时喷油泵不供油，如图 5-13（a）所示。按照图 5-13 中箭头所指方向拉动调节齿杆，则调节齿圈按箭头所示方向转动，柱塞有效行程增大，喷油泵循环供油量增多，如图 5-13（b）、图 5-13（c）所示。如果沿反方向拉动调节齿杆，则柱塞有效行程减小，循环供油量减少。

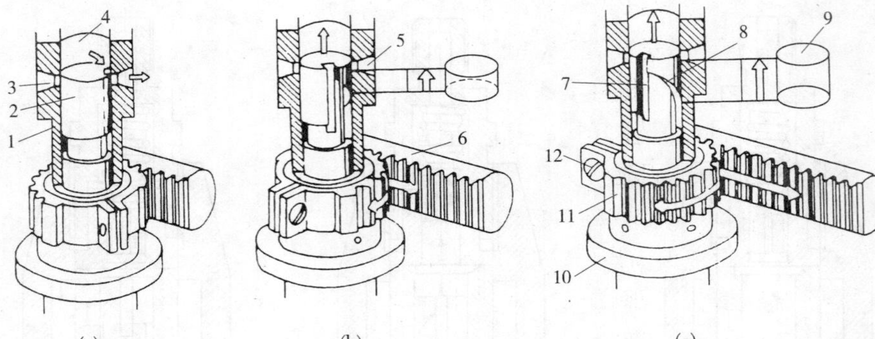

(a) (b) (c)

1—柱塞套;2—柱塞;3、5—柱塞套油孔;4—柱塞腔;6—调节齿杆;7—直槽;
8—螺旋槽;9—循环供油量容积;10—控制套筒;11—调节齿圈;12—调节齿圈紧固螺钉

图 5-13 循环供油量的调节

根据上述供油量调节原理,可调整多缸喷油泵的各缸供油量的均匀性。具体操作步骤:保持调节齿杆不动,拧松调节齿圈的紧固螺钉,适当转动控制套筒,使其带动柱塞在柱塞套内转动,改变柱塞有效行程,便可使供油量增加或减少,然后拧紧调节齿圈的紧固螺钉。根据需要再拧松另一个调节齿圈的紧固螺钉,重复上述步骤,直到各缸供油量均匀一致。这项工作需要在专门的喷油泵试验台上进行。

有的喷油泵装配有拨叉式供油量调节机构,如图 5-14 所示。在柱塞的下端压套着调节臂,其端头插入固定在供油拉杆上的拨叉的凹槽内。拨叉数与分泵数相同,供油拉杆安装在泵体的导向套管中,其轴向位置受驾驶员或调速器控制。移动供油拉杆,柱塞就相对于柱塞套转动,从而调节供油量。移动供油拉杆使各分泵旋转角度相同,因此各缸供油量的变化相同。当各缸供油量不等时,可通过改变拨叉在供油拉杆上的位置来调整。

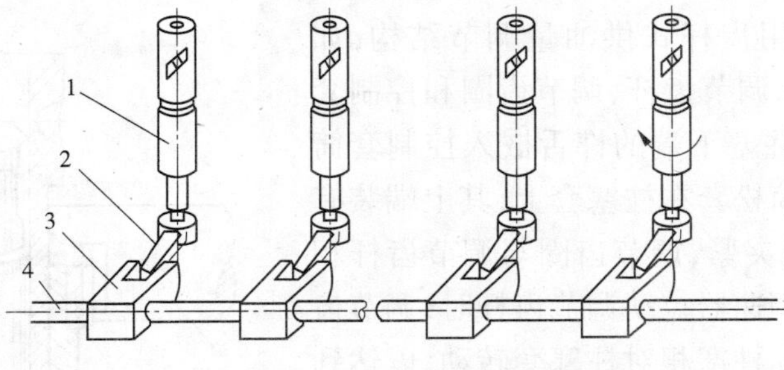

1—柱塞;2—调节臂;3—拨叉;4—供油拉杆

图 5-14 拨叉式供油量调节机构

(三)驱动机构

驱动机构的功能是驱动柱塞运动,并保证供油准时。

A 型喷油泵的驱动机构包括喷油泵凸轮轴和挺柱等组件。凸轮轴的前、后端通过滚轮轴承支撑在喷油泵体上。凸轮轴上凸轮的数目与喷油泵的柱塞偶件数目相同,各凸轮间夹角与配套柴油机的汽缸数有关,并与汽缸的工作顺序相适应。凸轮轴一般由曲轴正时齿轮驱动,四行程柴油机喷油泵凸轮轴的转速是曲轴转速的一半,以实现在凸轮轴旋转一圈内向各汽缸供一次油。

A 型喷油泵采用调整螺钉式挺柱体部件，其结构如图 5-15 所示。挺柱体部件安装在喷油泵体上的挺柱孔内，加长的滚轮销的两端插入挺柱孔上的定位长槽中，使挺柱在挺柱孔中只能做上下往复运动，而不能绕其自身的轴线旋转，以避免滚轮与凸轮卡死。滚轮在滚轮销上转动。在滚轮与滚轮销之间镶有滚针轴承（或镶衬套）。在挺柱的顶端拧入供油定时调整螺钉和锁紧螺母。

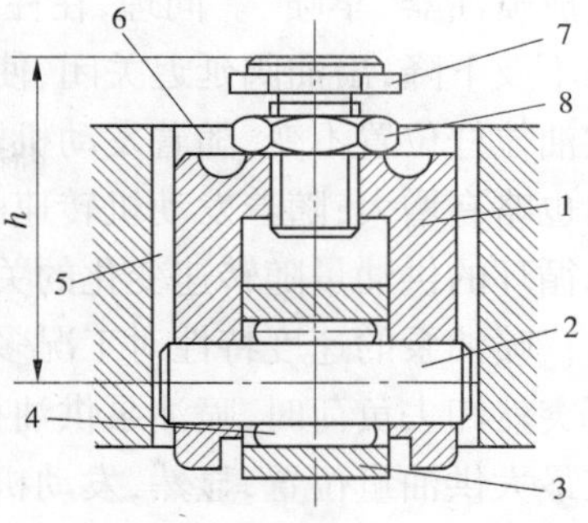

1—挺柱体；2—滚轮销；3—滚轮；
4—滚针轴承；5—定位长槽；6—挺柱孔；
7—供油定时调整螺钉；8—锁紧螺母

图 5-15　调整螺钉式挺柱体部件

通过调整供油定时调整螺钉伸出挺柱体外的高度，可改变挺柱体的工作高度 h，即改变柱塞套进油孔的关闭时刻，因此可以用来调整各分泵的供油提前角和供油间隔角，保证多缸发动机各缸供油时刻的准确性。旋出供油定时调整螺钉，挺柱体的工作高度 h 增加，柱塞位置升高，柱塞套进油孔提前被封闭，供油提前，即供油提前角增大。反之，拧入供油定时调整螺钉，可使供油滞后，供油提前角减小。调整时，要注意该螺钉的最大高度并及时锁紧，以防止柱塞到达上止点时顶撞出油阀，造成损坏。

有的喷油泵则采用调整垫块式挺柱体部件，利用调整垫块来调整各分泵的供油提前角和供油间隔角，如图 5-16 所示。调整时，加厚垫块，则 h 值增大，供油提前角增大；减薄垫块，则 h 值减小，供油提前角减小。为此，制有不同厚度的垫块，厚度差为 0.1 mm，相应凸轮轴转角为 0.5°，此时曲轴转角为 1°。

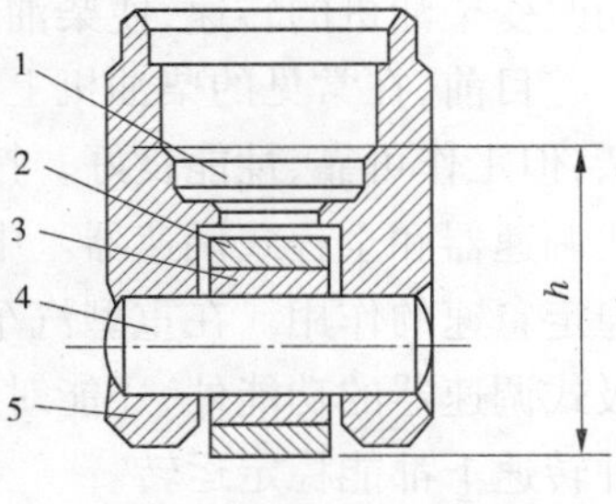

1—调整垫块；2—滚轮；3—滚轮衬套；
4—滚轮轴；5—滚轮架

图 5-16　调整垫块式挺柱体部件

（四）泵体

泵体是喷油泵的基础件，所有的零件都通过它组合在一起构成喷油泵整体。泵体分组合式和整体式两种，多用铝合金铸造。

泵体上制有孔穴，用以安装分泵。泵体上还有纵向油道，即低压油腔。输油泵输出的燃油经过滤清后进入该油道，再从柱塞套上经油孔进入各分泵的泵腔。油道的另一端装有限压阀，当低压油腔内油压超过预定值后即经此阀流回油箱。此外，泵体上还有放气螺钉，需要放气时可将其旋出少许，再按手动输油泵，泵入的燃油可驱净渗入喷油泵内的空气。

单元五　调速器

一、调速器的功用及分类

由柱塞式喷油泵的工作原理可知，喷油泵的每循环供油量可以通过转动柱塞来调节，即主要取决于油量调节齿杆（或拉杆）的位置。但是，实际的每循环供油量还受到发动机转速的影响。以柱塞式喷油泵为例，当发动机转速增加（喷油泵柱塞移动速度加快）时，柱塞套上油孔的节流作用随之增大，于是在柱塞上行时，即使柱塞上沿未完全封闭油孔，由于燃油一时来不及从油孔挤出，泵腔内油压也会立即增加，使出油阀提前开启，供油开始时刻提前，造成喷油器“早喷”。同理,在柱塞上移到其斜槽已经与油孔接通之后,泵腔内油压一时还来不及下降,出油阀延迟关闭,使供油停止时间延后,造成了喷油器的“晚停”。这样,即使供油拉杆位置不变,随着发动机转速的增大,柱塞的实际供油有效行程也会略有增加,供油量也略有增大;随着发动机转速的降低,供油量略有减少。在供油拉杆位置不变时,喷油泵每循环的供油量随转速变化的关系称为喷油泵的速度特性。

喷油泵的速度特性对工况多变的车用柴油机是非常不利的,例如,柴油机在大负荷工况下突然卸去负荷时,喷油泵供油拉杆可能由于某种原因一时来不及向减油方向移动,而保持在最大供油量位置,显然,发动机转速将大为增高。这时,喷油泵在上述速度特性的支配下反而自动将供油量加大,促使发动机转速升高,从而促使供油量加大。如此反复相互作用的结果,将导致发动机超速运转,甚至发生“飞车”事故。当柴油机在怠速工况下运转时,供油拉杆保持在最小供油量位置,发动机发出的动力仅用以克服发动机本身内部各机构的运转阻力。此时,当发动机内部阻力略有增加而使发动机转速略微降低时,喷油泵在其速度特性的作用下,供油量自动减小,促使转速进一步降低。如此循环,最终导致发动机熄火。反之,柴油机内部阻力略有减小时,柴油机怠速将不断升高,造成怠速不稳。

调速器的作用是随着柴油机负荷(工作机械的阻力)的变化自动调节喷油泵的油量、自动改变柴油机的转速,使柴油机能稳定运转,防止柴油机飞车和熄火。

目前,在常见的柴油机上应用最广泛的是机械离心式调速器。这种调速器结构虽然复杂,但工作可靠、性能良好。按其调节作用范围的不同,机械离心式调速器通常可分为两极式调速器和全程式调速器。中、小型汽车柴油机多数采用两极式调速器,以起到防止超速和稳定怠速的作用。在重型汽车和工程机械上则多采用全程式调速器,这种调速器除具有两极式调速器的功能外,还能对柴油机工作转速范围内的任何转速起调节作用,使柴油机在各种转速下都能稳定运转。

调速器均具有两个基本部分:感应元件与执行机构。感应元件可灵敏地感受到转速的波动,将感受到的信号及时传递给执行机构,执行机构相应地调节供油量。当负荷增大导致转速下降时,执行结构使喷油量增加,转速回升到原有转速;当负荷减小导致转速升高时,执行机构使喷油量减少,转速下降到原有转速。

二、两极式调速器的构造与工作原理

两极式调速器只能自动限制柴油机的最高转速和稳定其怠速。在最高和最低转速之间的所有中间转速则由驾驶员通过加速踏板控制。两极式调速器适用于一般公路运输用的汽车柴油机。

(一)结构

RAD 型两极式调速器的结构如图 5-17 所示。控制杠杆由驾驶员通过加速踏板与杆系操作,通过控制供油齿杆的位置来调节供油量。

飞块总成固装在喷油泵凸轮轴上,两个飞块分别用销轴与飞块支架连接。当转速升高时,飞块向外张开,飞块臂上的滚轮推动滑套沿轴向移动,杠杆机构使供油齿杆向减少油量位置移动,减少供油量,使转速下降;当转速降低时,飞块向内合拢,作用在滑套上的力减小,使滑套在弹簧作用下沿轴向移动,杠杆机构使供油齿杆向增加油量位置移动,使转速上升。

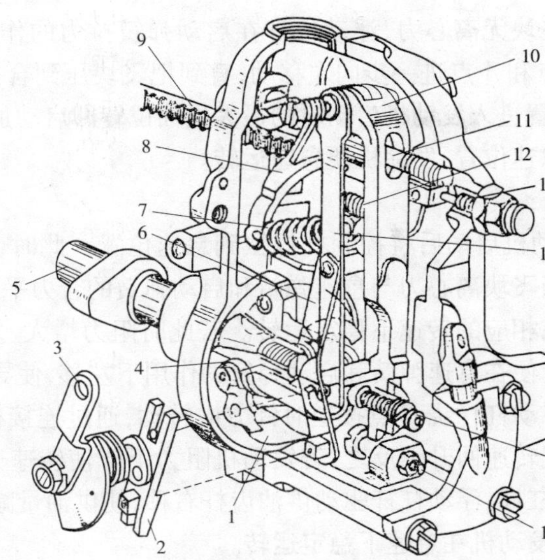

1—飞块;2—支持杠杆;3—控制杠杆;4—滚轮;5—凸轮轴;6—浮动杠杆;7—调速弹簧;
8—速度调定杠杆;9—供油齿杆;10—拉力杆;11—速度调整螺栓;12—启动弹簧;
13—稳速弹簧;14—导动杠杆;15—怠速弹簧;16—齿杆行程调整螺栓

图 5-17　RAD 型两极式调速器

(二)工作原理

1. *启动加浓*

如图 5-18 所示,发动机静止时,两飞块在启动弹簧的作用下处于向心极限位置。发动机启动时将控制杠杆推至全负荷供油位置,支持杠杆绕 *D* 点按逆时针方向转动,浮动杠杆绕 *B* 点逆时针方向转动,推动连接杆使供油齿杆向增加供油的方向(图 5-18 中向左)移动。

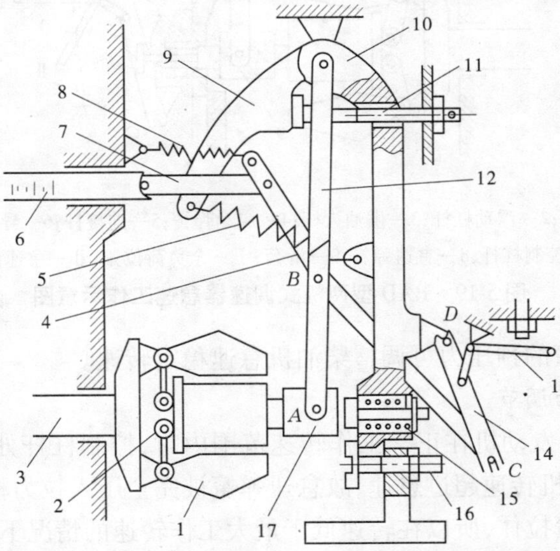

1—飞块;2—滚轮;3—凸轮轴;4—浮动杠杆;5—调速弹簧;6—供油齿杆;7—连接杆;
8—启动弹簧;9—速度调定杠杆;10—拉力杆;11—速度调整螺栓;12—导动杠杆;13—控制杠杆;
14—支持杠杆;15—怠速弹簧;16—齿杆行程调整螺栓;17—滑套;*A*、*B*、*C*、*D*—支点

图 5-18　RAD 型两极式调速器启动加浓示意图

由于发动机静止，所以飞块无离心力，浮动杠杆在启动弹簧拉力的作用下绕 C 点按逆时针方向摆动，同时带动 B 点和 A 点进一步向左移动，直到把飞块压到合拢位置，从而保证供油齿杆越过全负荷供油位置进入发动机启动时的最大供油位置即启动加浓位置。发动机启动后，将控制杠杆拉回到怠速位置，发动机便怠速运转。

2. 怠速稳定

如图 5-19 所示，发动机启动后将控制杠杆拉到怠速位置。此时，飞块的离心力使滑套右移而压缩怠速弹簧，当飞块离心力与怠速弹簧和启动弹簧的合力平衡时，供油齿杆便保持在某一位置，发动机就在相应的转速下稳定运转。若此时阻力增大，发动机转速降低，则飞块离心力随之减小，滑套便在怠速弹簧和启动弹簧的作用下左移，使导动杠杆按顺时针方向摆动，带动怠速弹簧使浮动杠杆绕 C 点按逆时针方向转动，通过连接杆推动供油齿杆左移，增加了供油量，使发动机转速回升。反之，若发动机阻力下降使转速升高，则飞块离心力增加，滑套右移，通过导动杠杆、浮动杠杆驱动供油齿杆右移，使供油量减小、柴油机转速下降。通过上述作用便可保证发动机在怠速下稳定运转。

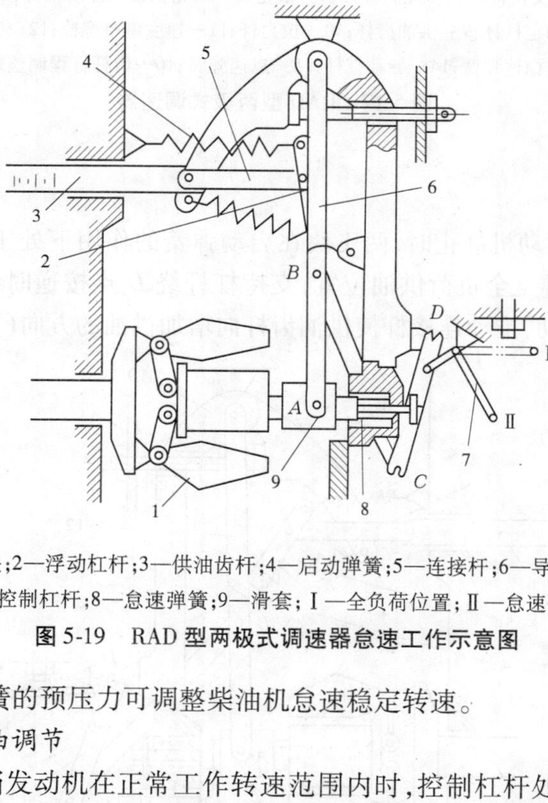

1—飞块；2—浮动杠杆；3—供油齿杆；4—启动弹簧；5—连接杆；6—导动杠杆；
7—控制杠杆；8—怠速弹簧；9—滑套；Ⅰ—全负荷位置；Ⅱ—怠速位置

图 5-19　RAD 型两极式调速器怠速工作示意图

通过调整怠速弹簧的预压力可调整柴油机怠速稳定转速。

3. 正常工作的供油调节

如图 5-20 所示，当发动机在正常工作转速范围内时，控制杠杆处于Ⅰ和Ⅱ之间的部分负荷位置Ⅲ，此时发动机转速超过怠速，故怠速弹簧被完全压入拉力杆下部的孔内。由于拉力杆被很强的调速弹簧拉住，所以在转速低于最大工作转速的情况下，飞块离心力不足以推动拉力杆，拉力杆始终紧靠在供油齿杆行程调整螺栓上，因此支点 B 就不会移动。只有驾驶员改变控制杠杆的位置，才可使供油齿杆向左或向右移动，从而增加或减少供油量。由此可见，在正常工作转速内，供油量的调节是由驾驶员控制的，调速器不起作用。

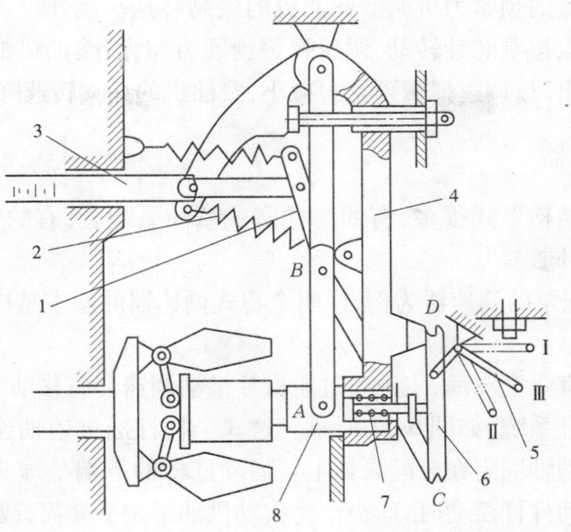

1—浮动杠杆;2—调速弹簧;3—供油齿杆;4—拉力杆;5—控制杠杆;
6—支持杠杆;7—怠速弹簧;8—滑套

图 5-20　RAD 型两极式调速器在正常转速范围内工作示意图

4. 最高速限制

如图 5-21 所示,不管柴油机是在部分负荷还是在全负荷下工作,只要外界负荷的变化引起柴油机转速超过规定的最大转速,飞块的离心力就能克服调速弹簧的拉力,使飞块进一步张开,从而推动滑套和拉力杆右移,使支点 B 移到 B',拉力杆从 D 移到 D',浮动杠杆的下支点从 C 移到 C',最终使供油齿杆向右移动,供油量减少,从而保证柴油机转速不会超过规定值。

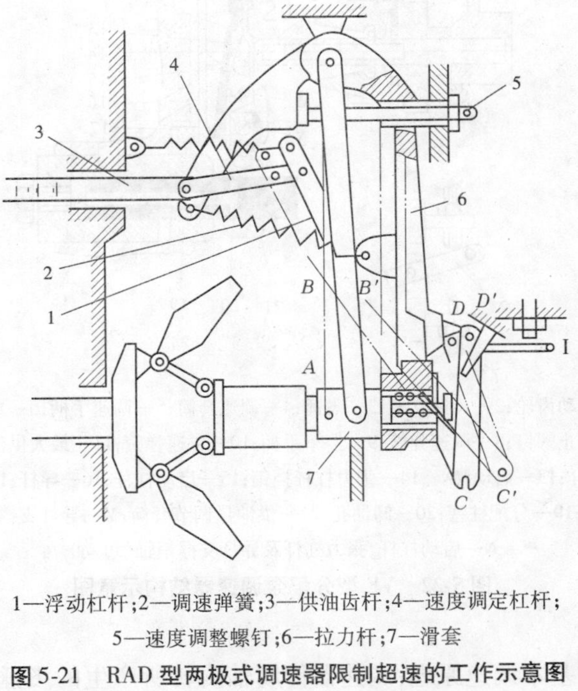

1—浮动杠杆;2—调速弹簧;3—供油齿杆;4—速度调定杠杆;
5—速度调整螺钉;6—拉力杆;7—滑套

图 5-21　RAD 型两极式调速器限制超速的工作示意图

通过调整调速弹簧的预紧力可调节柴油机的最高转速。当速度调整螺钉向里拧进时，速度调定杠杆绕其支点按顺时针转动，调速弹簧预紧力加大，柴油机的最高转速便升高；当速度调整螺钉向外拧出时，调速弹簧预紧力减小，柴油机的最大转速降低。

三、全程式调速器

全程式调速器的结构形式很多，有的与柱塞式喷油泵配套，有的安装在分配式喷油泵内，但工作原理基本相同。

下面以 VE 型分配泵的调速器为例，说明全程式调速器的基本结构及工作原理。

(一)基本结构

在飞锤支架上装有 4 个飞锤，飞锤通过止推片推动调速套筒移动。张力杠杆、启动杠杆和导杆组成调速器杠杆系统，如图 5-22 所示。这 3 个杠杆通过销轴连在一起，并可分别绕销轴摆动。导杆通过销轴固定在分配泵体上。启动杠杆的下端是球头销，嵌入供油量调节套筒的凹槽中。当启动杠杆摆动时，球头销将拨动供油量调节套筒，改变其与分配柱塞上卸油孔的相对位置，从而改变分配柱塞的有效行程。张力杠杆上端通过怠速弹簧与调速弹簧相连接，调速弹簧的另一端挂在调速手柄的销轴上。导杆的下端受复位弹簧的推压使其上端靠在最大供油量调节螺钉上。另外，在 VE 型分配泵的调速器上还装有一些附加装置，如增压补偿器和转矩校正装置等。

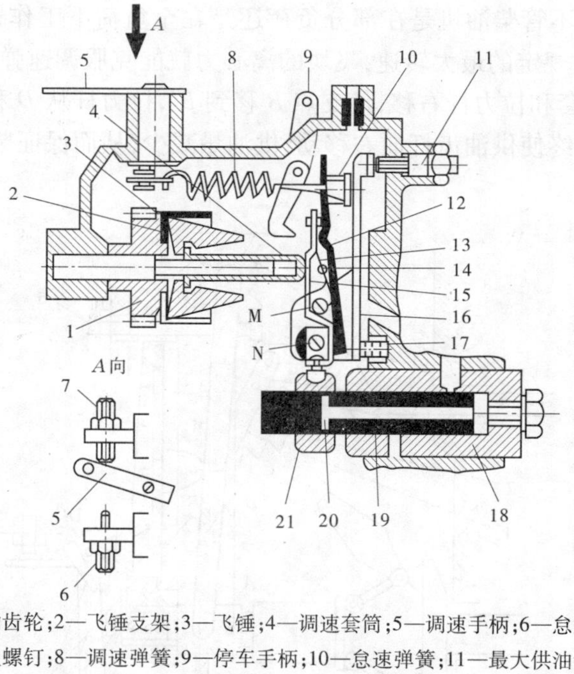

1—调速器传动齿轮；2—飞锤支架；3—飞锤；4—调速套筒；5—调速手柄；6—怠速调节螺钉；7—最高速限止螺钉；8—调速弹簧；9—停车手柄；10—怠速弹簧；11—最大供油量调节螺钉；12—张力杠杆；13—启动弹簧；14—张力杠杆挡销；15—启动杠杆；16—导杆；17—复位弹簧；18—柱塞套；19—分配柱塞；20—卸油孔；21—供油量调节套筒；M—导杆支撑销轴(固定)；N—启动杠杆、张力杠杆及导杆支撑销轴(可动)

图 5-22　VE 型分配泵调速器结构示意图

(二)工作原理

全程式调速器的基本调速原理：调速器传动轴旋转所产生的飞锤离心力与调速弹簧所

产生的弹力相互作用,若两者不平衡,则调速套筒便会移动,调速套筒的移动通过调速器的杠杆系统使供油量调节套筒的位置发生变化,从而增加或减少供油量,以适应柴油机运行工况的变化。

1. *启动*

如图5-23(a)所示,启动前,将调速手柄推靠在最高速限止螺钉上。这时,调速弹簧被拉伸,弹簧的张力拉动张力杠杆绕销轴向左摆动,并通过板形启动弹簧使启动杠杆压向调速套筒,从而使静止的飞锤处于完全闭合的状态。与此同时,启动杠杆下端的球头销将供油量调节套筒向右拨到启动加浓供油量位置 C,供油量最大。启动后,飞锤的离心力克服作用在启动杠杆上启动弹簧的弹力,使启动杠杆绕销轴N向右摆动,直到抵靠在张力杠杆的挡销上。此时,启动杠杆下端的球头销向左拨动供油量调节套筒,供油量自动减少。

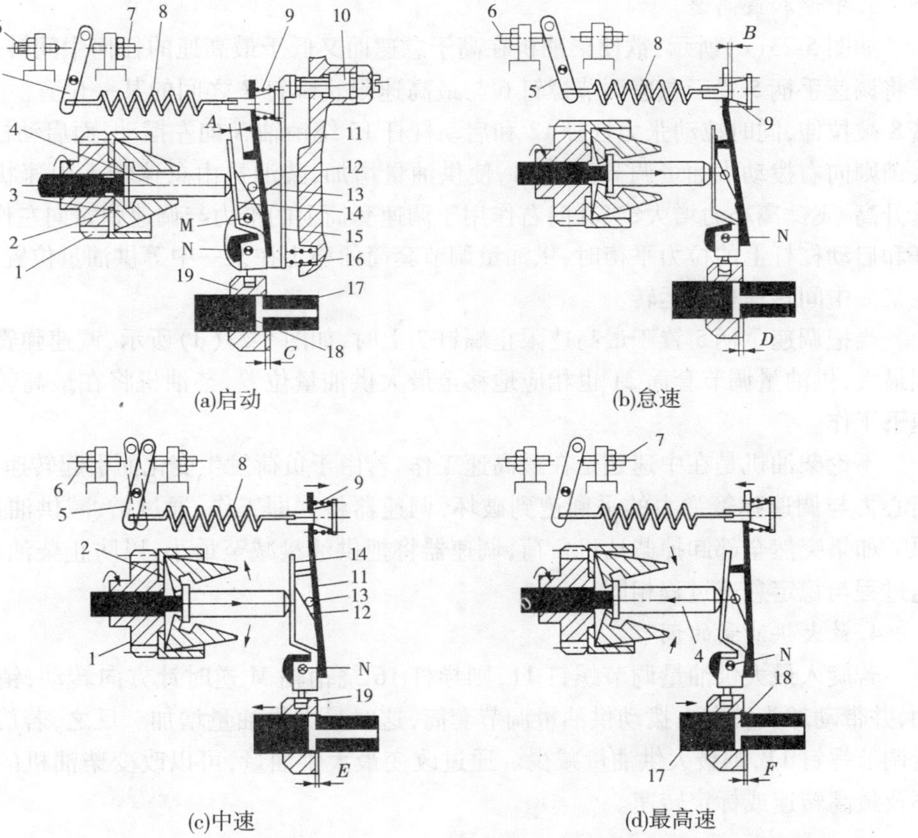

1—调速器传动齿轮;2—飞锤支架;3—飞锤;4—调速套筒;5—调速手柄;6—怠速调节螺钉;
7—最高速限止螺钉;8—调速弹簧;9—怠速弹簧;10—最大供油量调节螺钉;11—张力杠杆;
12—启动弹簧;13—张力杠杆挡销;14—启动杠杆;15—导杆;16—复位弹簧;17—分配柱塞;
18—卸油孔;19—供油量调节套筒;
A—启动弹簧压缩量;B—怠速弹簧压缩量;C—启动加浓供油量位置;D—怠速供油量位置;
E—部分负荷最高转速供油量位置;F—全负荷最高转速供油量位置;M—销轴;
N—启动杠杆、张力杠杆及导杆支撑销轴(可动)

图5-23　VE型分配泵调速器工作原理

2. 怠速

如图5-23(b)所示,柴油机启动后,将调速手柄5移至怠速调节螺钉6上。在这个位置时,调速弹簧8的张力几乎为零,即使调速器传动轴的转速很低,飞锤也会向外张开,推动调速套筒使启动杠杆和张力杠杆绕销轴N向右摆动,并使怠速弹簧10受到压缩。这时,飞锤离心力与怠速弹簧和启动弹簧对调速套筒的作用力平衡,供油量调节套筒21处于怠速供油量位置*D*,柴油机在怠速下运转。

若由于某种原因使柴油机转速升高,则飞锤离心力增大,上述的平衡被打破,飞锤推动调速套筒、启动杠杆和张力杠杆进一步压缩怠速弹簧而向右摆动,供油量调节套筒则向左移动,供油量减少,转速回落复原;若柴油机转速降低,飞锤离心力减小,怠速弹簧推动张力杠杆和启动杠杆向左摆动,供油量调节套筒则向右移动,增加供油量,转速回升。

3. 中速和最高速

如图5-23(c)所示,欲使柴油机在高于怠速而又低于最高速的任何中间转速工作时,则需将调速手柄5置于怠速调节螺钉6与最高速限止螺钉7之间的某一位置。这时,调速弹簧8被拉伸,同时拉动张力杠杆12和启动杠杆15绕销轴N向左摆动,而启动杠杆下端的球头销则向右拨动供油量调节套筒21,使供油量增加,柴油机由怠速转入中速状态。由于转速升高,飞锤离心力增大,当其向右作用于调速套筒上的推力与调速弹簧向左作用于张力杠杆和启动杠杆上的拉力平衡时,供油量调节套筒便稳定在某一中等供油量位置,柴油机也就在某一中间转速稳定运转。

当把调速手柄5置于最高速限止螺钉7上时,如图5-23(d)所示,调速弹簧8的张力达到最大,供油量调节套筒21也相应地移至最大供油量位置,柴油机将在最高转速或标定转速下工作。

不论柴油机是在中速还是在最高速工作,若由于负荷发生变化而引起转速变化,则飞锤离心力与调速弹簧弹力的平衡遭到破坏,调速器将立即工作,通过增、减供油量,使转速复原。如果突然全部卸掉柴油机负荷,调速器将把供油量减至最小,以防止柴油机超速,其调速过程与稳定怠速过程相同。

4. 最大供油量的调节

若旋入最大供油量调节螺钉11,则导杆16绕销轴M逆时针方向转动,销轴也随之转动,并带动球头销向右拨动供油量调节套筒,这时最大供油量增加。反之,若旋出最大供油量调节螺钉11,则最大供油量减少。通过改变最大供油量,可以改变柴油机的最大输出功率及最高转速或标定转速。

单元六　辅助装置

一、输油泵

输油泵的功能是保证有足够数量的柴油自油箱输送到喷油泵,并维持一定的供油压力,以克服管路及柴油滤清器的阻力,使柴油在低压管路中循环。输油泵的输油量一般为柴油机全负荷需要量的3~4倍。

输油泵分活塞式、滑片式、膜片式和齿轮式等几种类型。活塞式输油泵因结构简单、使用可靠、加工安装方便，在柴油机上应用最广，而膜片式和滑片式输油泵常作为分配式喷油泵的一级输油泵和二级输油泵。下面主要介绍活塞式输油泵的工作情况。

活塞式输油泵的结构如图 5-24 所示，主要由活塞，进、出油阀，泵体，手油泵及油管接头等组成。它安装在柱塞式喷油泵一侧，由喷油泵凸轮轴上的偏心轮驱动。当喷油泵凸轮轴转动时，在偏心轮和活塞弹簧的共同作用下，输油泵活塞在输油泵体内作往复运动。

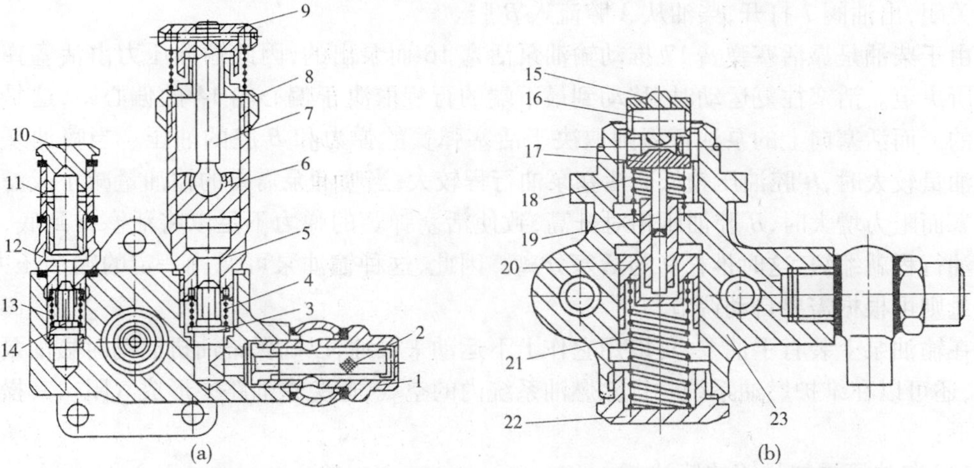

1—进油管接头；2—滤网；3—进油阀；4—进油阀弹簧；5—手油泵体；6—手油泵活塞；7—泵杆；8—手油泵盖；9—手柄；10—出油管接头；11—保护套；12—接头；13—出油阀弹簧；14—出油阀；15—滚轮；16—滚轮销；17—挺柱；18—挺柱弹簧；19—推杆；20—活塞；21—活塞弹簧；22—螺塞；23—泵体

图 5-24　活塞式输油泵的结构

活塞式输油泵的工作原理如图 5-25 所示。

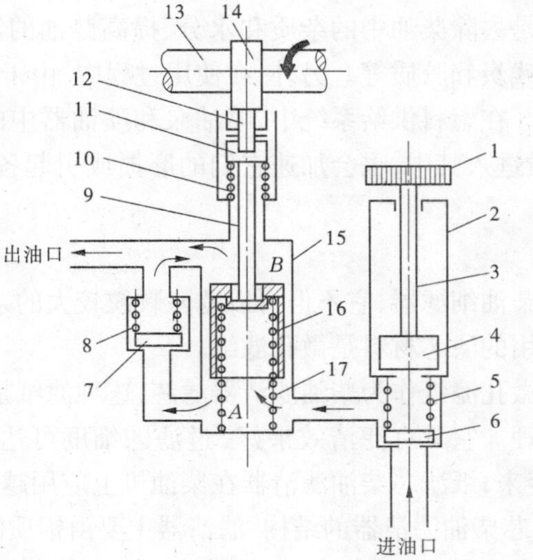

1—手压泵拉钮；2—手压泵体；3—手压泵杆；4—手压泵活塞；5—进油阀弹簧；6—进油阀；7—出油阀；8—出油阀弹簧；9—推杆；10—推杆弹簧；11—挺柱；12—滚轮；13—喷油泵凸轮轴；14—偏心轮；15—输油泵体；16—输油泵活塞；17—活塞弹簧

图 5-25　活塞式输油泵的工作原理

当喷油泵凸轮轴13旋转时，在偏心轮14和活塞弹簧17的共同作用下，输油泵活塞16在输油泵体15内作往复运动。当输油泵活塞在活塞弹簧的作用下向上运动时，A腔容积增大，产生真空，进油阀6开启，柴油经进油口被吸入A腔。与此同时，B腔容积缩小，其中的柴油压力增高，出油阀7关闭，B腔中的柴油经出油口被压出，送往燃油滤清器和喷油泵。当偏心轮14推动滚轮12、挺柱11和推杆9，使输油泵活塞向下运动时，A腔油压增高，进油阀6关闭，出油阀7打开，柴油从A腔流入B腔。

由于柴油是靠活塞弹簧17推动输油泵活塞16而泵出的，因此输油压力由活塞弹簧的弹力所决定。活塞往复运动时，移动到最下端的行程取决于偏心轮14的偏心距，这是固定不变的。而活塞向上的泵油行程则取决于活塞弹簧的弹力和B腔的油压。当喷油泵需要的输油量较大时，B腔油压较低而活塞泵油行程较大；当喷油泵需要的输油量减小或滤清器因堵塞而阻力增大时，B腔油压相对升高，致使活塞弹簧的弹力不足以将活塞推到底，活塞的泵油行程就缩短，这时推杆9与活塞分离。因此，这种输油泵可保持一定的输油压力，而输油量则可根据需要自动调节。

在输油泵上装有手油泵，可以用它作上下运动来泵油，以确保柴油机启动时喷油泵充满燃油，还可以在维护燃油系统时排除燃油系统内的空气，避免在油路中形成气阻。其操作步骤如下：

(1)向油箱添加足够的柴油。

(2)先后拧松柴油滤清器和喷油泵上部的放气螺钉，分别放掉相应部位的空气。放气时，用手油泵连续泵油，当放气螺钉中流出的柴油中不再有气泡时，拧紧放气螺钉，并旋紧手油泵旋钮。

二、柴油滤清器

柴油滤清器的功用是去除柴油中的杂质和水分、提高柴油的清洁程度。各种柴油都有一定量的杂质，如灰分、残炭和胶质等。另外，在使用过程中，由于运输、储藏或保管不当，还可能混入灰尘和水分等。在燃料供给系统中，喷油泵和喷油器中的精密零件对燃油质量要求较高，即使细微的杂质进入其中，也会加速它们的磨损或引起各种故障，因此柴油必须进行严格的滤清。

（一）柴油细滤器

各种柴油机均装有柴油细滤器，它不但可以滤除颗粒较大的杂质，还能滤除对精密零件有危害的微小粒子。常用的滤芯材料是微孔滤纸。

我国采用系列化的微孔滤纸作为柴油滤清器滤芯，这种滤纸是用树脂浸渍过的，加工成形后还要进行热同化处理。它具有滤清效果好（过滤的细度可达1～3 μm）、质量轻、体积小、成本低等优点。近年来，纸滤芯柴油滤清器在柴油机上应用越来越广泛。

图5-26所示为纸滤芯柴油滤清器的结构，滤清器主要由铝质的滤清器盖4、钢板冲制的壳体6和纸质滤芯7组成。来自输油泵的柴油从进油口5进入滤清器壳体6与纸质滤芯7之间的空隙，然后经过滤芯过滤，由中心杆8经出油口3流出。在滤清器盖上设限压阀2，当油压超过0.1～0.15 MPa时，限压阀2开启，多余的柴油自进油口经限压阀2、旁通孔1直接返回柴油箱。壳体底部积存的杂质和水分通过放油塞9放出。

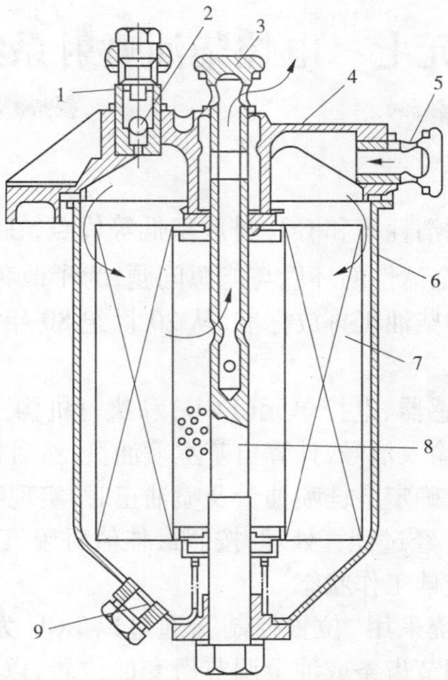

1—旁通孔；2—限压阀；3—出油口；4—滤清器盖；5—进油口；
6—滤清器壳体；7—纸质滤芯；8—中心杆；9—放油塞

图 5-26　纸滤芯柴油滤清器的结构

（二）柴油粗滤器

在工程机械和重型车用柴油机上，燃油系统的低压油路中除装有柴油细滤器外，有的还装有柴油粗滤器，两者串联使用。

粗滤器主要用来滤除颗粒较大的杂质，这样可减少细滤器过滤的杂质量，避免细滤器被迅速堵塞而缩短使用寿命。粗滤器常用毛毡等纤维滤芯制作而成。毛毡滤芯可滤除粒度为 5 ~ 10 μm 的杂质，并且毛毡具有一定的机械强度和弹性，堵塞后可清洗再用。

三、油水分离器

为了去除柴油中的水分，在一些柴油机的柴油箱和输油泵之间还装有油水分离器。

如图 5-27 所示，油水分离器由手压膜片泵 1、液面传感器 5、浮子 6、分离器壳体 7 和分离器盖 8 等组成。

来自柴油箱的柴油经进油口 2 进入油水分离器，并经出油口 9 流出。柴油中的水分在分离器内从柴油中分离出来并沉积在分离器壳体 7 的底部。浮子 6 随着积水的增多而浮起，当浮子到达规定的放水水位 3 时，液面传感器 5 将电路接通，仪表盘上的报警灯发出放水信号。这时，驾驶员应及时旋松放水塞 4，进行放水。手压膜片泵 1 供防水盒排气时使用。

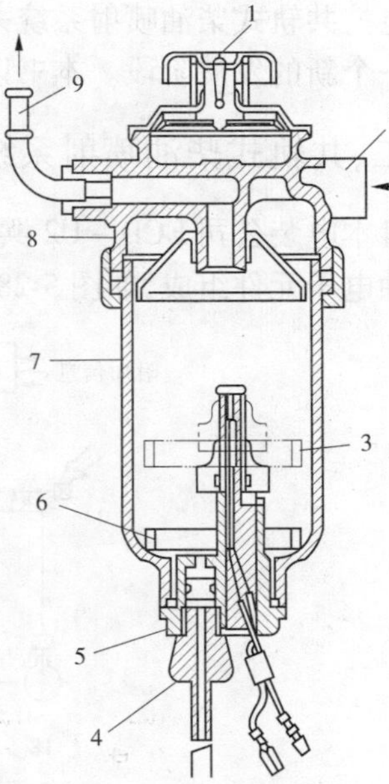

1—手压膜片泵；2—进油口；3—放水水位；
4—放水塞；5—液面传感器；6—浮子；
7—分离器壳体；8—分离器盖；9—出油口

图 5-27　油水分离器

单元七　电控柴油喷射系统

一、概述

柴油机具有功率大、燃油消耗率和 CO_2 排放率低等优点，在国内外的应用率越来越高。但是面对无法回避的局限和全球性的环境与能源问题，为了改善柴油机的运转性能和降低燃油消耗率，同时适应严格的柴油机排放标准，从 20 世纪 80 年代开始，各种电控柴油喷射系统相继问世。

电控柴油喷射系统由传感器、电控单元（ECU）和执行机构三部分组成。ECU 根据转速传感器和油门位置传感器的输入信号，计算出基本喷油量，然后根据水温、进气温度、进气压力等传感器的信号进行修正，确定最佳喷油量及喷油正时，实现喷油量以及喷油正时随运行工况的实时控制。同时，ECU 经过计算处理，按照最佳值对废气再循环阀、预热塞等执行机构进行控制，使柴油机达到最佳工作状态。

早期的电控柴油喷射系统采用“位置控制”，通过以 ECU 为核心的控制单元对位置伺服机构进行控制，改变油量调节齿条或油量调节滑套的位置，以调节喷油泵的循环供油量。但伺服机构执行响应慢、控制频率低、控制精度欠精确。其后开发了时间控制式柴油喷射系统，利用高速强力电磁阀的关闭时刻和闭合持续时间来控制喷油泵的循环供油量和喷油正时，取代了油量调节齿条或调节滑套。上述两种电控柴油喷射系统都保持了传统脉冲高压供油原理，喷油压力与发动机的转速和负荷油管无法单独控制，对低转速和小负荷下的燃油经济性和烟度排放不利。

电控共轨式柴油喷射系统采用时间 - 压力控制式或压力控制式，使电控柴油喷射系统进入一个新的发展阶段。本书以日本电装公司 ECD - U2 柴油喷射系统为例进行介绍。

二、共轨式柴油喷射系统介绍

日本电装公司 ECD - U2 共轨式柴油喷射系统主要由柴油箱、输油泵、公共油道、喷油器和各种电子元件组成，如图 5-28 所示。

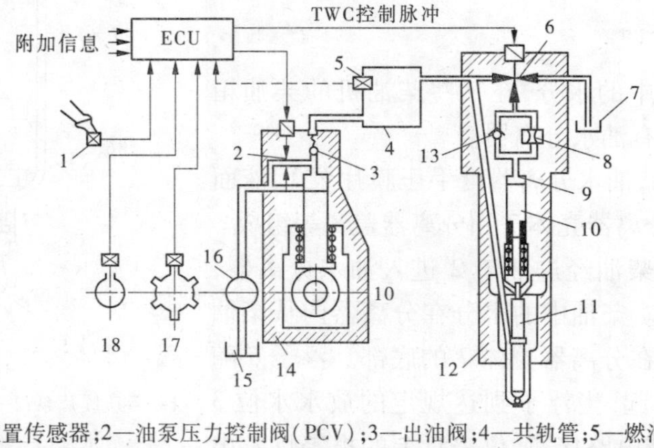

1—加速踏板位置传感器；2—油泵压力控制阀（PCV）；3—出油阀；4—共轨管；5—燃油压力传感器；
6—三通阀（TWV）；7、15—柴油箱；8—节流孔；9—控制室；10—液压活塞；11—喷油器针阀；12—喷油器体；
13—单向阀；14—高压输油泵；16—低压输油泵；17—发动机转速传感器；18—曲轴位置传感器

图 5-28　ECD - U2 共轨式柴油喷射系统

共轨式柴油喷射系统有一条公共油道,即共轨管。高压输油泵将柴油从油箱中吸出并将油压提高到 120 MPa 后送入共轨管,多余燃油经回油管路流回油箱。用电磁阀对共轨油压进行压力调节并由压力传感器进行反馈控制,使其根据柴油机的工况要求稳定在目标值。有一定压力的柴油经共轨管分别通向各缸喷油器,带有电液控制件的喷油器可按要求的喷油正时从共轨管中调出符合工况要求压力和循环供油量的燃油喷入汽缸。喷油量取决于共轨油压和喷油器电磁阀开启时间的长短,喷油正时则取决于喷油器电磁阀的开启时刻。

(一)共轨油压的控制

共轨式柴油喷射系统通向各缸喷油器的公共油道的油压必须根据柴油机的工况要求稳定在目标值。该任务主要由 ECU、高压输油泵及共轨上的油压传感器来完成。图 5-29 所示为日本电装公司 ECD－U2 系统高压输油泵的结构。

该泵的凸轮为近似三角形的多凸起凸轮。凸轮轴旋转一周供油三次,加压后的柴油经出油阀流向共轨管。输油泵上装有由 ECU 控制的油泵压力控制阀(PCV 阀),共轨油压的控制原理如图 5-30 所示。

1. 吸油过程

柱塞下行,当电磁阀未通电时,调节阀处于开启状态,柴油经调节阀流向泵腔,如图 5-30(a)所示。

2. 压油过程

柱塞上行,当电磁阀未通电时,调节阀处于开启状态,吸进的油未被加压,从调节阀流回油箱,如图 5-30(b)所示;当电磁阀通电时,调节阀关闭,泵腔内的油被加压,推开出油阀流向共轨管,如图 5-30(c)所示。

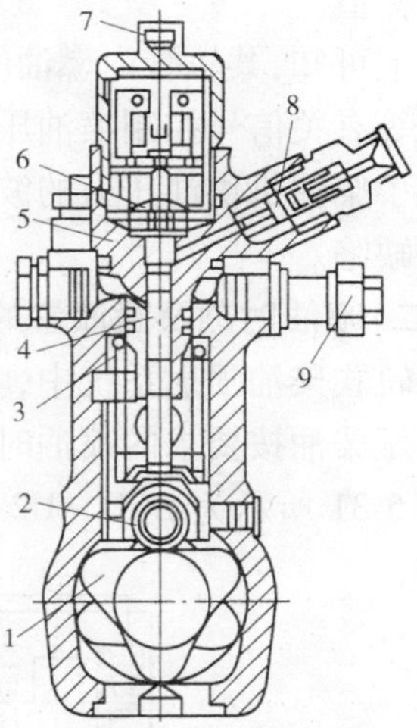

1—三次工作凸轮;2—挺柱体;3—柱塞弹簧;
4—柱塞;5—柱塞套;6—油泵压力控制阀;
7—接头;8—出油阀;9—溢流阀

图 5-29　ECD－U2 系统高压输油泵的结构

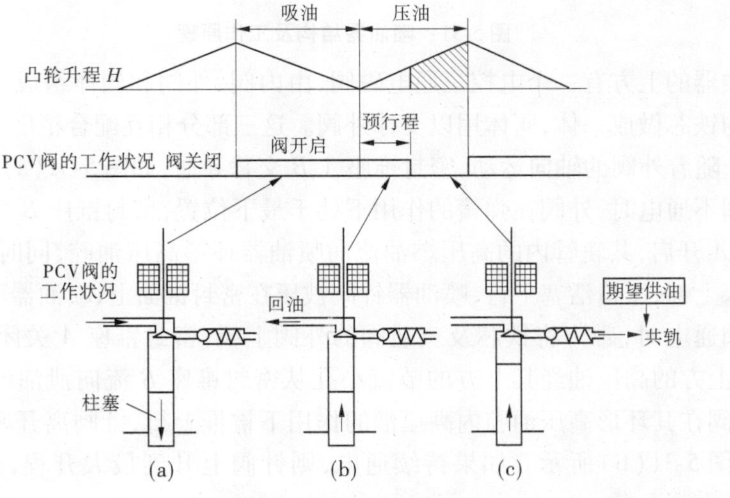

图 5-30　共轨油压的控制原理

共轨管中安装有油压传感器,以适时检测共轨油压,以便 ECU 对共轨油压进行反馈控制。ECU 根据柴油机的转速、负荷等信号，确定所需的高压喷射压力，然后发出脉冲信号控制压力调节阀的开度，将共轨管中的油压控制在预定值。当共轨管中的油压传感器检测到共轨管中的压力低于目标值时，ECU 控制输油泵上的 PCV 阀提前关闭，柱塞供油提前。由于凸轮供油终点始终为凸轮升程的最高点，所以提前供油使共轨油压升高；反之，当油压传感器检测到共轨油压高于目标值时，ECU 控制输油泵上的 PCV 阀延迟关闭，输油泵供油量减少，油压降低。这样，通过调节阀的工作，控制压油柱塞预行程的长短，将共轨油压始终保持在目标值。

由上可知，共轨管内燃油的压力与发动机的转速和负荷无关。ECU 根据柴油机的转速和负荷等有关信号控制喷油压力，即可实现单独控制喷油压力，使其符合工况要求，大幅度地减小了柴油机供油压力的波动，克服了传统柴油机高、低速喷油压力差别过大，性能难以兼顾的缺陷。

（二）喷油时刻及喷油量的控制

共轨式柴油喷射系统中，喷油器是至关重要的部件，它负责把符合要求压力和循环供油量的高压柴油按要求的喷油时刻以良好的喷雾质量喷入汽缸。

图 5-31 所示为 ECD－U2 系统的喷油器的结构与工作原理。

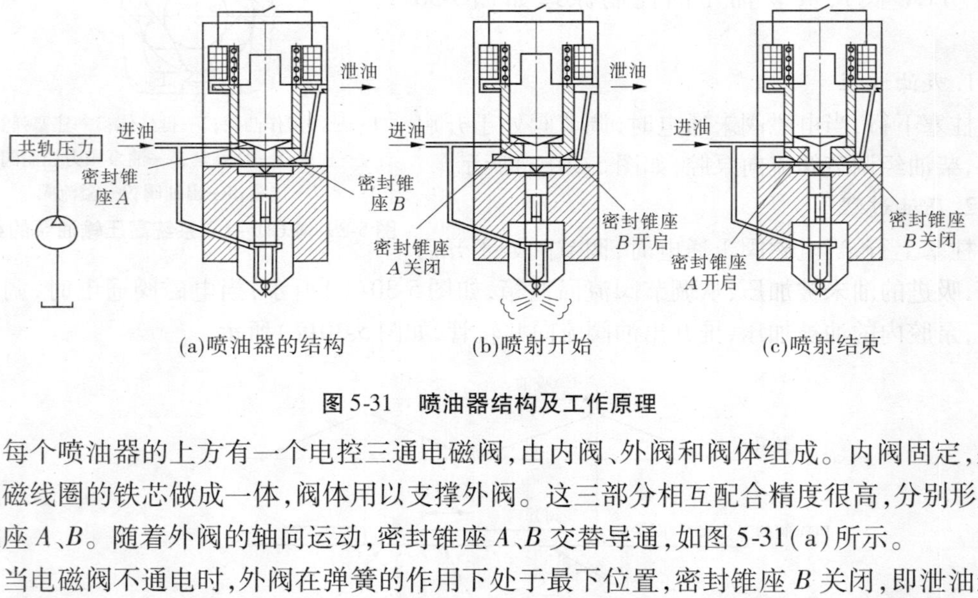

(a)喷油器的结构　　(b)喷射开始　　(c)喷射结束

图 5-31　喷油器结构及工作原理

每个喷油器的上方有一个电控三通电磁阀，由内阀、外阀和阀体组成。内阀固定，外阀和电磁线圈的铁芯做成一体，阀体用以支撑外阀。这三部分相互配合精度很高，分别形成密封锥座 A、B。随着外阀的轴向运动，密封锥座 A、B 交替导通，如图 5-31（a）所示。

当电磁阀不通电时，外阀在弹簧的作用下处于最下位置，密封锥座 B 关闭，即泄油道关闭，密封锥座 A 开启，共轨管内的高压燃油流向喷油器环形高压油腔，同时通过密封锥座 A 进入液压活塞上部，压迫活塞下行，喷油器针阀被压在密封锥面上，喷油器不喷油。

当电磁阀通电时，磁力将铁芯及三通阀的外阀上吸，密封锥座 A 关闭，密封锥座 B 打开，液压活塞上方的高压油经其上方的节流小孔从密封锥座 B 流向泄油油道，喷油器上方压力消失，针阀在其环形高压油腔内高压油的作用下被推上行，针阀离开密封锥面，喷油器开始喷油，如图 5-31（b）所示。如果持续通电，则针阀上升到最大升程，达到最大喷油量状态。

喷油结束时，电磁阀断电，在弹簧力和油压的作用下，外阀下行，密封锥座 B 关闭，密封锥座 A 打开，共轨管内的高压燃油进入液压活塞的上部，压迫活塞下行，针阀迅速关闭，如

图 5-31(c)所示。

由此可见,电磁阀接收 ECU 指令的通电时刻即柴油机的喷油始点,通电持续时间则取决于喷油量的大小。

喷油量和喷油正时是影响柴油机的动力性和经济性的重要因素,传统柴油机的喷油量及供油正时与转速有关,无法单独控制,同时传统的柴油机供给系统由于调整、磨损等,喷油量和喷油正时会产生误差。而在共轨式电控柴油喷射系统中,ECU 根据转速和油门位置等传感器信号精确计算喷油量和喷油正时,提高了发动机的动力性和经济性。

单元八　柴油机燃料供给系统的维修

一、燃料供给系统的维护

(一)空气滤清器的维护

空气滤清器如果不及时维护,会造成空气滤清器堵塞而使发动机进气不充分,导致发动机动力性、经济性变差。若空气滤清器滤芯破裂后不及时更换,会使灰尘等磨料进入汽缸,加速汽缸、活塞、活塞环、气门及气门座等零部件的磨损。

1. 空气滤清器的清洁

空气滤清器的外壳可用汽油清洗,然后用压缩空气吹干。装设有积尘杯的空气滤清器,杯内的尘土要及时清除。

空气滤清器滤芯的材质不同,清洁的方法也不同。对于纸质滤芯,应用压缩空气由内向外吹去灰尘及其他污物;对于钢丝网状滤芯,可先用压缩空气吹去表面尘土,再用高压水枪冲洗,然后再用压缩空气吹干。钢丝网状滤芯最好不要用汽油清洗,更不能用柴油清洗。这是因为汽油中不易挥发的重质成分会残留在铝网上,柴油更是如此。

2. 滤芯的更换

当空气滤清器滤芯严重堵塞或破损时,必须更换。更换时,要仔细检查,以防止纸质滤芯在运输过程中损坏。滤清器组装时,应注意密封措施,否则会使空气滤清器失去滤清作用。

(二)燃油箱的清洗

发动机经多年使用后,燃油箱内不可避免地会有沉淀物。沉淀物积存过多时会被吸入燃油系统,堵塞管路及滤清器,造成柱塞副、出油阀、喷油器、输油泵等零件的磨损,有时会使柱塞卡涩,造成发动机熄火或“飞车”等事故。

清洗燃油箱时,先将燃油放出,然后用高压水枪冲洗(水槽内加入适量金属清洗剂)。最后给油箱加入少量汽油并用长柄刷刷洗,刷洗干净后,拧开放油螺塞,放出脏油。

(三)柴油滤清器的维护

柴油机燃油系统中有精密偶件,即使微小的杂质进入该系统也会引起较大磨损,甚至造成卡死现象,严重影响发动机的正常工作。而柴油滤清器是防止杂质进入燃油系统各精密偶件的主要装置。因此,及时维护柴油滤清器使其经常处于良好的技术状态是十分重要的。

纸质或毛毡式滤芯的滤清器在维护时一般应予以更换。装配新滤清器时,必须注意密封措施,否则滤清器会失去滤清作用。同时,更换完毕后,注意排除油路中的空气。

二、喷油器的维修

(一)清洗

针阀和针阀体是配对研磨加工而成的精密偶件,不能互换。在清洗时,不能混放,要一对一对地分别清洗。当针阀卡在针阀体中,用手抽不出来时,可在干净的柴油中浸泡一段时间后再抽,千万不能用手钳硬抽。若浸泡后用手仍抽不出来,说明针阀已卡死在针阀体内,应予以更换。

针阀和针阀体上的积炭,可在柴油中用浸湿的硬质木片刮除,不得使用金刚砂纸或其他金属擦拭。任何时候都不要用手去摸针阀的研磨表面,以免表面生锈。针阀体喷孔上的积炭可用专用工具通针剔除,针阀体头部内的烟渣也可用专用工具剔除,不可碰伤针阀体内的配合面。

(二)检验

喷油器偶件配合面及针阀体端面应色泽光亮,无损伤、无锈蚀,针阀和针阀体密封锥面应明亮、无麻点、无划痕。

喷油器的性能检验应在专用的试验台上进行。喷油器试验器的结构如图 5-32 所示。

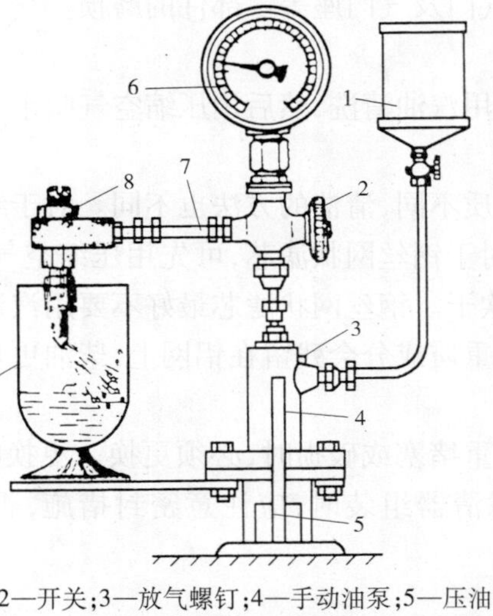

1—储油罐;2—开关;3—放气螺钉;4—手动油泵;5—压油手柄;
6—油压表;7—高压油管;8—喷油器;9—接油杯

图 5-32　喷油器试验器的结构

1. 喷油器喷油压力的检查与调试

检查时,将喷油器上的调压弹簧调整螺钉的锁紧螺母旋松,将喷油器安装到试验器上,放气并将连接部位拧紧。快速按下压油手柄若干次,待喷油器内的细小杂质和油污排出后,再缓慢地按动压油手柄(按压频率以 60 次/min 为宜),同时观察油压表。当读数开始下降时,看喷油器的开启压力的数值是否符合相关技术条件。

同一台发动机中各喷油器的喷油压力差不应超过 0.025 MPa。如果喷油压力不符合规定要求,则应予以调整。

对用调整螺钉调整喷油压力的喷油器,可拧动调整螺钉进行调整,拧入调整螺钉时,压力增高,反之则降低。

有的喷油器喷油压力通过垫片调整，加厚垫片，喷油压力增大，反之则减小。用垫片调整喷油压力时，每个喷油器只能用一个垫片。

2. 喷油器密封性的检查与试验

喷油器密封性的检查与试验，主要包括以下两个方面。

1）导向部分配合严密性的检查与试验

对导向部分配合严密性的检查，通常采用降压法。检查与试验时，将喷油器安装在喷油器试验器上，将喷油压力调到19.6 MPa，观察其由19.6 MPa下降到17.6 MPa时所用的时间，正常为10 s以上。如果时间过短，说明喷油器导向部分的配合间隙过大，回油过多；如果时间过长，说明导向部分有卡滞或拉毛现象。

2）针阀密封锥面密封性的检查与试验

以较慢的速度按压喷油器试验器的压油手柄，使压力均匀升高到低于要求的喷油压力2 MPa，并在该压力下保持10 s以上。在此期间，喷孔附近不得有柴油积聚或渗漏现象，允许少量湿润。当压力增至规定的喷油压力时，在喷油器开始喷油的瞬间，喷孔附近允许湿润，但不应有滴油现象。如果喷孔滴油、渗油，说明针阀密封锥面密封不良，应对喷油嘴进行检修，如修后仍达不到上述要求，应更换。

3. 喷雾质量的检查

喷油器喷雾质量的检查，主要检查喷油器在规定压力下能否把柴油喷射为细小、均匀的雾状油束，检查项目包括喷雾锥角、射程、均匀性、油滴尺寸及尺寸分布。最常用的检查方法包括目测喷雾形状、倾听喷雾响声、检查喷雾锥角。

1）目测喷雾形状

目测喷雾形状可与喷油压力的检查同时进行，主要通过观察油束的轮廓，判断喷雾锥角、射程和雾化状态是否正常，如图5-33所示。

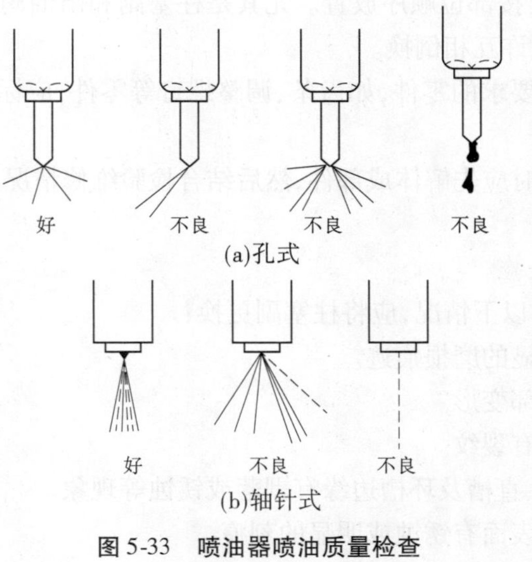

图5-33 喷油器喷油质量检查

2）倾听喷雾响声

根据喷油器在喷油时发出的响声，可以判断喷雾质量的好坏。例如：轴针式喷油器在正常喷油时，发出清脆的“唧唧”声；多孔式喷油器在正常喷油时，会发出“砰砰”声。如果喷油时响声沙哑，说明喷油器喷雾不良或针阀运动不灵活；如果响声微弱或听不到响声，说明喷油压力过低或不喷油。

3）检查喷雾锥角

不同形式的喷油嘴有不同的喷雾锥角，喷雾锥角由喷油嘴的制造形状所决定。通常喷雾锥角标注在喷油器的显著部位。检查时，对轴针式喷油嘴的喷雾形状有特殊要求：需要比较准确地测量喷雾锥角时，可在距喷油嘴喷孔 100 ~ 200 mm 处放一张白纸，纸面应与喷油器轴线垂直，然后快速压动手动油泵的压油手柄进行一次喷射，使油雾喷射在纸上，量出纸面到喷油嘴针阀端面的距离 h 和纸上的油迹直径 d，如图 5-34 所示。其中，α 的计算公式为

$$\alpha = \arctan \frac{d}{2h}$$

实际喷雾锥角为 2α。若喷油器不能满足上述检验要求，则应更换针阀偶件。

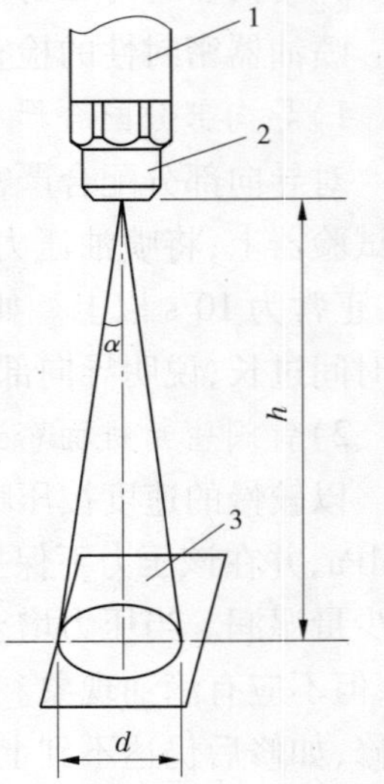

1—喷油器；2—喷油嘴；3—白纸

图 5-34　喷雾锥角检查

三、喷油泵的维修

（一）喷油泵的检修

1. 喷油泵的解体

喷油泵解体之前，应用汽油、煤油或柴油认真清洗其外部，但不得用碱水清洗。

喷油泵解体时，应注意以下问题：

（1）尽量使用专用工具。

（2）零件拆下后，要按部位顺序放置。尤其是柱塞副和出油阀等零件，在解体及后续的清洗时，避免磕碰，不允许互相倒换。

（3）对有装配位置要求的零件，如齿条、调整螺钉等零件，应标明原来装配位置，防止装配时装错位置。

（4）喷油泵在解体时应先解体成部件，然后结合检验维修情况进一步分解。

2. 柱塞副的检修

1）柱塞副的外观检验

如果发现柱塞副有以下情况，应将柱塞副更换：

（1）柱塞表面有明显的磨损痕迹。

（2）柱塞弯曲或头部变形。

（3）柱塞或柱塞套有裂纹。

（4）柱塞头部斜槽、直槽及环槽边缘有剥落或锈蚀等现象。

（5）柱塞套的内圆表面有锈蚀或明显的刻痕。

2）柱塞的滑动性能试验

先用洁净的柴油仔细清洗柱塞副，再涂上干净的柴油进行试验。试验时，将柱塞套倾斜 60°左右，拉出柱塞全行程的 1/3 左右。放手后，柱塞能在自重的作用下平滑缓慢地进入套筒内。然后转动柱塞，在其他位置重复上述试验，柱塞均应能平稳地滑入套筒内。

如下滑时在某个位置有阻滞现象,可将抛光剂涂在柱塞表面上,插入柱塞套内研配。当柱塞顶部边缘部分有毛刺而产生阻滞时,可用细质油石磨去毛刺,然后清洗干净,涂上抛光剂与柱塞套互研,直至无阻滞。如果下滑很快,说明磨损过度,必须成对更换。

3)柱塞的密封性试验

试验时,可用手指盖住柱塞套的顶部和进、出油口,使柱塞处于最大供油位置,然后将柱塞由最上方位置向下拉。此时,应感到有明显的吸力。放松柱塞后,柱塞应能迅速回到原位。否则,应更换新柱塞副。

3. 出油阀的检修

1)出油阀偶件的外观检验

如发现有下列情况,应更换出油阀:

(1)出油阀的减压环带有严重的磨损痕迹。

(2)锥面磨损过多,并有金属剥落痕迹和划痕。

(3)出油阀体和阀座端面及锥面有裂纹。

(4)阀体或阀座锥面锈蚀。

2)出油阀滑动性试验

将出油阀及阀座在柴油中浸泡后,拿住阀座,并沿铅垂方向向上抽出阀体约 1/3,松开时阀体应能在自重下落座。在几个不同位置上试验,均能符合该要求,说明出油阀良好。

3)出油阀密封性试验

主要检查出油阀偶件的磨损程度,因为出油阀的减压环带很窄,所以稍有磨损就会对密封性产生很大的影响。

试验时,将出油阀从出油阀座拉出约 5 mm(减压环带与出油阀座平齐),堵住出油阀座的下孔,然后用力压出油阀入座。压时费力,松开时出油阀能自动弹出为正常,否则密封性不好。也可先堵住出油阀座下孔,拉出出油阀约 5 mm(减压环带与出油阀平齐),然后放松出油阀,以出油阀能自动吸回为正常。

(二)喷油泵的调试

喷油泵的调试项目包括供油时间的调试和供油量的调试。

喷油泵试验台的外形如图 5-35 所示,它是用来测定和调整喷油泵性能的装置,主要由三部分组成:带动喷油泵运转的传动装置、燃油供油部分和喷油泵泵油及量油部分。喷油泵调试前的准备工作如下:

(1)喷油泵在试验台上的安装应牢固可靠,喷油泵凸轮轴和试验台传动轴要保持同轴度。喷油泵固定后,应运转平稳、无异响。泵上有燃油限压阀时,要安装回油管,无燃油限压阀时,要堵塞其回油孔。喷油泵运转前,应检查补足喷油泵和调速器内的润滑油,并进行一定时间的磨合运转。

图 5-35 喷油泵试验台

(2)向喷油泵供油,将低压油路的压力调整到 100 kPa 左右,并对低压油腔放气。

(3)拧松标准喷油器内的放气螺钉,启动喷油泵,使其转速逐渐增加到 400 r/min 左右。

转动操纵臂，使其达到最大供油位置并进行排气，排除高压油路中空气后，拧紧放气螺钉，使喷油泵转速增加至600 r/min，在最高转速位置继续运转3～5 min后停机。

为了提高喷油泵和调速器的质量，喷油泵调试场地应选在无尘的恒温环境，试验时温度应维持在20 ℃左右。

1. 供油时间的调试

1）溢油法

溢油法利用油泵试验台内部配置的调压燃油泵，先将燃油加压至4.4 MPa以上，再送入喷油泵的低压油腔。当柱塞处于下止点时，柱塞套上的进油口未被遮盖，高压燃油即从低压油腔顶开出油阀，经高压油管自标准喷油器的放气油管流出。然后转到凸轮轴，使柱塞上行。当柱塞顶部边缘刚好将进油口遮住时，高压燃油被阻断，回油管马上停止回油。此时即为该柱塞开始供油的时刻，其数值可以从指示装置中读出，具体步骤如下：

（1）从第1缸开始，先将喷油泵试验台上的变速手柄置于"0"位，油路转换阀控制杆置于高压供油位置，并拧松标准喷油器的放气螺钉。

（2）启动油泵电机，当柴油从标准喷油器的放气油管流出后，将调速器手柄置于最大供油位置。再慢慢转动喷油泵试验台上的传动轴，当第1缸喷油器放气油管刚停止出油时使传动轴停住。将喷油泵试验台上的指针移至对正刻度盘的0度（或整十位数刻度），这样反复几次，核对后，确定指针对正刻度盘的位置，即为第1缸柱塞开始供油的时刻。

（3）检查喷油泵联轴器上的刻线是否与喷油泵壳前端面的刻线对正。如果联轴器上刻线超前，说明供油开始时刻晚了，应调整挺柱体部件的有效高度，将调整螺钉旋出或增加调整垫块厚度；如果联轴器上刻线滞后，说明供油开始时刻早了，应减小挺柱体部件的有效高度。

（4）第1缸柱塞供油开始时刻调整后，以其为准，按柴油机工作顺序调整其他缸柱塞供油时刻。如四缸柴油机工作顺序为1—3—4—2，在调整第3缸供油时刻时，从第1缸开始时刻在刻度盘上的标记位置开始旋转90°，正好是第3缸开始供油时刻。各缸供油时刻的误差应控制在±0.5°凸轮转角的范围内。

在调试过程中，若放气油管的燃油有断续现象，则说明燃油压力过低，此时应将其余喷油器的放气螺钉拧紧，只保留被测汽缸的喷油器回油管，这样可以提高燃油压力。

2）测时管法

测时管的结构如图5-36所示，试验前，先将测时管安装在第1缸的出油阀接头上，转动喷油泵凸轮轴使分泵泵油，直到测时管不冒气泡。将多余燃油除去，使管内燃油刚好与管口平齐，然后慢慢转动凸轮轴，至管口油面开始微动时停止转动，此时即为第1分泵的供油开始时刻，查看联轴器刻线，并按前述方法调整和测试其余各缸分泵。

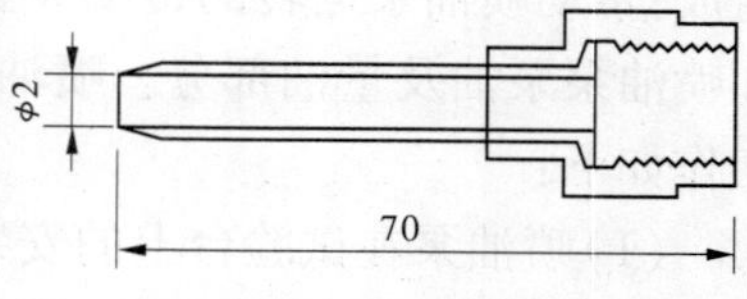

图5-36 测时管的结构

2. 供油量的调试

喷油泵供油量的调试主要是指额定转速供油量和怠速供油量的调试。

在对供油量进行调试时，各缸供油量应均匀稳定，以保证发动机平稳运转。各缸供油量的不均匀度可采用下式计算：

$$\text{不均匀度}=\frac{2\times(\text{最大供油量}-\text{最小供油量})}{\text{最大供油量}+\text{最小供油量}}\times 100\%$$

供油量不均匀度的调整，以额定转速供油量不均匀度最为重要，因为柴油机额定转速机会最多。一般额定转速供油量不均匀度应不大于3%，怠速供油量不均匀度不大于30%。柴油机启动和短时间超负荷运转时，因运转时间短，故不均匀度可以放宽些。

在进行供油量的调试时，首先应使试验台的输出轴（喷油泵的凸轮轴）以某一供油量所规定的转速运转，例如测试额定功率供油量，应使喷油泵凸轮轴以额定转速运转，如测试怠速供油量，应使凸轮轴以怠速转速运转。同时，使喷油泵操纵臂或供油齿杆（拉杆）处于某一供油量所需位置，如测试额定功率供油量，应将操作臂处于最大供油位置，如测试怠速供油量，将操纵臂移到最小供油位置。然后操纵喷油泵试验台的计数器移开挡油板，使各量筒按规定的次数盛油。检查各缸供油量，应符合原厂规定。

如果供油量不符合规定或不均匀度过大，可松开调节齿圈或拨叉的固定螺钉，根据喷油泵的不同油量调节类型，选择将柱塞控制套相对于调节齿圈转动一定角度，或将拨叉相对于供油拉杆移动一段距离，然后再拧紧固定螺钉。

四、调速器及输油泵的维修

（一）调速器的检修与调试

1. 调速器的检修

调速器中的零件大多是运动零件，这些零件的连接或接触部位在运动中会发生各种损失。

1）调速弹簧的检修

当调速弹簧出现扭曲、裂纹、弹力减弱及折断等损伤时，应予以更换。

2）飞块、支架及连接部位的检修

检查飞块、支架及销轴三者的配合间隙，应在规定范围内。

3）调速套筒的检修

调速套筒在轴上应运动自如、无卡滞，调速套筒的内孔磨损后应更换。

2. 调速器的调试

调速器一般在喷油泵试验台上进行调试，主要试验调整的项目是高速、低速起作用的转速。

1）高速起作用转速的试验和调整

试验时，启动喷油泵试验台，使喷油泵由低转速增速，并接近于额定转速，把喷油泵操纵臂向供油方向推到底，然后再慢慢增加喷油泵转速，注意观察供油齿杆的变化，当供油齿杆开始向减少供油方向移动时的转速就是调速器的高速起作用转速。该转速应比额定转速（指喷油泵凸轮轴转速）大5～15 r/min，以保证柴油机的额定转速，而又不过多超速。当转速不够或超速时，通过增加或减小高速弹簧的弹力来进行调整。

2）低速起作用转速的试验和调整

试验时，启动喷油泵试验台，使喷油泵在低于怠速的转速下运转，缓慢转动操纵臂，当喷油泵或喷油器刚刚开始供油时，固定操纵臂，逐渐增加喷油泵转速，同时观察供油齿杆的变化。当供油齿杆开始向减少供油方向移动时的转速就是调速器低速起作用转速。该转速应不高于柴油机怠速所规定的转速。当测定结果不符合柴油机规定时，可通过调整低速弹簧的弹力来达到要求。低速弹簧的弹力越大，怠速越高；弹力越小，怠速越低。

（二）输油泵的检修

输油泵解体后，检查进、出油阀和阀座的磨损情况。如有破裂或严重磨损，应予以更换。若磨损轻微，则可研磨修复。

输油泵活塞与壳体由于磨损而出现配合松旷或运动不平稳时，应更换新泵。

单元九　柴油机燃料供给系统的故障诊断

一、发动机启动不着或启动困难

（一）发动机启动的条件

柴油机要顺利启动，必须具备以下条件：

（1）供油量正常，雾化良好。

（2）供油时刻合理。

（3）汽缸压力符合要求，不能太低。

以上三个条件缺一不可。在排除柴油机启动困难故障时，一般按照以下顺序依次检查：喷油是否正常—喷油正时是否准确—汽缸压力是否太低。这里主要分析供油系统的故障，其故障原因主要有：输油泵不泵油、油路堵塞或漏气、滤清器堵塞、喷油器雾化不良或不喷油、高压油泵故障。

（二）故障诊断流程

发动机启动困难的故障诊断流程如图 5-37 所示。

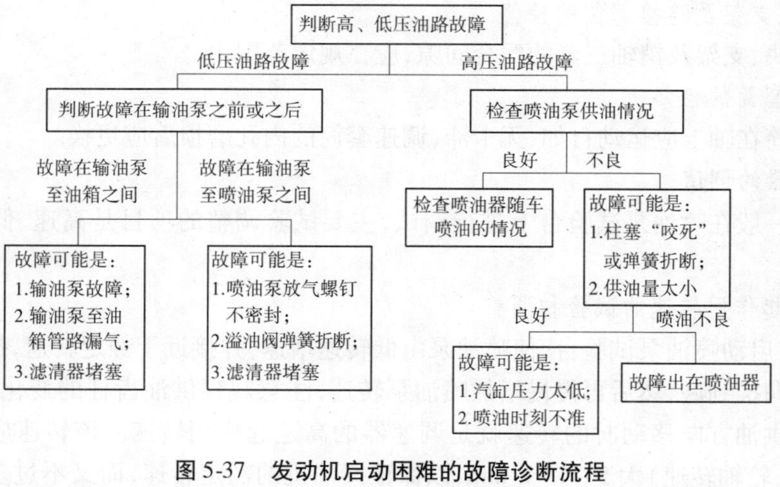

图 5-37　发动机启动困难的故障诊断流程

该故障的具体诊断方法如下所述：

（1）检查低压油路是否正常。松开输油泵的手油泵，用力压几下，若感觉轻松、压力小，则为低压油路故障；若感觉费劲，且有柴油打开溢流阀后的压油过程，则低压油路正常。

（2）检查高压油路是否正常。松开喷油泵出油管接头，启动发动机，看是否有油柱喷出，且无气泡，否则为高压油路故障。

（3）查找低压油路故障的原因。松开输油泵出油管，用手油泵泵油，若能将柴油从油箱吸出，并从输油泵出口压出，则故障出在喷油泵和滤清器；若不能，则故障出在手油泵或至油箱的油路中。可用新油管、小油箱取代原来油管泵油,分段检查故障部位。

(4)区分是喷油器故障还是汽缸压力过小或喷油正时不当。将喷油器拆下,重新连接在燃烧室外面,启动发动机,看喷油器的喷雾情况。若喷雾良好,则故障为汽缸压力低或喷油正时不准,若喷雾滴油或不喷油,则为喷油器故障。

二、自动熄火

(一)故障现象

发动机在运转中自动熄火,并不能重新启动。

(二)故障原因

发动机运转中突然自动熄火的油路故障由燃油未进入燃烧室所致(机械故障除外)。造成燃油供给不足的原因有以下几个方面:

(1)油箱内无油,输油管路堵塞或破裂,柴油滤清器堵塞。

(2)喷油泵泵腔内进入空气。

(3)输油泵不泵油。

(4)油量调节拉杆或齿条卡死在停止供油位置。

(三)故障诊断与排除

(1)检查油箱内燃油是否耗尽,输油管路有无漏油之处,检查、疏通输油管路。

(2)松开喷油泵放气螺塞或柴油滤清器出油管的接头螺钉,用手油泵泵油。如果无油溢出,且输油泵压送阻力较大,则说明柴油滤清器堵塞。此时,应清洗滤清器或更换滤芯。

(3)油箱内有燃油,输油管路正常时,拧松滤清器进油管的接头,用手油泵泵油。如果无油溢出,说明输油泵有故障。此时,应检查、清洗输油泵进、出油阀及输油泵活塞。进出油阀端面不平时,可在水砂纸上绕“8”字研磨,活塞皮碗损坏时,应予以更换。

(4)打开喷油泵侧盖,检查油量调节拉杆或齿条有无卡涩现象。

三、动力不足

(一)故障现象

发动机的启动、运转均正常,但机械起步或进入负荷作业时易熄火。

(二)故障原因

1. 喷油泵故障

(1)柱塞磨损过于严重,出油阀密封不严。

(2)喷油泵的高压油管破裂或接头处漏油。

(3)喷油泵的额定油量过小,油量调节叉或扇形齿轮松脱。

(4)喷油泵的供油时刻不准。

(5)喷油泵的凸轮、凸轮轴磨损过甚,轴承损坏。

2. 调速器故障

(1)加速踏板或手油门及拉杆卡涩,行程不够。

(2)高速限止螺钉和支持轴调整不当。

(3)启动加浓时弹簧过软或折断。

(三)故障诊断与排除

(1)将加速踏板或油门手柄置于最高转速位置时,调速器上的调速拉杆应与最高转速限止螺钉相接触。否则为加速踏板或油门手柄的行程不够,应予以调整。

(2)检查高压油管及接头处有无漏油现象。接头松动时应紧固,高压油管破裂时应更换。

(3)检查、校正喷油时间。

(4)打开喷油泵侧盖,检查油量调节叉或扇形齿轮夹紧螺钉。若有松动,须调试喷油泵。

(5)用转速表检查发动机的最高空转转速。如果发动机的最高空转转速不能达到规定要求,则适当旋出调速器上的最高转速限止螺钉,直到符合标准。

(6)若发动机空转转速符合要求,但动力不足,则适当旋入支撑轴,直到急加速时排气管内有黑烟冒出。调速器在试验台上调试好后,须进行铅封,不允许在使用中随意调整。

(7)喷油泵柱塞偶件磨损、凸轮轴磨损、轴承损坏、调速弹簧折断等,应解体检查,维修喷油泵及调速器。修复后,在试验台上进行调试,合格后再投入使用。

四、工作粗暴

(一)故障现象

发动机工作时发出类似敲缸的敲击声,急加速时响声更大,排气管冒黑烟。

(二)故障原因

(1)喷油时刻过早,喷油雾化不良或喷油器滴油。

(2)各缸喷油不一致或供油量过大。

(3)发动机温度过低。

(4)选用柴油的牌号不对或柴油内有汽油。

(三)诊断与排除

(1)发动机的爆燃敲击声均匀,说明故障原因与喷油正时、喷油量、柴油牌号等因素有关。喷油过早时,响声尖锐、清脆且有节奏。喷油量过大时,发动机响声沉闷,排气管冒黑烟。诊断时,先检查、调整喷油时间及喷油器,必要时更换喷油头。若喷油正时且喷油器工作正常,则应考虑柴油牌号选择是否合适。打开油箱盖,检查柴油中有无汽油味,必要时更换柴油。

(2)发动机的爆燃敲击声不均匀,表明各缸工作情况不一致。此时,可用单缸断油法找出工作粗暴的汽缸。若怀疑某缸喷油器雾化不良或有滴油现象,更换新喷油器或与其他缸调换。倘若更换后爆燃敲击声消失或转移,说明故障在喷油器。若怀疑个别缸供油量偏多,可将该缸高压油管接头适当拧松,让部分高压油泄漏。此时爆燃敲击声和冒黑烟现象消失,则说明该缸供油量过大。各缸供油不均匀时,应将喷油泵从发动机上取下,在喷油泵试验台上调试合格后再投入使用。

五、怠速不稳

(一)故障现象

发动机怠速转速高于标准转速,且时高时低,有时会熄火,伴随发动机抖动。

（二）故障原因

（1）怠速供油量不均匀。

（2）低压油路有空气。在转速高时，空气被强行压出，故障现象不明显。

（3）调速器调整不当，调速器润滑不良。

（4）齿圈、齿条间隙过大。

（5）柱塞拉毛。

（6）在转速低时，喷油雾化不良、滴油。

（三）故障诊断与排除

（1）检查调速器内的润滑油是否过多、过脏或黏度过大或长时间缺油。必要时清洗调速器，更换新鲜润滑油。检查各连接、配合部位是否松旷，观察飞块或钢球收张情况及调速弹簧工作情况，必要时检修调速器。

（2）拆开喷油泵侧盖，检查供油拉杆或齿条活动情况。如果供油拉杆或齿条卡涩，松开供油拉杆上调节叉的固定螺钉或扇形齿轮的夹紧螺钉后，供油拉杆或齿条活动自如，则说明柱塞转动阻力过大。否则为供油拉杆或齿条锈蚀、被杂物挤住、变形或间隙配合过小。

（3）柱塞转动阻力过大时，取出柱塞偶件。如果柱塞与柱塞套配合良好，转动自如，则是柱塞套安装不正。重新安装柱塞及柱塞套时，一定要使柱塞套定位螺钉旋入定位槽内，否则容易引起柱塞套变形而使柱塞转动阻力过大，致使调速不灵，严重时会使调速器失灵。如果取出柱塞和柱塞套，两者相对转动时阻力过大，则说明柱塞及柱塞套过脏或变形。此时，可用汽油清洗柱塞及柱塞套，并用干净棉布擦磨。清洗干净后，在干净柴油中将柱塞插入套筒内，再做转动试验。若转动自如，则可继续使用，若转动阻力仍然较大，则更换柱塞偶件。

（4）喷油泵、调速器均无故障，则发动机怠速不稳是因为喷油器故障。此时，应取下喷油器，在喷油器试验器上检查其喷油压力、雾化质量。压力不符合要求时，可以调整，若雾化不良或有滴油现象，应更换喷油器针阀偶件。

六、冒蓝烟

（一）故障现象

发动机运转正常，但排气管总是冒蓝烟。

（二）故障原因

发动机冒蓝烟是机油进入燃料室而引起的。原因有以下几个方面：

（1）空气滤清器内油面过高。

（2）汽缸磨损过甚，油底壳机油窜入燃烧室。

（3）活塞环磨损过甚，弹力不足。

（4）扭曲环方向装反。

（5）气门杆与气门导管磨损，配合间隙过大或气门油封损坏。

（6）废气涡轮增压器油封漏油。

（三）故障诊断与排除

发动机冒蓝烟时仍能正常启动和运转，所以有时不能引起操作人员的足够重视。事实上，发动机冒蓝烟时，机油消耗增加，发动机的经济性变差。另外，机油窜入燃烧室会生成积炭，久而久之会卡滞活塞环，引起发动机爆燃等不良后果。因此，一旦发动机出现冒蓝烟现象就应及时诊断，找出故障原因并予以排除。检查、诊断发动机冒蓝烟的原因时，应检查空气滤清器的油面是否过高，废气涡轮增压器油封是否损坏，必要时更换新油封。由于活塞环、汽缸套、气门杆及气门导管等磨损，机油窜入燃烧室时，应对发动机进行解体检验，必要时更换上述零件或对发动机进行大修。

七、冒黑烟

（一）故障现象

发动机可以启动，可以运转，但排气管一直冒黑烟。

（二）故障原因

（1）发动机负荷过大。

（2）喷油不正时或联轴器固定螺栓松动。

（3）空气滤清器堵塞，进气不充分。

（4）喷油泵供油量过大。

（5）喷油泵磨损过甚，轴承损坏。

（6）喷油器喷油雾化不良。

（三）故障诊断与排除

（1）减小发动机负荷，冒黑烟现象消失，说明冒黑烟的原因是发动机长时间超负荷。

（2）取掉空气滤清器后，发动机冒黑烟现象消失，说明空气滤清器堵塞，应更换滤芯。

（3）检查喷油时刻，若喷油时间过早或过晚，应调整到规定值。

（4）将喷油器取下，在喷油器试验器上检查其喷油雾化质量，必要时更换针阀偶件。

（5）拆下喷油泵，检查凸轮轴是否松旷、轴承工作是否正常，必要时解体检修。

（6）在喷油泵试验台上检查供油量。额定油量和加浓油量过大时，应重新调整到标准值。

若供油系统工作正常，而发动机仍然冒黑烟，应检查汽缸压力。

八、冒白烟

（一）故障现象

发动机启动后，排气管排出白色烟雾，工作声音杂乱，有时容易熄火。

（二）故障原因

（1）燃油中混入水分。

（2）汽缸盖螺栓松动或汽缸垫损坏，冷却水进入汽缸。

（3）汽缸、汽缸体、汽缸盖冷却水套有裂纹。

（4）供油时间过晚。

（三）故障诊断与排除

柴油机在低温，特别是冬季启动时排气管排出白烟，但工作温度升高后白烟消失，这是正常现象。发动机运转时一直冒白烟，用手或白纸靠近排气管时，手上或纸上会留有水迹，说明燃烧室有水进入。此时，应将油箱及柴油滤清器的放污螺塞打开，放出水和其他沉淀物。仔细观察汽缸垫处有无漏水、漏气现象，汽缸盖、汽缸体有无破漏之处，汽缸盖螺母有无松动，油底壳机油液面有无升高现象。如果确认有水漏入汽缸，应解体检修发动机。喷油泵喷油时间过晚，会使发动机动力不足，不易加速，并排出大量白烟。所以，在诊断发动机冒白烟故障时，如果无水进入汽缸，则应检查喷油时刻，必要时进行调整。

小　结

柴油机燃料供给系统的功用是存储、滤清和输送柴油，并定时、定压、定量地将燃油喷入燃烧室。燃烧供给系统由燃油供给装置、空气供给装置、混合气形成装置和废气排放装置四部分组成。

燃烧室有两种形式，即直接喷射式燃烧室和分开式燃烧室。直接喷射式燃烧室是由凹形的活塞顶与汽缸底面围成的单一空腔，容积几乎都在活塞的顶部，室内形成涡流运动，混合气形成迅速。分开式燃烧室主要分成主燃烧室和副燃烧室两部分，它的主要形式有预热室式燃烧室和涡流室式燃烧室。

喷油泵是供给系统的动力源，本项目主要对柱塞式喷油泵进行了讲解。喷油器根据喷油嘴结构的不同分为孔式喷油器和轴针式喷油器。

调速器是系统中的油量控制部件，它的作用是根据柴油机负荷变化调整喷油泵的供油量，来改变柴油机的转速。本项目主要介绍了两极式调速器和全程式调速器。

电控柴油喷射系统是对喷油系统进行电子控制，实现对喷油量以及喷油正时随运行工况的实时控制。共轨控制是指该系统中有一条公共油管，用高压输油泵向公共油道中泵油，用电磁阀进行压力调节，并由压力传感器进行反馈控制。

本项目最后对常见的柴油机燃料供给系统的几种故障现象进行了分析，介绍了常见的故障排除方法。

技能训练

实训1　喷油器和喷油泵的拆装

(一)实训内容

(1)喷油器和喷油泵的结构认识；

(2)喷油器和喷油泵的拆装。

(二)实训要求

(1)熟悉喷油器和喷油泵的基本结构和工作原理；

(2)正确掌握喷油器和喷油泵的拆装步骤和方法。

实训2　喷油器的检查与调试

(一)实训内容

(1)喷油器试验台的操作规范；

(2)喷油器喷油压力的调试；

(3)喷油器密封性和喷雾质量的检查。

(二)实训要求

(1)熟悉喷油器试验台设备的正确使用方法;

(2)掌握喷油器的技术要求和校正方法。

实训3　喷油泵和调速器的检查与调整

(一)实训内容

(1)喷油泵试验台的操作规范的认知;

(2)喷油泵供油时刻和供油量的调整;

(3)调速器高、低速起作用转速的调整。

(二)实训要求

(1)熟悉喷油泵试验台设备的正确使用方法;

(2)掌握喷油泵和调速器的检查与调整的内容、方法和步骤。

实训4　柴油机燃料供给系统常见故障的诊断与排除

(一)实训内容

(1)柴油机燃料供给系统的结构认识;

(2)柴油机燃料供给系统常见故障的诊断与排除。

(二)实训要求

(1)熟悉柴油机燃料供给系统的总体布置;

(2)掌握柴油机燃料供给系统常见故障的诊断与排除的方法及步骤。

思考题

一、填空题

1. 柴油机燃料供给系统由________、________、________、________四套装置组成。

2. 柴油机燃油供给装置由____________、____________、____________、____________、____________、__________、__________和__________等组成。

3. 按结构形式,柴油机燃烧室分成两大类,即________燃烧室,其活塞顶面凹坑呈________、________、________、________及________等;________燃烧室,包括________和________燃烧室。

4. 柴油机燃料供给系统的________与________,________与________,________与________,称为柴油机燃料供给系统的三大偶件。

5. 喷油泵按其作用原理不同,可分为________喷油泵、________和________喷油泵三类,目前大多数柴油机采用的是________喷油泵。

二、判断题

1. 速燃期的汽缸压力达最高,而温度也最高。　　(　　)

2. 孔式喷油器的喷孔直径一般比轴针式喷油器的喷孔直径大。　　(　　)

3. 柱塞的行程是由驱动凸轮的轮廓曲线的最大齿径决定的。在整个柱塞上移的行程中，喷油泵都供油。（　　）

4. 调整滚轮挺柱传动部件高度，实际上是调整该缸的供油量。（　　）

5. 两极式调速器适用于一般条件下使用的汽车柴油机，它能自动稳定和限制柴油机最低转速和最高转速。（　　）

6. 喷油泵是由柴油机曲轴前端的正时齿轮通过一组齿轮传动来驱动的。（　　）

三、问答题

1. 简述柴油机燃料供给系统的作用。

2. 喷油器的工作原理是什么？

3. 调速器的作用是什么？

4. 简述 RAD 型调速器怠速工况的工作过程。

5. 简述共轨式电控柴油喷射系统的工作原理。

6. 简述喷油泵、喷油器的调试项目及内容。

项目六　冷却系统

【任务介绍】

要维持发动机在最适宜的工作温度工作,冷却系统(可简称冷却系)的技术状况必须保持良好。但经长期使用后,某些技术状况将发生变化,加之使用不慎、操作不当和机件损坏等,发动机会出现漏水、过热、过冷等常见故障。因此,确保冷却系无明显渗漏、各组成元件无明显损坏及老化是发现冷却系故障的最为直观的检查方法,也是保证冷却系正常运行的最基本保障。设置本任务的目的:一方面是学习冷却系组成、分类、结构等知识;另一方面是掌握直观检查冷却系的方法,学会对冷却系进行规范的维护保养作业。

【任务分析】

引导学生完成冷却系的作用、分类、组成等相关知识的学习,然后实施冷却系维护任务。首先利用台架和实车认识冷却系的组成和结构特点,然后逐步完成冷却系维护作业的操作内容。

学习完本任务后应能够:

1. 叙述冷却系的作用、组成、分类和各组成部分的功用;
2. 正确完成冷却液液面的检查和冷却液渗漏的检查;
3. 叙述水泵的结构与工作原理;
4. 叙述正确使用工、量具的方法;
5. 正确完成测量、规范操作;
6. 叙述风扇的组成和各组成部分的功用;
7. 叙述风扇离合器的组成和各组成部分的功用;
8. 正确完成电动风扇的车上检查和硅油风扇离合器的日常维护。

【相关知识】

发动机工作时,可燃混合气在汽缸内燃烧,其工作温度高达 2 000 ℃,瞬时温度可达 3 000 ℃左右,一些直接与高温燃气接触的零件,如汽缸体、汽缸盖、汽缸套、活塞、气门等,不断受到高温燃气的冲击,工作温度极高,如果不加以适当冷却,不仅会使发动机过热导致充气效率下降、燃烧不正常、机油变质、零件摩擦和磨损加剧,有时甚至造成机件卡死或烧毁等事故性损伤。

但如果冷却过度,又会由于汽缸温度过低使机油黏度增大、摩擦损失增加、燃油雾化不良、动力下降、散热损失增加及润滑性能变差。因此,必须保证发动机始终处在最适宜的温度状态下工作。

单元一　概　述

一、冷却系的功用

冷却系的主要功用是把受热零件吸收的部分热量及时散发出去,保证发动机在最适宜的温度状态下工作。

发动机冷却是否适度对发动机的工作影响较大,过冷或过热都会对发动机造成危害。冷却不足,会造成发动机过热,导致发动机充气量减少,影响发动机动力输出。过高的温度会使机油黏度下降,影响发动机润滑,造成机件磨损严重。冷却过度,会使发动机过冷,导致燃料挥发困难,混合气混合不均匀,造成燃料燃烧不充分,耗油量加大,并且引起环境污染。

二、冷却系的类型

发动机冷却系按照冷却介质不同可以分为水冷系统和风冷系统两种。

(一)水冷系统

水冷系统以水或防冻液(统称为冷却水)为冷却介质,靠冷却水在发动机水套中循环流动将高温机件的热量带走,然后再将热量散发到大气中。水冷系统广泛用于汽车发动机,其特点是冷却强度大,易调节,便于冬天启动。

水冷系统一般都是由水泵强制将冷却水在冷却系统中进行循环流动的,因此也称之为强制循环式水冷系统,桑塔纳、丰田、解放 CA6102 等汽车发动机都采用强制循环式水冷系统。强制循环式水冷系统由冷却装置、冷却强度调节装置和水温显示装置三部分组成。如图 6-1 所示,冷却装置包括水套、水泵、风扇、散热器等,冷却强度调节装置包括节温器、风扇离合器、百叶窗等,水温显示装置包括水温表、水温感应塞等。

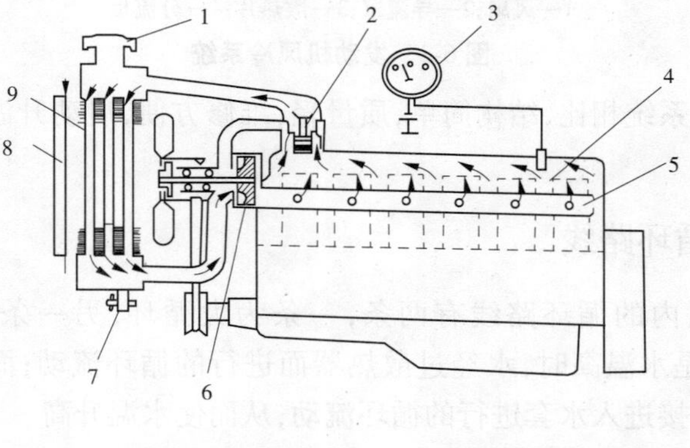

1—散热器盖;2—节温器;3—水温表;4—水套;5—分水管;
6—水泵;7—放水开关;8—百叶窗;9—散热器

图 6-1 发动机水冷系统

水套是直接铸在缸体里面和缸体与缸盖相互连通的部位,通水孔使缸体上平面与下平面的缸盖水套和缸体水套相互连通。发动机工作时,水套内充满了冷却水,直接从汽缸壁和燃烧室壁吸收热量。水泵装在发动机缸体与散热器之间,通过曲轴 V 形带驱动,水泵的出水孔与水套相连。工作时,水泵运转带动冷却水在散热器与水套中循环流动,在水套中流动吸收了热量的冷却水经过散热器将热量散发到大气中,冷却的水经过水泵加压,经水管再压入水套。

风扇安装在水泵轴上,水泵工作时,风扇运转产生强大的吸力,以增大流经散热器的空气流速,加速冷却。节温器是为了保证发动机在不同的工况下自动调节水温,使发动机始终在最适宜的温度范围内工作。水温显示装置用来检测冷却水的温度。

分水管的作用是使多缸发动机的各汽缸冷却强度均匀,是一扁平的长管,上面加工有若干出水孔，离水泵越远，出水孔尺寸越大，保证发动机后部的汽缸具有足够的冷却强度。

（二）风冷系统

一些柴油机和大部分摩托车发动机采用风冷系统，如图 6-2 所示。风冷系统是利用高速流动的空气直接吹过汽缸体和汽缸盖的外表面，使发动机冷却的。有些发动机的风冷系统设有轴流式风扇、导流罩和分流板，以加强冷却效果，并使各缸冷却均匀。

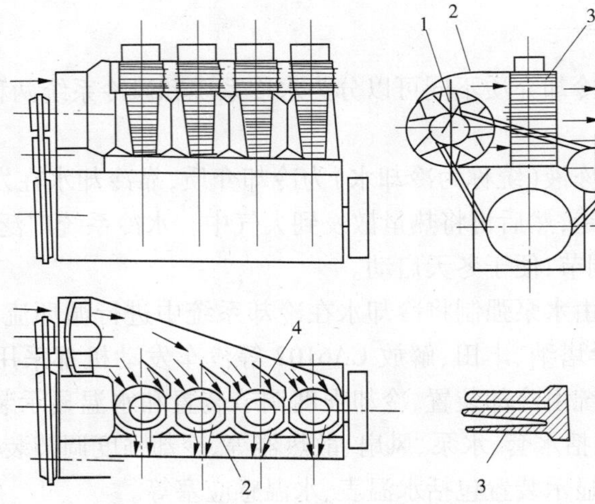

1—风扇；2—导流罩；3—散热片；4—分流板

图 6-2　发动机风冷系统

风冷系统与水冷系统相比，结构简单，质量轻，维修方便，启动升温快，但冷却强度难以调节，工作噪声大。

三、冷却水的循环路线

冷却水在冷却系内的循环路线有两条，一条为大循环，另一条为小循环，如图 6-3、图 6-4所示。大循环是水温高时，水经过散热器而进行的循环流动；而小循环是水温低时，水不经过散热器而直接进入水套进行的循环流动，从而使水温升高。

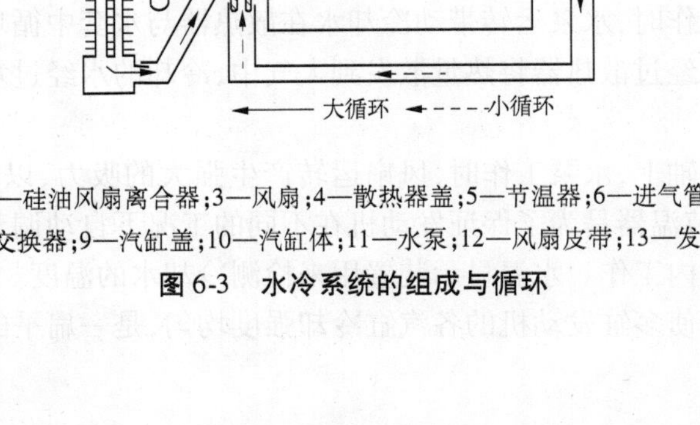

1—散热器；2—硅油风扇离合器；3—风扇；4—散热器盖；5—节温器；6—进气管；7—热水阀；8—暖风热交换器；9—汽缸盖；10—汽缸体；11—水泵；12—风扇皮带；13—发动机出水管

图 6-3　水冷系统的组成与循环

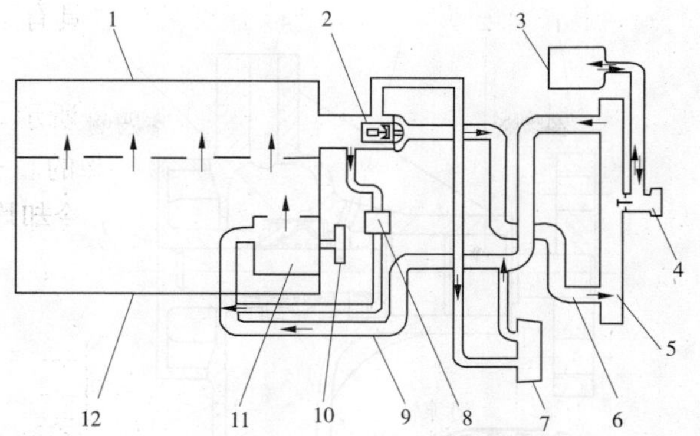

1—缸盖和进气歧管;2—节温器;3—膨胀水箱;4—散热器盖;5—散热器;6—散热器进水管;
7—暖风机;8—节流阀体;9—发动机进水管;10—水泵皮带轮;11—水泵;12—缸体

图6-4　汽车发动机冷却水循环路线

控制冷却水循环路线的是节温器。节温器安装在缸盖出水口处,其阀门的开启受冷却水温度的影响,当发动机刚刚启动,冷却水温度低于70 ℃时(轿车密闭式冷却系统低于85 ℃时),节温器关闭通往散热器的通路,从缸盖水套流出的冷却水通过小循环水管直接进入水泵,并经水泵送入缸体水套。由于冷却水不经散热器散热,可使发动机温度迅速提高。

当发动机冷却水温度高于80 ℃时(密闭式冷却系统高于85 ℃时),节温器将直接通往水泵的小循环通路逐渐关闭,从缸盖水套流出的冷却水进入散热器进行散热,散热后的冷却水在水泵的抽吸下又回到缸体水套进行循环。由于经过散热器散热,发动机冷却水的温度迅速下降,避免发动机过热。

当发动机冷却水温度在70～80 ℃时(密闭式冷却系统82～93 ℃时),节温器使两种循环(大循环、小循环)都存在,这时只有部分冷却水流经散热器散热,散热量不大,这种循环方式称为混合循环。

单元二　冷却系统的主要部件

一、结构

(一)水泵

1. 功用

其功用是通过水泵对冷却水加压,使冷却水循环流动,加强冷却效果。车用发动机多采用离心式水泵,特点是体积小,出水量大,工作可靠。

2. 安装位置

水泵一般装在发动机机体和散热器之间的汽缸体前端,通过皮带与曲轴带轮相连。

3. 组成

水泵主要由水泵壳、叶轮、水泵轴、轴承、水封、进水管和出水管等组成,如图6-5所示。

4. 工作过程

水泵壳体的前半部分为水泵轴的轴承座孔,后半部分为叶轮工作室,泵壳上有大循环进

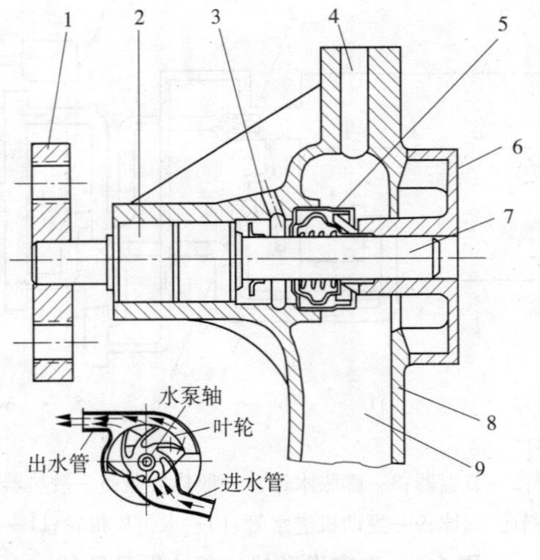

1—凸缘盘;2—轴承;3—通气孔;4—小循环进水管;5—水封;
6—叶轮;7—水泵轴;8—水泵壳;9—大循环进水管

图 6-5　水泵的结构

水口和小循环水管接头。在泵盖上设置有出水孔。

当叶轮旋转时,水泵中的水被叶轮带动一起旋转,在离心力作用下,水被甩向叶轮边缘,然后经外壳上与叶轮成切线方向的出水管压送到发动机水套内。与此同时,叶轮中心处的压力降低,散热器中的水便经进水管被吸进叶轮中心部分。如此连续的作用使冷却水在水路中不断地循环。

水封安装在叶轮前端的泵壳座上,用于防止叶轮工作室内的冷却水漏出。

(二)风扇

1. 功用

风扇旋转时产生轴向吸力,增加通过散热器芯的空气流速和空气量,加强散热效果,加速冷却水的冷却。

2. 安装位置

风扇通常安装在散热器后面。由皮带带动的风扇与水泵同轴,与水泵一起转动。

3. 工作过程

车用风扇要求噪声小、风量大、效率高,风扇的扇风量主要与风扇的直径、转速、叶片数目和形状、叶片安装角度有关。汽车的水冷系统大多采用螺旋桨式风扇,如图 6-6 所示,其叶片多用薄钢板冲压制成,叶片与风扇旋转平面成一定的倾斜角度,一般为 30°~50°。为了提高风扇效率,使通过散热器芯片的气流更快,可以在风扇外围装一个导风罩,如图 6-7 所示。

目前小汽车上的风扇一般为电动风扇,风扇不与水泵同轴,如图 6-7 所示,由发动机 ECU 根据冷却液温度传感器信号控制其工作,不受发动机转速的影响。这样,既能保证发动机在低速运转时的冷却效果,又能减少消耗发动机的功率。

(三)散热器

1. 功用

散热器将冷却水的热量散发到大气中,加速水的冷却。冷却水经过散热器后,其温度可降低 10~15 ℃。为了将散热器传出的热量尽快带走,在散热器后面装有风扇与散热器配合

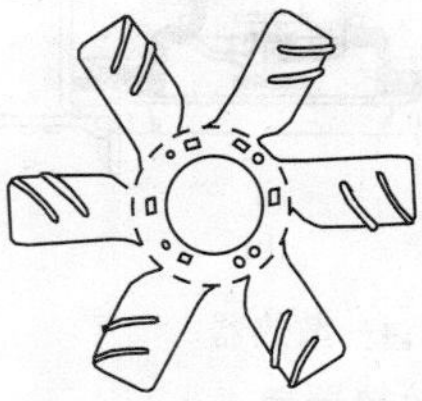

图 6-6　风扇的结构形状

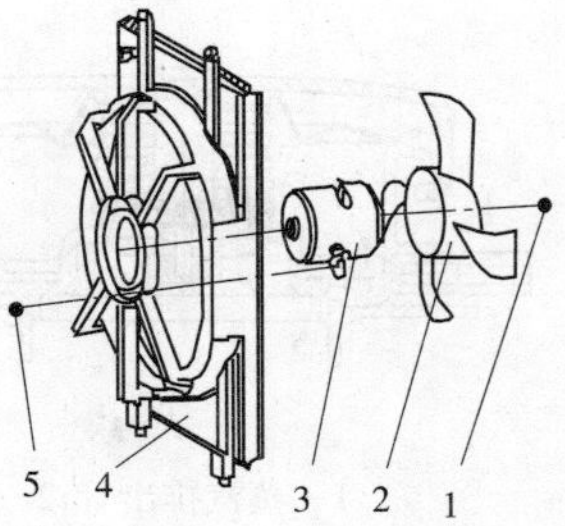

1—风扇安装螺母;2—风扇;3—电机;
4—导风罩;5—电机安装螺钉

图 6-7　电动风扇

工作。散热器装在车头前方挡风帘的后面。

2. 结构

散热器又称为水箱,由上贮水室、下贮水室和连接上、下贮水室并对冷却水起散热作用的散热器芯等组成,有些还配有补偿水箱,如图 6-8 所示。

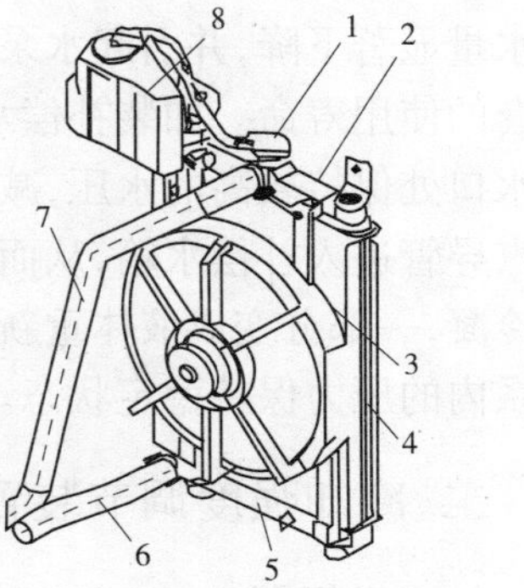

1—散热器盖;2—上贮水室;3—导风罩;
4—散热器总成;5—下贮水室;6—散热器出水管;7—散热器进水管;8—补偿水箱

图 6-8　散热器的结构

散热器芯由许多冷却水管和散热片组成,散热器芯应有尽可能大的散热面积,采用散热片是为了增加散热器芯的散热面积。散热器芯的构造形式多样,常用的有管片式和管带式两种,如图 6-9 所示。散热器上贮水室顶部有加水口,平时用散热器盖盖住,冷却水即由此注入整个冷却系。在上、下贮水室分别装有进水管和出水管,分别用橡胶软管将汽缸盖的出水管和水泵的进水管相连。由发动机汽缸盖上出水管流出的温度较高的热水经过进水管进入上贮水室,经冷却管得到冷却后流入下贮水室,由出水管流出被吸入水泵。冷却管的断面结构大多为扁圆形,比圆形断面散热面积大,而且可以避免在冷却水结冰膨胀时造成管道破裂漏水。在散热器下贮水室的出水管上还有一个放水阀。

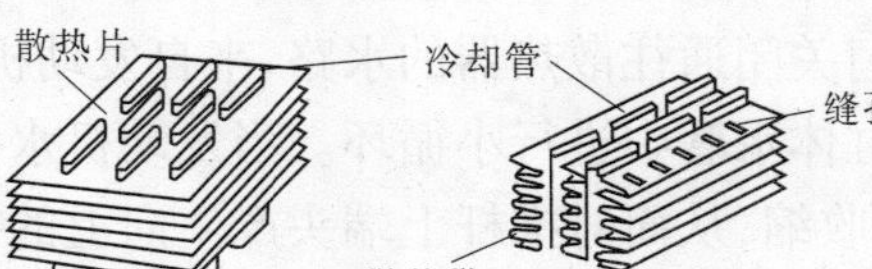

(a)管片式　(b)管带式

图 6-9　散热器芯的结构

散热器盖上有蒸汽阀和空气阀,其结构如图 6-10 所示。蒸汽阀在弹簧作用下紧压加水口,使散热器密封。空气阀在弹簧作用下也处于关闭状态。

当散热器内温度升高产生蒸汽,使压力升高到一定值(一般在散热器内压力达到126 ~ 137 kPa)时,蒸汽阀打开,水蒸气从通气管排出。当散热器内因水温下降而产生一定的真空度(一般为 99 ~ 87 kPa)时,空气阀被吸开,空气从通气管进入散热器内,以保持散热器内外

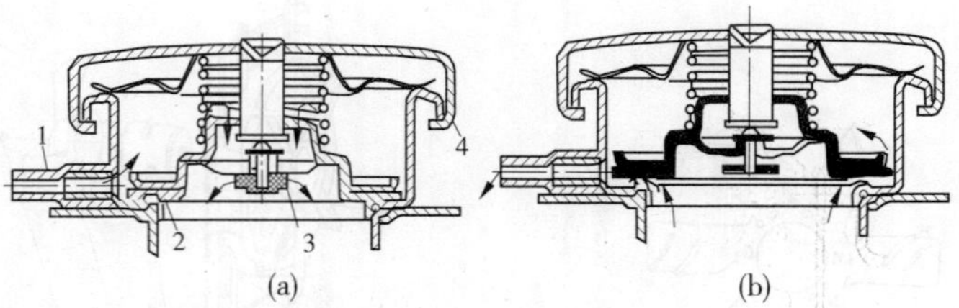

1—蒸汽排出管;2—蒸汽阀;3—空气阀;4—散热器

图6-10 具有空气-蒸汽阀的散热器盖

压力平衡。

补偿水箱多用半透明材料(如塑料)制成。补偿水箱的上部用一根较细的软管与水箱的加水管相连,底部通过水管与水泵的进水口相连接,通常位置略高于散热器。一般冷却系冷却液的流动是靠水泵的压力来实现的。水泵吸水的一侧压力低,易产生蒸汽泡,使水泵的出水量显著下降,并引起水泵叶轮和水套的穴蚀,在其表面产生麻点和凹坑,缩短了叶轮和水套的使用寿命。加装补偿水箱后,由于补偿水箱和水泵进水口之间存在补充水管,使水泵进水口处保持较高的水压,减少了气泡的产生。散热器中的蒸汽泡和水套中的蒸汽泡通过蒸汽导管进入补偿水箱,从而使水、汽彻底分离。由于补偿水箱温度较低,进入的水蒸气得到冷凝,一部分变成液体重新进入水泵。而积存在补偿水箱液面上的气体起缓冲作用,使冷却系内的压力保持稳定状态。

二、冷却强度调节装置

(一)节温器

1. 功用

其功用是控制冷却水的循环路线及流量,使冷却水在散热器与水套之间进行大小循环,自动调节冷却强度,保证冷却水温度经常保持在正常的工作范围内。节温器装在冷却水循环的通路中,一般装在汽缸盖的出水口。

2. 工作原理

汽车发动机上用的节温器大多是蜡式节温器,如图6-11所示,在胶管和感应体之间的空间里装有石蜡。为了提高导热性,石蜡中常掺有铜粉或铝粉。常温时,石蜡呈固态,主阀门压在阀座上。这时,主阀门关闭通往散热器的水路,来自发动机缸盖出水口的冷却水流入小循环管,经水泵又流回汽缸体水套中进行小循环。当发动机水温升高时,石蜡逐渐变成液态,体积随之增大,迫使胶管收缩,从而对推杆上端头产生向上的推力。由于推杆上端固定,故推杆对胶管、感应体产生向下的反推力,主阀门开启。当发动机水温达到820 ℃时,主阀门开始打开,来自汽缸盖出水口的冷却水流向散热器而进行大循环。当温度升高到91~93 ℃时,主阀门完全打开。

(二)风扇离合器

1. 功用

其功用是根据发动机温度自动控制风扇转速,改变通过散热器的空气量,实现冷却强度的自动调节,同时还可以减少发动机的功率消耗,降低噪声。

2. 类型

风扇离合器有硅油式、电磁式和机械式三种。

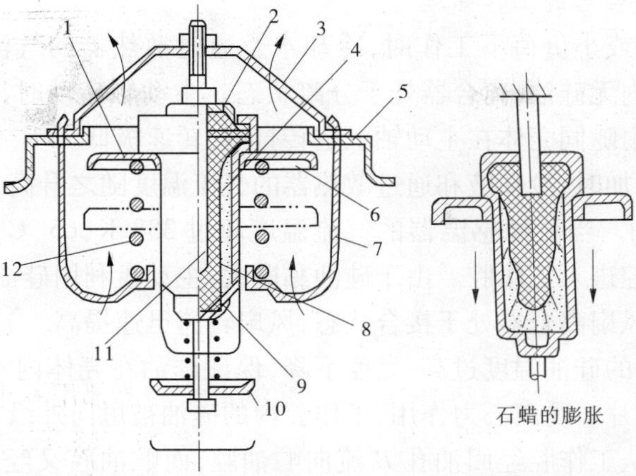

1—主阀门;2—密封垫;3—上支架;4—胶管;5—阀座;6—通气孔;
7—下支座;8—石蜡;9—感应体;10—旁通阀;11—推杆;12—弹簧

图 6-11　蜡式节温器

1)硅油式风扇离合器的结构

硅油式风扇离合器由前盖、壳体、主动盘、从动盘、阀片、主动轴、双金属感温器、阀片轴、轴承、风扇等组成,如图 6-12 所示。

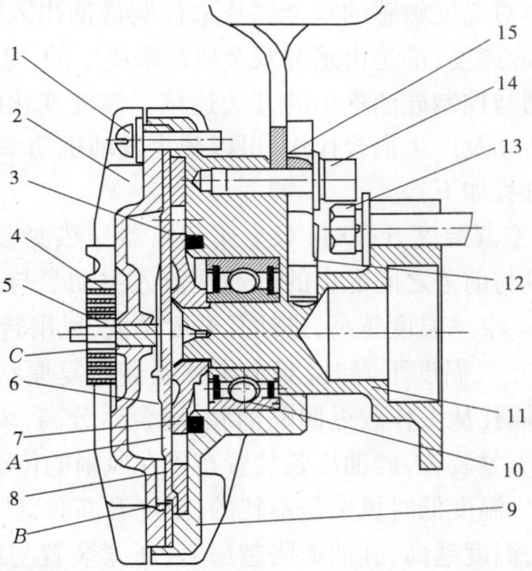

1—螺钉;2—前盖;3—密封毛毡圈;4 —双金属感温器;5—阀片轴;6—阀片;7—主动盘;8—从动盘;9—壳体;
10—轴承;11—主动轴;12—锁止板;13—螺栓;14—内六角螺钉;15—风扇;A—进油孔;B—回油孔;C—漏油孔

图 6-12　硅油式风扇离合器

前盖、壳体和从动盘用螺钉组成一体,通过轴承装在主动轴上。风扇装在壳体上。从动盘用螺钉固定在前盖和壳体之间,从动盘与前盖之间的空腔为贮油腔,其内装有硅油(油面低于轴中心线),从动盘与壳体之间的空腔为工作腔。主动盘在工作腔内与腔壁之间有一定的间隙,主动盘与主动轴固定连接,主动轴与水泵轴连接。从动盘上有进油孔 A,平时由阀片关闭,若偏转阀片,则进油孔即可打开。阀片的偏转由双金属感温器控制,从动盘上有凸台限制阀片最大偏转角。双金属感温器的外端固定在前盖上,内端卡在阀片轴的槽内。从动盘外缘有回油孔 B,中心有漏油孔 C,以防静态时从阀片轴周围泄漏硅油。

2）硅油式风扇离合器的工作原理

当发动机冷启动或小负荷下工作时，冷却水及通过散热器的气流温度不高，进油孔 A 被阀片关闭，工作腔内无硅油，离合器处于分离状态。主动轴转动时，仅仅由于密封毛毡圈和轴承的摩擦，使风扇随同壳体在主动轴上空转打滑，转速极低。

当发动机负荷增加时，冷却液和通过散热器的气流温度随之升高，感温器受热变形而带动阀片轴及阀片转动。当流经感温器的气流温度超过 338 K（65 ℃）时，进油孔被完全打开，于是硅油从贮油腔进入工作腔。由于硅油黏度大，主动盘利用硅油的黏性带动壳体和风扇一起转动。此时，风扇离合器处于接合状态，风扇转速迅速提高。

为避免工作腔中的硅油温度过高、黏度下降，保证硅油在壳体内不断循环，因此在壳体和前盖上还铸有散热片。受离心力作用，工作腔内的硅油被甩向外缘，而且外缘油压比贮油腔外缘油压高，油液从工作腔经回油孔 B 流向贮油腔，而贮油腔又经进油孔 A 及时向工作腔补充油液。为加快硅油从工作腔流回贮油腔的速度、缩短风扇脱开时间，在从动盘的回油孔 B 旁有一个刮油突起伸入工作腔缝隙内，使回油孔一侧压力增高，回油加快。

当发动机负荷减小，流经感温器的气体温度低于 308 K（35 ℃）时，感温器恢复原状，阀片将进油孔关闭，工作腔中油液继续从回油孔流回贮油腔，直至甩空。风扇离合器又回到分离状态。

硅油式风扇离合器的感温元件是双金属感温器，根据温度不同，提供不同的风扇转速。

硅油偶合器是由一个对温度敏感的双金属片来控制硅油出入的开关。开启、关闭的温度，及对于温度变化的反应速度，都是由感温双金属片来决定的。感温双金属片做成发条的形状，一端固定，另一端则与控制硅油进出的开关连接。温度变化时，感温双金属片带动控制硅油进出的开关发生转动及产生离合作用，可以减少发动机功率损失，以及降低大部分时间的风扇噪声。其工作过程如下：

（1）当流经散热器的空气温度升高时，双金属感温器受热变形，迫使阀片轴转动，打开从动盘上进油孔。从动盘与前盖之间贮存的硅油便流入主动盘与从动盘之间的工作腔，离合器接合，风扇转速升高。空气温度越高，进油孔开度越大，风扇转速就越快。

（2）当流经散热器的空气温度下降时，双金属感温器恢复原状，阀片关闭进油孔，在离心力的作用下，硅油经回油孔从工作腔返回贮油腔，离合器分离，风扇转速变得很低。简单地说，一般的风扇加硅油压紧装置，硅油压紧装置布置在风扇的传动轴上，低温时，该装置与风扇是脱开的，所以发动机温度低时风扇是不转的，温度升高时，硅油膨胀，推动压紧装置与风扇接触，风扇开始转动，温度越高，硅油膨胀越厉害，压紧装置与风扇接触得越紧，风扇转动越快，当温度升高到一定数值时，压紧装置与风扇完全接触，风扇与风扇轴的转速就一致了。一般开始压紧的温度是 40 ℃，到了 80 ℃左右就完全压紧了，这样低温时风扇不转动，中温时风扇转动速度不高，可以节省一部分功率。但硅油风扇与普通风扇相比成本太高，所以只有在高配置中才考虑。

3）故障应急措施

行驶途中，若硅油式风扇离合器因故障失灵，可松开内六角螺钉，把锁止板的销插入主动盘孔中，再拧紧螺钉，使壳体与主动轴连成一体，但此时只靠销传动，不能长期使用。硅油风扇离合器用硅油作为介质，利用硅油高黏度的特性传递扭矩。利用散热器后面空气的温度，通过感温器自动控制风扇离合器的分离和接合。温度低时，硅油不流动，风扇离合器分离，风扇转速减慢，基本上是空转。温度高时，硅油的黏度使风扇离合器接合，于是风扇和水泵轴一起旋转,起到调节发动机温度的作用。

三、冷却液与防冻液

目前,在发动机的使用过程中,冷却系使用的冷却液为冷却水或者防冻液,冷却液是由蒸馏水和冷却液添加剂组成的,具有优良的防腐、防止氧化、防止结垢、防冻和提高冷却液沸点的功能。如大众公司推荐使用 G11 添加剂,即含防腐剂的乙二醇添加剂。

冷却液必须经过软化处理,硬水软化的常用方法是:在 1 L 水中加入碳酸钠(纯碱)0.5 ~ 1.5 g 或氢氧化钠(烧碱)0.5 ~ 0.8 g,或将硬水煮沸,冷却后再使用。

由于水的冰点较高,在 0 ℃就要结冰,在冬季发动机内应添加防冻冷却液,在最低气温下保持其流动性。防冻液的配制方法是:在冷却水(蒸馏水)中加入适量的可以降低冰点、提高沸点的乙二醇、甘油或酒精等防冻剂。

冷却液在使用过程中,应注意下列事项:

(1)冷却液内只准加入同种冷却液添加剂。

(2)放出的冷却液不宜再使用,并妥善处理。

(3)更换缸盖、缸垫、散热器等时,就必须更换冷却液。

(4)发动机热态时,冷却系内仍处于高温高压状态。因此,此时切勿打开散热器盖,以防烫伤。

(5)若发现冷却液大量损耗,则必须待发动机处于冷态时,方可添加冷却液,以免损坏发动机。

(6)紧急情况下,若全部加入纯水,则必须尽快按规定添加冷却液添加剂,使冷却液浓度恢复正常状态。

(7)冬季来临前,应检查一下冷却液浓度,并按规定调配浓度,保证冷却液具有足够的防冻能力。

单元三　冷却系统的检修

一、水泵的检修

(一)检查

检查水泵有无渗漏现象,检查水封是否密封良好、有无大量的冷却水溢出,检查水泵壳体有无裂纹。

用手转动水泵看其是否运转灵活,如有噪声、卡滞、密封面损伤、水泵叶片损坏等缺陷以致不能使用,请更换新件。

(二)检修

小车的水泵一般不分解,有缺陷不能使用时,直接更换水泵总成。大车(如东风、解放货车)水泵泄水孔漏水或轴承松动时,可以分解水泵,更换水封总成或轴承。

以东风 EQ6100 - 1 为例,拆卸步骤如下:

(1)拆下水泵盖和密封垫;

(2)拆下水泵叶轮;

(3)拆下水封密封垫圈和水封总成；

(4)拆下风扇带轮；

(5)拆下凸缘盘、半圆键和轴承卡环；

(6)从右向左依次将水泵轴及轴承组件压出；

(7)取下水泵轴上的卡环和抛水圈，支撑水泵轴承内圈断面，压出水泵轴。

水泵装复后，可采用经验法检查，其操作方法及要求如下：

(1)用手转动皮带轮，水泵轴应转动灵活，叶轮与泵壳应无碰擦声；

(2)用手晃动及推拉水泵轴时，允许稍有轴向间隙，但不得有径向松旷感；

(3)用手堵住水泵出水口，在水泵泵腔内灌满水，转动水泵轴时，泄水孔应无漏水现象。

二、散热器的检修

发动机散热器经过长时间使用，会发生破裂和损伤，主要原因是散热器固车不牢，减震装置失效，冷却液未放尽或者冷却液中有害物质引起腐蚀等。

拆下漏水的散热器，可用以下两种方法进行检查：

(1)加水法。将拆下的散热器竖直放置并密封住下水室的出水口，将水从注水口注入，观察散热器芯是否有渗漏。

(2)充气法。将散热器放置到水池中，将出水口密封，从注水口注入压缩空气，观察散热器芯是否有气泡产生。

三、节温器的检修

(1)检查阀门能否关闭严密。

(2)检查阀门弹簧是否变形、失效。

(3)检查橡胶阀门是否老化、变形、变曲。

(4)检查阀门处是否有污物粘附，若有，请清理。若出现使阀门失效的现象，应更换节温器。

(5)检查节温器的性能。如图6-13所示，将烧杯置于加热器上，逐步将水加热。在烧杯中插入温度计，观察水温。

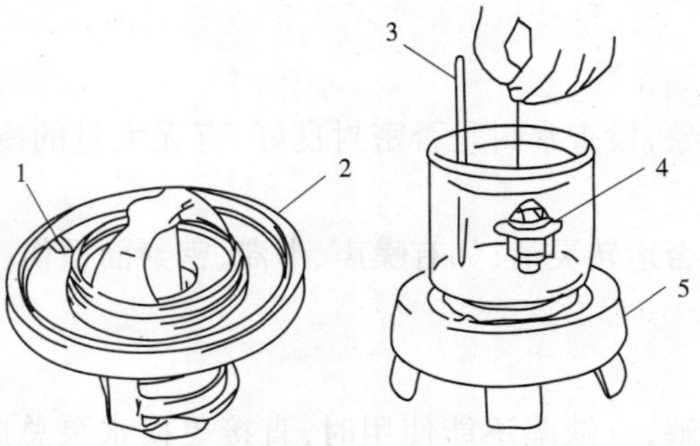

(a)节温器 (b)节温器性能检查

1—排气孔；2—节温器阀座；3—温度计；4—节温器；5—加热器

图6-13 节温器及其性能检查

观察节温器阀门开启情况：若阀门在规定温度开始开启，到全开温度时阀门升程符合要求，则节温器的蜡质元件工作正常。若在规定的温度范围内，阀门不开启，或阀门在过低或过高的温度才开启，则必须更换节温器，以保证发动机在最佳温度条件下工作。

单元四　冷却系统的故障诊断与排除

一、过热

（一）故障现象

（1）水温表指针指示在373 K（100 ℃）以上，散热器上贮水箱有“开锅”现象。

（2）发动机产生爆燃，不易熄火。

（3）活塞膨胀，发动机熄火后，不易启动。

（二）故障原因及排除方法

（1）冷却水不足。检查冷却水箱或膨胀水箱的水是否充足，加水或疏通膨胀水箱的通气孔。

（2）水温表指示值过高。观察散热器水温是否过热或“开锅”，若水温正常，即为感应塞或水温表故障，应先更换感应塞，若水温表的指示值仍过高，则是水温表已坏。

（3）风扇不转。检查风扇传动带是否过松打滑，若打滑，则应进行调整。松开电机支架固定螺栓，向外扳动电机，同时拧紧固定螺栓。风扇传动带松紧度的检查方法是，用拇指按压两轮距中点处，传动带的下沉量为10～15 mm时为宜。

（4）节温器故障。若发动机温度过高，而散热器的温度并不高，或散热器上贮水箱温度高，下贮水箱却较冷，则可能是节温器的阀门没打开或阀门升程太小，应检查更换节温器。

（5）水泵损坏。可将水箱盖打开，操纵油门，突然改变发动机转速，从加水口观察冷却水液面有无变化，若无搅动现象，则水泵工作不正常，应检查排除水泵故障。

（6）散热器性能下降。多因散热器内部被水垢或泥沙堵塞，或散热片之间被堵塞，应清洗、疏通散热器。

（7）散热器盖损坏。若冷却水的沸点温度未提高，发动机冷却后散热器内的真空度未形成，有膨胀水箱的箱内液面无变化，则为散热器盖坏，应修复或更换。

（8）护风罩坏或不起作用。

二、过冷

（一）故障现象

（1）暖机后水温表指示值在353 K（80 ℃）以下。

（2）发动机加速困难、无力。

（二）故障原因及排除方法

（1）节温器故障。发动机冷车升温时间长，节温器失效后其主阀门常开，冷却水没有小循环，应检查更换节温器。

（2）水温表或水温感应塞故障。实际水温与指示值有误差时，多为感应塞或水温表故障。更新水温表后无效果，则为水温感应塞故障，应更新感应塞。

三、冷却液消耗过多

(一)故障现象

(1)停车后可明显看到发动机上有冷却液滴落地面。

(2)冷却液日夜消耗量较大。

(3)有时发现油底壳内有水。

(二)故障原因

(1)冷却液外漏。一般是散热器、进出水橡胶管或水泵向外流水或滴水;汽缸垫坏或汽缸体的水堵处漏水等。

(2)冷却液内漏。如油水相通、水套漏水、汽缸套漏水等。其现象是:水箱的水减少,但是不见水外流,而在油底壳中发现有水,均属内漏。

(3)零件损坏造成的漏水,如汽缸盖、汽缸体、汽缸套裂纹等引起的漏水。

(三)故障诊断与排除

(1)外漏通过表面观察,便可判断出渗漏的部位。根据渗漏原因进行修理,例如因水封失效而引起的水泵漏水,应更换水封等。

(2)内漏应抽油样检查,如发现机油中有较多的水,即应解体检查:汽缸盖和汽缸体是否有裂纹,平面是否翘曲;汽缸垫及汽缸套阻水圈是否损坏等。找出内漏原因后,更换有关零件,按要求进行组装和试验。

小　结

发动机冷却系统在使用中会出现水套和散热器内水垢增加、散热器破损漏水、水泵损坏、节温器失灵和冷却风扇工作失控等故障,这些都会降低冷却系统的工作效率,造成机件卡死和烧蚀,使发动机不能正常工作。因此,在使用和维修时,应使用合格的冷却液,保持冷却系统密封性和保证无渗漏现象,经常保持冷却液在90 ℃左右。当发动机冷却液温度过高或过低时,应查明故障原因,找出故障部位进行检修,更换不合格的部件或总成。

技能训练

实训　冷却系统的拆装

(一)实训内容

(1)冷却系统的拆装与结构观察。

(2)水泵与风扇的拆装。

(3)散热器的拆装。

(4)节温器的拆装。

(5)风扇皮带张紧度的检查与调整。

(二)实训要求

(1)熟悉冷却系统各组成。

(2)掌握正确的拆装步骤、方法和要求。

思考题

一、填空题

1. 按冷却介质不同,发动机冷却方式有________和________两种。

2. 强制冷却水在发动机内进行循环的装置是________。

二、判断题

1. 发动机防冻液不足时,在冷却系统无泄漏的情况下只需补充蒸馏水即可。 ( )

2. 发动机的风扇与水泵同轴,是由曲轴通过凸轮轴来驱动的。 ( )

3. 冷却水经过散热器后,其温度可降低 10 ~ 15 ℃。 ( )

4. 发动机停机一个晚上后再启动时,冷却系统内冷却水的循环是小循环。 ( )

三、问答题

1. 冷却系统的功用是什么?

2. 蜡式节温器的工作原理是什么?

项目七　润滑系统

【任务介绍】

机油压力是发动机润滑系统(可简称润滑系)技术状况的重要指标。机油压力的大小取决于机油的温度、黏度、机油泵的供油能力、限压阀的调整、机油通道和机油滤清器的阻力,以及曲轴主轴承、连杆轴承和凸轮轴轴承的间隙等。当机油压力不符合要求时,我们需对发动机润滑系统进行维护与检测。设置本任务的目的:一方面是学习润滑系的功用、组成、润滑油路等知识;另一方面是学会对润滑系进行日常的维护与检修。

【任务分析】

引导学生完成润滑系的功用、组成、润滑油路等相关知识的学习,然后学习如何对润滑系统进行日常维护作业。首先利用台架和实车认识各种车型润滑系的组成和结构特点,然后学习正确的维护内容及操作方法。

学习完本任务后应能够:

1. 叙述润滑系的组成与功用;
2. 叙述主要部件的结构及工作原理;
3. 掌握润滑系的维护工艺;
4. 叙述主要部件的结构及工作原理;
5. 正确拆装与检查机油泵;
6. 叙述各种滤清器的功用;
7. 对滤清器进行正确的检查与更换;
8. 正确检修限压阀。

【相关知识】

发动机工作时各零部件作高速运动,如果没有润滑剂,发动机很快就会因为零部件摩擦阻力大、机件磨损快而坏掉,甚至无法启动;或因为功率消耗过大而无法满足行驶要求。因此,在发动机工作时连续不断地把数量足够、温度适当的洁净机油输送到全部传动件的摩擦表面,并在摩擦表面之间形成油膜,实现液体摩擦,从而减小摩擦阻力、降低功率消耗、减轻机件磨损,达到提高发动机工作可靠性和耐久性的目的。

单元一　概　述

一、润滑系的功能

在发动机的工作过程中,润滑系主要起以下作用。

(一)润滑

在两个相对运动的零件表面之间形成油膜,减少其直接接触,实现液体摩擦,使摩擦系数大大降低，从而减小摩擦阻力和磨损，降低发动机的功率消耗。

（二）冷却和清洗

润滑油在润滑系内不断循环，流经各零件表面时，可带走零件表面的热量并清除零件表面的金属屑等杂质，起到冷却和清洗作用。

（三）密封和防腐

润滑油附着在汽缸壁、活塞和活塞环等零件上形成油膜，填充了零件之间的间隙，减少了漏气，提高了零件的密封效果。同时，还可保护零件免受水、空气和燃气的直接作用，防止零件受到化学腐蚀。

二、润滑方式

发动机各运动零件的工作条件不同，对润滑强度的要求也不同，现代发动机多采用压力润滑与飞溅润滑相结合的综合润滑方式。

（一）压力润滑

压力润滑利用机油泵将具有一定压力的润滑油源源不断地送往摩擦表面，形成具有一定厚度并能承受一定机械负荷的油膜，尽量将两摩擦表面完全隔开，保证润滑。发动机上采用压力润滑方式的部位有：曲轴各轴颈与轴承之间、连杆各轴颈与轴承之间、凸轮轴颈与轴承之间、摇臂轴与摇臂之间等。在发动机缸体、缸盖上设有专门的油道输送润滑油。

（二）飞溅润滑

飞溅润滑利用发动机工作时因运动零件旋转而飞溅起来的油滴或油雾来润滑摩擦表面。这种润滑方式可使裸露在外面承受较轻负荷的汽缸壁、相对滑动速度较小的活塞销以及配气机构的凸轮表面、挺柱等得到润滑。

（三）定期润滑

发动机一些不太重要、分散的部位采用定期加注润滑脂（黄油）的方式进行润滑。例如，水泵及发电机轴承就是采用这种润滑方式。近年来，在发动机上采用耐磨润滑材料（如尼龙二硫化钼等）的轴承来代替需加注润滑脂的轴承。

三、润滑系的组成与油路

为保证发动机得到正常的润滑，现代汽车发动机润滑系的组成及油路布置方案大致相似，只是由于润滑系的工作条件和具体结构的不同而稍有差别。

（一）发动机润滑系的工作条件

上海桑塔纳轿车发动机润滑系的组成如图 7-1 所示，其润滑路线如图 7-2 所示。

齿轮式机油泵由位于曲轴一侧的中间轴上的齿轮驱动。机油泵将油底壳内的机油经集滤器初步过滤掉大的机械杂质后经全流式纸质滤清器进入主油道，然后分别通过曲轴上的主轴承孔对曲轴各道主轴颈进行润滑，并通过曲轴内部的油道对连杆轴颈进行润滑。

主油道内的机油还通过一条专门的油道进入凸轮轴的轴承处，对凸轮轴的轴颈进行润滑。凸轮轴主油道还设有分油道与挺柱导向孔相通，对液压挺柱补充油液。主油道内的机油有一小部分经分油道润滑中间轴轴承。其余部位采用飞溅润滑，润滑完毕的润滑油流回

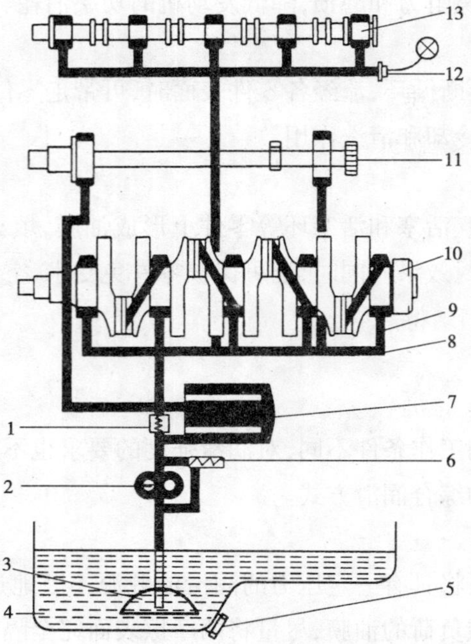

1—旁通阀；2—机油泵；3—集滤器；4—油底壳；5—放油塞；

6—限压阀；7—机油滤清器；8—主油道；9—分油道；

10—曲轴；11—中间轴；12—机油压力开关；13—凸轮轴

图 7-1　汽车发动机润滑系的组成

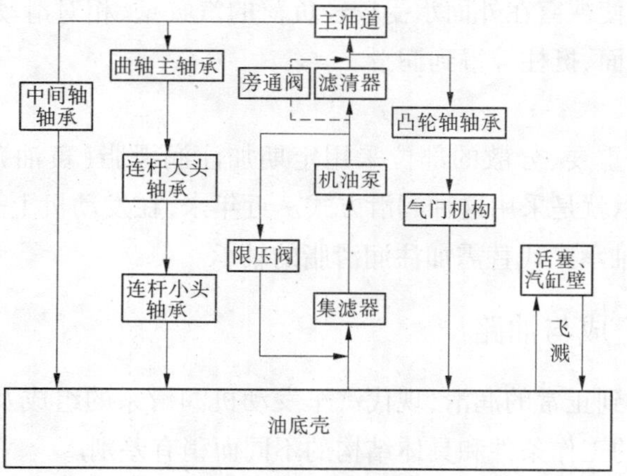

图 7-2　汽车发动机润滑系循环路线示意图

油底壳。

为防止润滑系的机油压力过高，在机油泵出口处装有限压阀，当机油泵输出压力过高时，限压阀打开，部分机油流回机油泵进油口，形成小循环，降低输出油压。

机油滤清器上设有旁通阀，一旦滤清器发生堵塞，该阀就会打开，机油直接进入主油道，保证各部位的可靠润滑。

润滑系的报警系统装有两个机油压力开关。一个在凸轮轴主油道的尾端（见图 7-1 中的零件 12)，称为低压报警开关。当发动机机油压力低于 0.031 MPa 时，机油压力开关将油压指示灯电路接通，油压指示灯闪烁。另一个机油压力开关安装在机油滤清器盖上，是高压不足报警开关。当发动机转速大于 2 150 r/min 时，如果机油压力低于 0.18 MPa，高压报警开关触点断开，机油压力报警灯闪烁，蜂鸣器鸣响，说明机油压力低于标准，润滑系有故障。

(二)曲轴箱通风装置

发动机工作时，一部分可燃混合气和废气经活塞环泄漏到曲轴箱内。泄漏到曲轴箱的汽油蒸气凝结后，将使润滑油变稀。同时，废气的高温和废气中的酸性物质及水蒸气将侵蚀零件，并使润滑油性能变坏。此外，可燃混合气和废气进入曲轴箱会使曲轴箱内的压力增大，温度升高，易使机油从油封、衬垫等处向外泄漏。为此，一般汽车发动机都有曲轴箱通风装置，以便及时将进入曲轴箱内的可燃混合气和废气抽出，使新鲜气体进入曲轴箱，形成不断的对流。

现代发动机普遍采用曲轴箱强制通风装置，其结构如图 7-3 所示。其工作原理是：当发动机工作时，一方面，在进气管真空度的作用下，窜入曲轴箱内的可燃混合气和废气经挺柱室、推杆孔进入汽缸盖后罩盖内，再经油气分离器、通风管、单向阀进入进气管，与新鲜可燃混合气混合后，进入燃烧室燃烧；另一方面，新鲜空气经汽缸盖前罩盖上的小空气滤清器进入曲轴箱，以免曲轴箱内真空度过大。

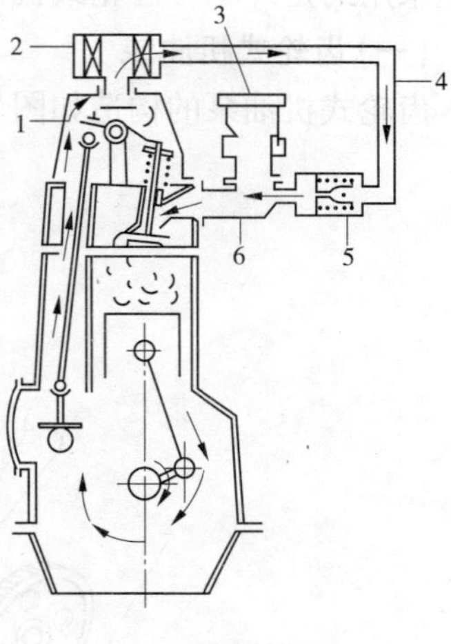

1—气门罩；2—油气分离器；3—化油器；4—通风管；5—单向阀；6—进气管

图 7-3　曲轴箱强制通风装置

(三)发动机润滑系的组成

发动机润滑系主要包括以下装置。

1. 润滑油储存与输送装置

润滑油储存与输送装置包括油底壳、机油泵、输油管和汽缸体与汽缸盖上的润滑油道等。其主要作用是保证润滑油的储存、加压和循环流动。机油泵大多装于曲轴箱内，也有一些柴油机的机油泵装于曲轴箱外面。

2. 润滑油滤清装置

润滑油滤清装置包括集滤器、粗滤器和细滤器等。其主要作用是过滤掉润滑油中的杂质、磨屑、油泥和水分等杂质，确保输送到各润滑部位的都是清洁的润滑油。一般情况下，集滤器、粗滤器和细滤器分别安装于润滑系的不同部位。有的发动机将粗滤器、细滤器做成一体。

3. 安全和限压装置

在发动机润滑系中设有限压阀和旁通阀，限压阀用来限制润滑系中的最高油压，旁通阀在粗滤器发生堵塞时打开，机油泵输出的油可直接进入主油道。

4. 其他装置

在发动机润滑系中设有机油压力表、油温表，便于驾驶员掌握润滑系的工作状态。一些热负荷较高的发动机设有机油散热装置，以加强润滑油的冷却，确保发动机在大负荷时润滑油的最佳润滑效果。

单元二 润滑系统主要零件的构造与维修

一、机油泵的构造与维修

机油泵的作用是提高机油压力，保证机油在润滑系内不断循环。目前，发动机润滑系中广泛采用的是外啮合齿轮式机油泵和内啮合转子式机油泵两种。

（一）齿轮式机油泵

齿轮式机油泵的构造如图 7-4 所示。

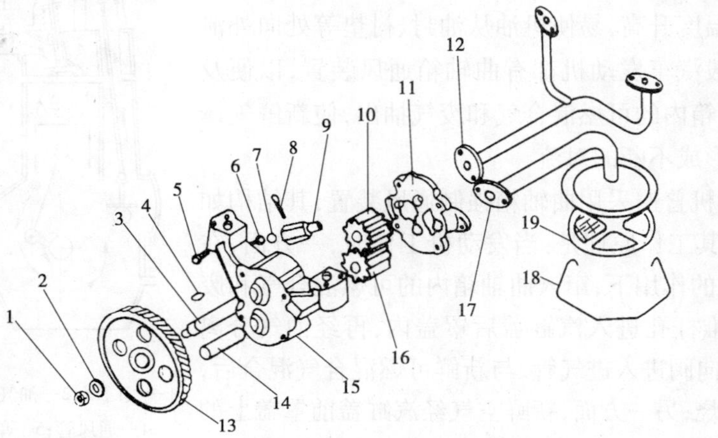

1—螺母；2—锁片；3—主动轴；4—半圆键；5—弹簧座；6—限压阀弹簧；7—球阀；
8—开口销；9—阀体；10—主动齿轮；11—泵盖；12—出油管；13—传动齿轮；
14—从动轴；15—泵壳；16—从动齿轮；17—吸油管；18—卡簧；19—集滤器滤网

图 7-4 齿轮式机油泵的构造

齿轮式机油泵由主动轴、主动齿轮、从动轴、从动齿轮、壳体等组成，两个齿数相同的齿轮相互啮合，装在壳体内，齿轮与壳体的径向间隙和端面间隙很小。主动轴与主动齿轮键连接，从动齿轮空套在从动轴上。泵壳安装在曲轴箱内，泵壳内装有主动轴和从动轴，主动齿轮和从动齿轮分别安装在主动轴和从动轴上。泵盖用螺栓安装在泵壳上，机油泵的进油口和出油口均设在泵盖上。吸油管用螺栓固定在进油口处，出油管用螺栓固定在机油泵出油口与发动机体上的相应油道之间。主动轴的前端伸出泵壳，传动齿轮通过半圆键、锁片和螺母固定在主动轴上。发动机工作时，传动齿轮与曲轴正时齿轮啮合，带动机油泵工作。限压阀安装在机油泵的出油口处。

齿轮式机油泵的工作原理如图 7-5 所示。发动机工作时带动机油泵齿轮按图 7-5 所示方向旋转，进油腔的容积增大，产生一定的真空度，润滑油便从进油口被吸入进油腔。随着齿轮的旋转，齿间的润滑油被带到出油腔。出油腔齿轮进入啮合状态使出油腔容积减小、油压升高，润滑油便经出油口被压送到润滑油道中。机油泵输出的油量与发动机转速成正比。

一般在壳体与泵盖之间装有很薄的垫片，既可防止油泵漏油，又可调整齿轮端面与泵盖之间的间隙。

为保证齿轮传动的连续性，当前一对齿轮尚未脱离啮合时，后一对齿轮已进入啮合。一部分润滑油将随着齿轮的转动被封闭在啮合齿的齿隙中，封闭的润滑油会产生推力作用于齿轮轴。为此，在泵盖上铣出一条卸压槽与出油腔相通，将齿隙内的润滑油导向出油腔。

齿轮式机油泵结构简单、机械加工方便、工作可靠、使用寿命长，因而应用较广泛。

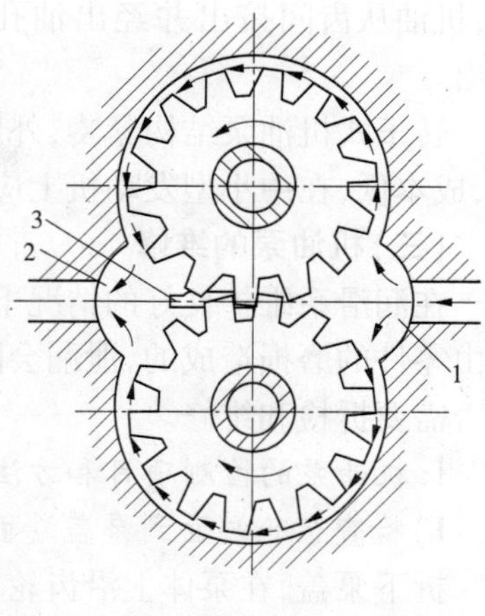

1—进油腔；2—出油腔；3—卸压槽

图 7-5　齿轮式机油泵的工作原理

（二）转子式机油泵

转子式机油泵的构造如图 7-6 所示，由泵壳、内转子、外转子和泵盖等组成。内、外转子安装在机油泵泵壳内，转子轴伸出泵壳，其外端装有机油泵链轮。机油泵用螺栓安装在曲轴箱内，由中间轴通过传动链驱动。在维修时，垫圈、O 形密封圈、开口销不允许重复使用。

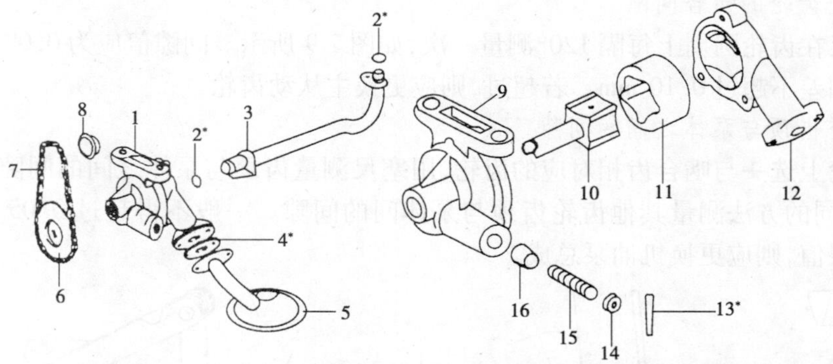

1—机油泵总成；2—O 形密封圈；3—出油管；4—衬垫；5—集滤器；6—机油泵链轮；
7—传动链；8—中间轴链轮；9—泵壳；10—内转子；11—外转子；12—泵盖；
13—开口销；14—弹簧座；15—限压阀弹簧；16—限压阀；＊—不能重复使用的零件

图 7-6　转子式机油泵的构造

转子式机油泵的工作原理如图 7-7 所示。

泵壳上设有进油孔和出油孔。内转子用键或销子固定在转子轴上，由曲轴齿轮直接或间接驱动，内转子和外转子有一定的偏心距，内转子带动外转子一起沿同一方向转动。内转子有 4 个凸齿，外转子有 5 个凹齿，这样内、外转子同向不同步地旋转。转子齿形齿廓设计应确保转子转到任何角度时，内、外转子每个齿的齿形廓线上总能互相成点接触。这样内外转子间即形成 4 个工作腔，随着转子的转动，这 4 个工作腔的容积是不断变化的。在进油孔的一侧空腔，由于转子脱离啮合，所以容积逐渐增大，产生真空，机油被吸入，转子继续旋转，机油被带到出油孔的一侧，这时，转子正好进入啮合，使该空腔容积减小，油压升

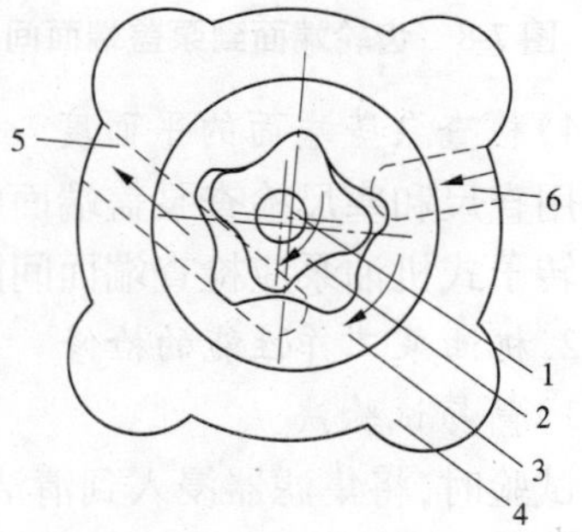

1—转子轴；2—内转子；3—外转子；
4—泵壳；5—出油孔；6—进油孔

图 7-7　转子式机油泵的工作原理

高,机油从齿间挤出并经出油孔压送出去。随着转子的不断旋转,机油不断地被吸入和压出。

转子式机油泵结构紧凑,外形尺寸小,质量轻,吸油真空度较大,泵油量大,供油均匀度好,成本低,在中小型发动机上应用广泛。

(三)机油泵的维修

在润滑系维护良好的情况下,机油泵的耗损速率远小于其他总成。机油泵的主要损伤是由零件的磨损造成的,泄漏会降低泵油压力和减少泵油量。因此,要根据其工作性能确定是否需要拆检和维修。

1. 机油泵的检测项目和方法

1)检查齿轮端面到泵盖端面的间隙

拆下泵盖,在泵体上沿齿轮中心连线方向放一把直尺,用塞尺测量齿轮端面到直尺的间隙,如图7-8所示。标准值:主动齿轮为0.08~0.14 mm,从动齿轮为0.06~0.12 mm。极限值:主动齿轮为0.18 mm,从动齿轮为0.15 mm。若间隙超过极限值,则应更换机油泵总成。

2)检查齿轮的啮合间隙

用塞尺在齿轮圆周上每隔120°测量一次,如图7-9所示。间隙值应为0.08~0.20 mm,三点齿隙相差不超过0.10 mm。若超过,则应更换主从动齿轮。

3)检查齿顶与泵体之间的间隙

在齿轮上选一与啮合齿相对应的齿轮,用塞尺测量齿顶与泵体之间的间隙。然后转动齿轮,用相同的方法测量其他齿轮齿顶与泵体间的间隙。一般不得超过0.05~0.15 mm。若超过极限值,则应更换机油泵总成。

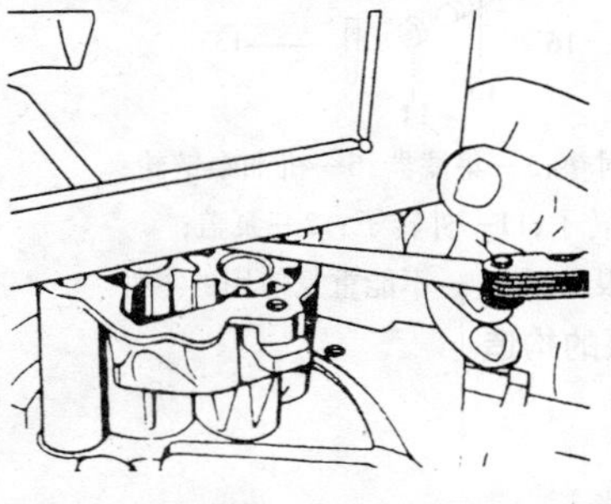

图7-8　齿轮端面到泵盖端面间隙的检查

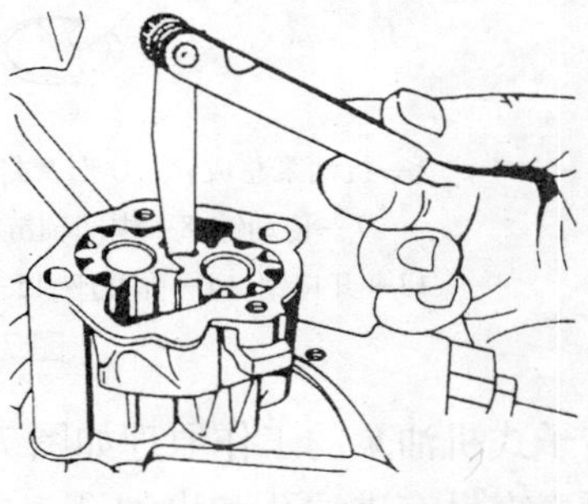

图7-9　齿轮啮合间隙的检查

4)检查泵盖端面的平面度

用直尺和塞尺检查泵盖端面的平面度,若误差大于0.05 mm,则应修磨平面。

转子式机油泵应检查端面间隙、啮合间隙、外转子与泵壳之间的间隙,其检查方法同上。

2. 机油泵工作性能的检修

1)简易试验法

试验时,将集滤器浸入到清洁的机油中,按机油泵的工作转向,用手转动机油泵主动轴,机油应从出油口流出;用手指堵住出油口,继续转动机油泵主动轴,手指应有压力感,同时感到转动主动轴的阻力明显增大,直至转不动或机油被压出;径向和轴向推拉、晃动主动轴,有间隙感但不松旷。

2)试验台试验法

如果有条件,机油泵装复后,应在试验台上进行性能试验。对机油泵的泵油量和泵油压力进行测试。

二、机油滤清器的构造与维修

发动机工作时，金属磨屑和大气中的尘埃以及燃料燃烧不完全所产生的炭粒会渗入机油中，机油本身也因受热氧化而产生胶状沉淀物，这些杂质会成为磨料，加速零件的磨损，并引起油道堵塞及活塞环、气门等零件胶结。因此，必须使循环流动的机油在送往运动零件表面之前得到净化处理，以保证摩擦表面的良好润滑，延长其使用寿命。

一般润滑系中装有几个具有不同滤清能力的滤清器（集滤器、粗滤器和细滤器），分别串联或并联在主油道中。与主油道串联的滤清器称为全流式滤清器，一般为粗滤器；与主油道并联的滤清器称为分流式滤清器，一般为细滤器，其过油量为10%～30%。

（一）集滤器

集滤器多为滤网式，安装在机油泵的进油管上，其作用是防止较大的机械杂质进入机油泵。

1. 浮式集滤器

浮式集滤器漂浮于机油表面吸油，能吸入油面上较清洁的机油，但油面上的泡沫易被吸入，使机油压力降低，润滑欠可靠，目前应用不多。

在使用中，首先应检查浮式集滤器的浮子是否变形或破损，若有则应及时修焊；其次应检查集滤器安装到机油泵上后，其上下摆动是否灵活。

2. 固定式集滤器

固定式集滤器的结构如图7-10所示，主要由吸油管、滤网和罩组成。吸油管上端通过螺栓与机油泵连接，下端与滤网支座连成一体；罩利用翻边安装在滤网支座外缘凸台上；滤网夹装在滤网支座与罩之间。罩的边缘有四个缺口，形成进油通道。

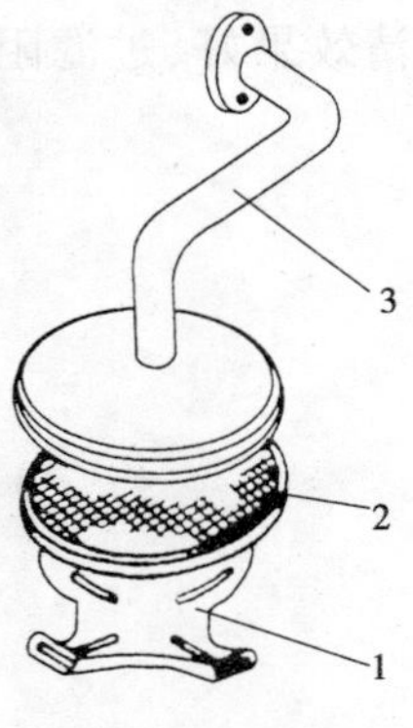

1—罩；2—滤网；3—吸油管

图7-10　固定式集滤器的结构

固定式集滤器淹没在油面之下，吸入的机油清洁度较差，但可防止泡沫吸入，其润滑可靠，结构简单，将逐步取代浮式集滤器。

固定式集滤器在使用时，主要检查吸油管与机油泵连接处的衬垫，若有损伤必须更换，以免因漏气导致机油压力下降；若发现滤网堵塞，应及时清洁。

（二）机油滤清器

1. 粗滤器

粗滤器用于滤除机油中粒度较大的杂质，其机油流动阻力小，通常串联在机油泵与主油道之间，属于全流式滤清器。粗滤器是过滤式滤清器，其工作原理是：机油通过细小的孔眼或缝隙时，将大于孔眼或缝隙的杂质留在滤芯的外部。根据滤芯的不同，有各种不同的结构形式。传统的粗滤器多采用金属片缝隙式和绕线式，现多采用可拆纸质式和锯末式。

如图7-11所示，粗滤器主要由外壳、端盖和滤芯组成。滤芯采用锯末或纸质滤芯。滤芯安装于外壳滤芯底座与端盖下端面之间，并用弹簧压紧。密封圈用来防止外壳内的机油不经过滤直接进入芯筒内。端盖和外壳之间用密封圈密封，通过中心螺栓连接。端盖通过螺栓固定于缸体，并和缸体上的相应油孔连通。

从机油泵输出的机油经端盖上的油孔进入粗滤器的外壳与滤芯之间，经滤芯过滤后进入芯筒，再经端盖上的出油孔进入主油道。

旁通阀安装于端盖上，带有触点并与仪表盘上的指示灯相连。当滤芯发生堵塞而阻力增加到约 0.1 MPa 时，旁通阀打开，外壳内的机油经旁通阀和端盖出油孔进入主油道，同时旁通阀触点接通指示灯电路，指示灯闪亮提醒驾驶员维护滤清器。发动机冷启动时，由于机油黏度大、滤芯阻力增加，所以指示灯有时也闪亮；当发动机温度升高、机油黏度下降时，该灯熄灭。

纸质滤芯的结构如图 7-12 所示。

滤筒是滤芯的骨架，用薄铁皮制成，其上加工出许多油孔。滤芯是用微孔滤纸制成的，为了增大过滤面积，微孔滤纸一般都折叠成扇形或波纹形。微孔滤纸经过酚醛树脂处理，具有较高的强度，其抗腐蚀能力和抗水湿性能较好，具有质量轻、体积小、结构简单、滤清效果好、过滤阻力小、成本低和保养方便等优点。

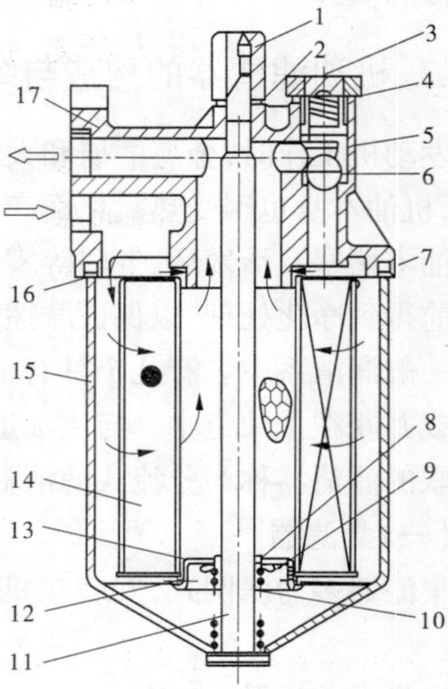

1—螺母；2、4—密封垫圈；3—阀座；5—旁通阀；6—球阀；7—外壳密封圈；8—拉杆密封圈；9—压紧弹簧垫圈；10—滤芯压紧弹簧；11—拉杆；12、16—滤芯密封圈；13—托板；14—滤芯；15—外壳；17—端盖

图 7-11 粗滤器

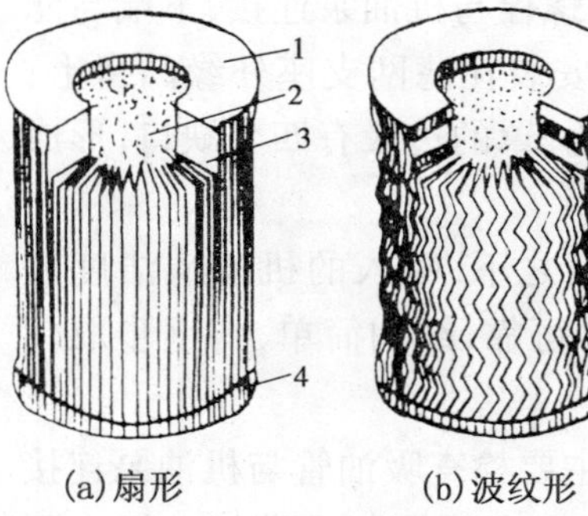

(a)扇形　　(b)波纹形

1—上端盖；2—芯筒；3—微孔滤纸；4—下端盖

图 7-12 纸质滤芯的结构

在使用中，对纸质滤芯可拆式滤清器，一般只需按规定里程进行维护，主要是更换滤芯和清洁外壳、端盖及油孔。

2. 细滤器

机油细滤器用于清除细小的杂质，这种滤清器对机油的流动阻力较大，故多做成分流式，它与主油道并联，只有少量的机油经其滤清后又回到油底壳。细滤器有过滤式和转子式两种，过滤式机油细滤器存在着滤清能力与通过能力的矛盾。因此，有些发动机采用转子式细滤器，如图 7-13 所示。

细滤器的转子轴的下半段为空心结构，其下端固定在壳体上，转子轴上端套装着滤清器盖，并用盖形螺母固定。转子体与转子体端套连成一体，转子盖通过压紧螺母固定在转子体

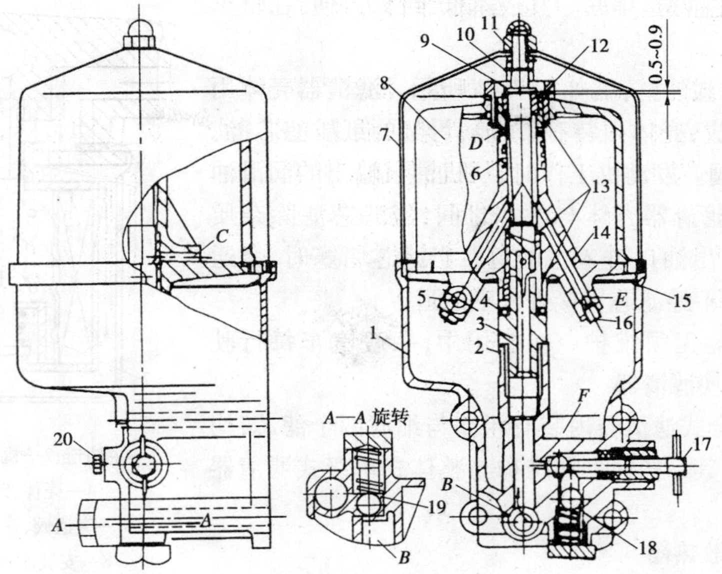

1—壳体；2—锁片；3—转子轴；4—止推轴承；5—喷嘴；6—转子体端套；7—滤清器盖；
8—转子盖；9—支撑座；10—弹簧；11—盖形螺母；12—压紧螺母；
13—衬套；14—转子体；15—挡板；16—螺塞；17—机油散热器开关；
18—机油散热器安全阀；19—限压阀；20—管接头；*B*—滤清器进油口；
C—转子体出油孔；*D*—转子体进油孔；*E*—通喷嘴油道；*F*—滤清器出油孔

图 7-13　转子式细滤器

上，转子体中心孔内压装着 3 个衬套。转子体套装在转子轴上，下端与转子轴之间装有止推轴承，可自由转动。在转子上端面与滤清器盖之间装有支撑座和弹簧，防止转子发生轴向窜动。转子体下端设有 2 个喷嘴。

发动机工作时，从机油泵输出的小部分机油经汽缸体上的油道到达滤清器进油口。当油压低于 0.1 MPa 时，限压阀关闭，机油泵输出的润滑油不经细滤器（全部经粗滤器）进入主油道。当油压高于 0.1 MPa 时，限压阀打开，润滑油进入滤清器进油孔，经外壳和转子轴的中心孔、转子体出油孔进入转子内腔，再经转子体进油孔、喷嘴油道从两侧喷嘴喷出，并在喷油反力作用下，使转子及内腔的润滑油高速旋转。在离心力的作用下，转子腔内润滑油的杂质被甩向转子盖内壁并沉淀下来，转子腔内靠近中心部分为清洁的润滑油，这部分油经喷嘴喷出后，经滤清器出油孔直接流回油底壳。

管接头与机油散热器相连，当机油温度过高时，可打开机油散热器开关，使部分机油流向散热器进行冷却。滤清器还设有机油散热器安全阀，当油压高于 0.4 MPa 时，安全阀被顶开，部分机油流回油底壳，以防止因油压过高而损坏机油散热器。

一般汽车每行使 6 000 ~ 8 000 km 就应清洗机油细滤器的转子、清除转子盖内壁的沉积物、疏通喷嘴，并更换各处的密封圈。

在清除转子盖内壁的沉积物时，为防止损伤转子盖，应使用竹片、木条或塑料板，不可用金属件；疏通喷嘴时，应使用直径在 1.8 mm 以下的铜丝，不得使用钢丝。

（三）整体式滤清器

整体式滤清器不可分解，分为单级式和复合式。单级式滤清器只有一个滤芯，旋装在滤清器支架上，与主油道串联。其成本低、维修方便，在轿车上应用广泛。

整体式单级式滤清器如图 7-14 所示。滤清器壳体用薄钢板冲压而成，壳体内装有带金属骨架的纸质滤芯，滤芯下设有旁通阀。发动机工作时，从机油泵输出的润滑油经进油道进入滤清器壳体与滤芯之间，经滤芯滤除杂质后，清洁机油由出油口进入主油道。当滤芯堵塞时，旁通阀打开，润滑油不经滤芯直接进入主油道。

此种滤清器无须维护。在使用中，一般汽车每行驶 15 000 km应更换滤清器。

整体式复合式滤清器内装有粗滤与细滤两个滤芯，均采用纸质滤芯，其结构原理和维护与整体式单级式滤清器类似。

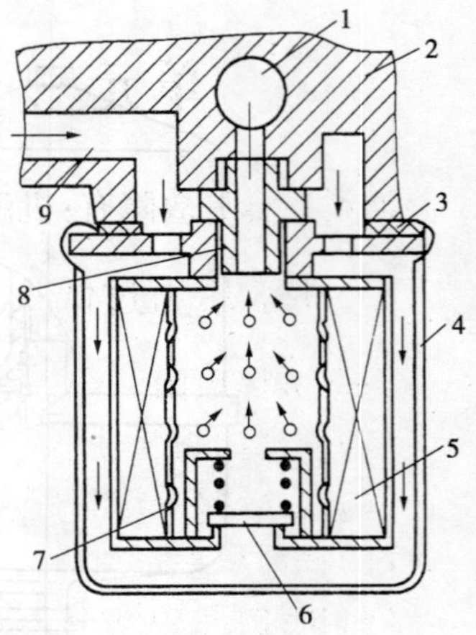

1—主油道；2—机体；3—密封圈；4—壳体；5—滤芯；6—旁通阀；7—滤芯骨架；8—安装座；9—进油道

图 7-14　整体式单级式滤清器

(四)机油散热器

发动机运转时，由于机油黏度随温度的升高而减小，降低了润滑能力，所以有些热负荷较大的发动机装用了机油散热器。其作用是降低机油温度，使润滑油保持一定的黏度。

机油散热器由散热管、限压阀、手动开关阀、进出水管等组成。当环境温度较低时，应关闭手动开关阀，使润滑油不经散热器进行循环。限压阀在油压较低时，自动关闭散热器油路。

机油散热器有空冷式和水冷式两种。

空冷式机油散热器一般安装在发动机的前面，与主油道并联。利用空气流经散热器时带走热量，使散热器内的润滑油得到冷却。空冷式机油散热器的结构如图 7-15 所示。

水冷式机油散热器的结构如图 7-16 所示。水冷式机油散热器由用铝合金铸成的壳体、前盖、后盖和芯管等组成。水冷式机油散热器一般安装在发动机一侧，串联在主油道之前，利用冷却水在油管路外的流动，来控制润滑油的温度。当润滑油温度高时，利用冷却水降温；发动机启动时，从冷却水吸收热量，使润滑油迅速提高温度。为了加强冷却，管外又套装了散热片。冷却水在管外流动，润滑油在管内流动，两者进行热量交换。有的也采用油在管外流动而水在管内流动的结构。

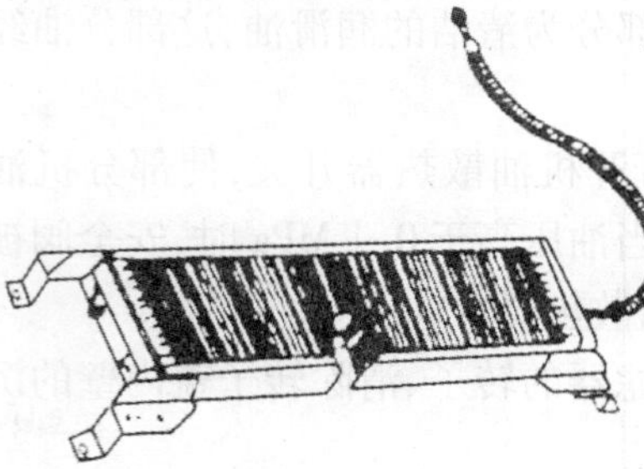

图 7-15　空冷式机油散热器的结构

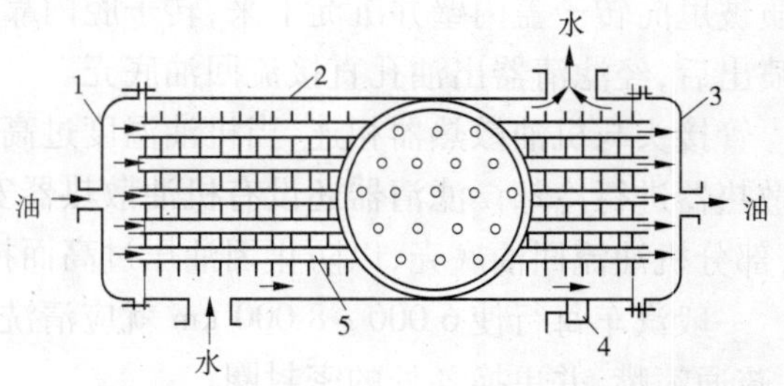

1—前盖；2—壳体；3—后盖；4—放水开关；5—芯管及散热片

图 7-16　水冷式机油散热器的结构

机油散热器的检查和维修方法与冷却系散热器基本相同。

单元三　润滑系统常见故障诊断与排除

润滑系常见故障有:机油压力过低、机油压力过高和机油消耗异常。

一、机油压力过低

(一)故障原因

(1)润滑油黏度过小。

(2)限压阀弹簧弹力不足或调整不当。

(3)润滑系管路漏油。

(4)机油细滤器破损漏油。

(5)机油泵磨损过甚或有故障。

(6)机油压力表或传感器失效。

(7)主轴承、连杆轴承、凸轮轴衬套等配合间隙过大。

(8)阻水圈损坏,冷却水漏入油底壳。

(9)汽油发动机的汽油泵膜片损坏,汽油漏入油底壳。

(二)诊断与排除

(1)抽出机油标尺检查,油面过低时应补足机油。机油过稀,说明黏度过小或机油的黏温性过差,应重新加注符合标准的机油。机油有乳化现象或有水珠,且机油液面有升高趋势,说明冷却水漏入油底壳。此时,应查明漏水部位并予以排除。

(2)将机油压力传感器上的导线拆下,接通点火开关,把导线与缸体搭铁,观察机油压力表状态。如果机油压力表指针迅速升到最大读数,表明机油压力表良好;若指针不动或上升量很小,则表明机油压力表有故障或导线断路,应更换。怀疑传感器损坏时,更换新传感器试验。

(3)拆检、清洗细滤器,更换新滤芯。维护滤清器时,要特别注意检查细滤器滤芯或转子有无破裂、漏油之处,喷嘴的喷孔是否符合要求,必要时更换喷嘴。

(4)机油压力表、传感器、滤清器均无故障,润滑系统各管路无漏油现象时,应拆检机油泵,清洗集滤器。

(5)发动机长期使用后,机油压力会逐渐降低。若因缺少机油而使轴承及其配合部位磨损严重,应考虑发动机大修。

二、机油压力过高

(一)故障原因

(1)机油黏度过大。

(2)限压阀卡死或调整不当。

(3)机油压力表或传感器有故障。

(二)诊断与排除

(1)一接通点火开关,机油压力表即有显示,说明机油压力表或传感器有故障,须更换。

(2)检查机油黏度是否符合要求,如果黏度过大,应更换黏度符合要求的机油。

(3)在机油泵试验台上检查、调整限压阀,使机油泵的泵油压力符合规定要求。

(4)清洗润滑油管、油道,维护滤清器。

三、机油消耗异常

(一)故障原因

(1)润滑油漏损。

(2)活塞与缸壁间隙过大。

(3)活塞环磨损过甚,端隙、侧隙和背隙过大,弹力不足;环卡死在槽内,扭曲环装反。

(4)气门导管磨损过甚或油封损坏。

(5)油道与水套间有裂纹,机油漏入冷却系。

(二)诊断与排除

(1)漏损的诊断与排除。仔细检查润滑系各油管及油管接头,发现有渗漏痕迹时,应予以紧固。管接头损坏时,应予以修复或更换。注意检查曲轴前、后端油封的密封情况,保证曲轴箱通风良好或有规定的负压。

(2)烧损的诊断与排除。发动机运转时,排气管冒蓝烟,曲轴箱机油加注口脉动冒烟气,说明活塞与缸壁间隙过大,使机油窜入燃烧室而烧损。此时,应拆检缸筒、活塞及活塞环,分析机油上窜的原因,并予以排除。发动机运转时冒蓝烟,曲轴箱无任何窜气现象,则为飞溅到气门室的机油沿气门导管被吸入燃烧室的结果。遇此情况,应拆下汽缸盖,更换导管,必要时连同气门一起更换,并重新对研或铰削气门座。装设有气门油封的机械设备要检查油封状况,必要时更换新油封。

(3)其他损耗的诊断与排除。在装有空气压缩机的发动机上,当拧开储气筒放污塞时,有大量机油排出,说明空压机的活塞与缸壁间隙过大或活塞环磨损过甚。此时,应检修空压机,使其技术状况恢复。

有些发动机缸体或缸盖在水套与油道之间有裂纹时,机油压力比冷却液压力高,故机油会窜入冷却液中。当打开水箱盖时发现冷却液表面有一层油污,便是此类故障现象。此时,应对发动机进行解体检验,必要时进行探伤检验,查明裂纹部位,并进行修复。

小　结

发动机的润滑是由润滑系来实现的。润滑系的基本任务就是将机油不断地供给各零件的摩擦表面,减少零件的摩擦和磨损。

本章主要介绍了润滑系的主要功能和发动机常用的润滑方式,并介绍了典型的汽车发动机润滑油路的组成。而后介绍了发动机润滑系中机油泵、机油滤清器等的结构和维护方法。最后介绍了发动机润滑系常见的几种故障现象以及排除方法。

技能训练

实训　润滑系拆装

(一)实训内容

(1)观察润滑系各零件的装配关系;

(2)观察润滑系油路和曲轴箱强制通风装置的连接方法;

(3)机油泵和滤清器的拆装。

(二)实训要求

(1)熟悉润滑系的组成及各零件的装配关系,主要零件的构造、工作原理,以及润滑系油路、曲轴箱强制通风装置的原理和连接方法;

(2)掌握机油泵和滤清器的拆装方法与步骤。

思考题

一、填空题

1. 发动机的润滑方式有:__________、__________、__________。

2. 发动机润滑系的基本组成包括__________装置、__________装置、__________装置和机油压力表等其他装置。

3. 集滤器可分为__________和__________两种。

4. 机油散热器一般可用于__________发动机。

5. 机油粗滤器一般和主油道__________。

二、判断题

1. 机油粗滤器滤清能力强,经滤清后的润滑油直接进入主油道。由于它串联在机油泵与主油道之间,所以属于全流式滤清器。 (　　)

2. 飞溅润滑是指发动机工作时,用运动零件飞溅起来的油滴和油雾润滑摩擦表面的润滑方式,主要用于润滑外露表面、承受负荷较小的工作表面。 (　　)

3. 发动机工作时,机油泵的泵油量和泵油压力与发动机转速无关。 (　　)

4. 机油集滤器的作用是滤除润滑油中较大颗粒、中等颗粒和细小颗粒的杂质。(　　)

5. 现代轿车发动机上通常只设集滤器和一个全流式机油滤清器。 (　　)

6. 机油标尺的作用是通过检查油底壳内润滑油的液面高度,来判断润滑油的存量。 (　　)

三、选择题

1. 汽车发动机上相对运动的零件的较理想的摩擦方式是(　　)。

A. 干摩擦　　B. 半干摩擦　　C. 液体摩擦　　D. 半液体摩擦

2. 压力润滑主要用于承受负荷大、相对运动速度较高的摩擦表面,因此(　　)不属于压力润滑零件。

A. 主轴颈　　B. 连杆轴颈　　C. 凸轮轴轴颈　　D. 活塞与汽缸壁

3. 润滑系中一般安装有机油压力传感器和(　　),用于监控润滑系的油压。

A. 最低油压报警开关　　B. 机油泵中的限压阀

C. 粗滤器上的旁通阀　　D. 细滤器中的限压阀

4. 整体式机油滤清器发生堵塞时(　　),润滑油不经过滤器直接进入主油道,以确保润滑系的润滑油油量。

A. 安全阀开启　B. 安全阀关闭　C. 旁通阀开启　D. 旁通阀关闭

5. 使转子式机油滤清器内转子体作同速转动的是(　　)。

A. 凸轮轴正时齿轮　B. 曲轴正时齿轮　C. 凸轮轴上的斜齿轮

D 从转子体喷嘴高速喷出的润滑油

6. 水冷式机油散热器安装时，与(　　)。

A. 冷却水道并联　B. 机油细滤器串联　C. 主油道串联　D. 机油粗滤器并联

四、简答题

1. 机油泵的作用是什么？齿轮式机油泵由哪些主要零件组成？
2. 如何检查发动机内的润滑油油量？润滑油油量过多或过少对发动机有何不利影响？
3. 润滑系的功能是什么？画出常见润滑系的组成框图并说明其油路。
4. 润滑系有哪些常见故障？如何诊断？

项目八　发动机的装配磨合与调试

【任务介绍】

在发动机的零部件中，经修复的零件和调换的新零件虽然其尺寸精度、表面粗糙度、形位误差都符合技术要求，但仍会具有一定的微观和宏观上的误差，再加上装配误差，这就使有相对摩擦运动的零件表面实际接触面积减小、单位压力增加。磨合过程其实就是利用零件表面间的摩擦进行一种特殊机加工的过程。设置本任务的目的：一方面是学习发动机磨合的作用、发动机的磨合过程和规范及发动机的磨合设备等相关知识；另一方面掌握发动机磨合和试验的操作要领。

【任务分析】

引导学生学习发动机磨合的作用、发动机的磨合过程和规范、发动机试验等相关知识，然后实施使发动机运转进行磨合与调试任务。

学习完本任务后应能够：

1. 叙述发动机的装配要求及注意事项；

2. 叙述发动机磨合作用与规范、发动机大修竣工标准等；

3. 正确独立完成发动机磨合与调试。

【相关知识】

在发动机的零部件中，经修复的零件和调换的新零件虽然其尺寸精度、表面粗糙度、形位误差都符合技术要求，但其仍会具有一定的微观和宏观上的误差，再加上装配误差，这就使有相对摩擦运动的零件的表面实际接触面积减小、单位压力增加。磨合过程其实就是利用零件表面间的摩擦进行的一种特殊机加工的过程。

单元一　发动机的磨合过程

一、磨合的作用

磨合的作用就是扩大零件配合表面的实际接触面积，使零件摩擦表面作好承受使用载荷的表面准备，通过磨合来提高零件摩擦表面的质量、耐磨性、抗疲劳强度和抗腐蚀性能。同时，通过磨合，可降低配合表面的粗糙度、增大配合间隙，可及时发现和清除在零件修理和装配中由于偏离技术条件而引起的缺陷。这样，可以提高零件摩擦表面质量，使其能承受足够大的载荷，减少初期磨损量，从而延长发动机使用寿命。

二、发动机的磨合过程和规范

发动机的磨合过程分为两个阶段：第一阶段是出厂前在台架上进行的磨合（包括冷磨合与热磨合），一般称为发动机磨合；第二阶段是发动机装车出厂后，在汽车运行过程中进行的磨合，一般称为汽车走合。

发动机的磨合质量在材料、结构、装配质量等条件已定的情况下，主要取决于磨合时的转速、载荷、磨合时间、润滑油品质。因此，由磨合转速、载荷和磨合时间组成了发动机的磨合规范。根据发动机磨合过程中转速与负荷的组合不同，一般将发动机磨合过程分为三个阶段：无负荷的冷磨合（又称冷磨合）、无负荷的热磨合、有负荷的热磨合。下面分别介绍它们的磨合规范。

（一）冷磨合规范

1. 冷磨合转速、时间

对于载货汽车发动机来说，磨合起始转速为400～500 r/min（（0.2～0.25）n_e，n_e 为发动机额定转速），终止转速为1 200～1 400 r/min（（0.4～0.55）n_e）。起始转速过低，尤其是发动机自润滑磨合、曲轴溅油能力不足、机油泵输油压力过低，不能满足配合副对润滑、冷却、清洁能力的需求，会引起配合副的破坏性耗损。由于高摩擦阻力和高摩擦热的限制，起始转速亦不能过高。

发动机磨合的关键是汽缸、活塞环、活塞和曲轴与轴承等配合副的磨合，配合面上的载荷主要是由连杆活塞组的质量和离心力形成的。发动机转速在1 200～1 400 r/min 范围内单位面积上的载荷最大，超过或低于此转速范围反而载荷减小，影响磨合效率。

冷磨合转速一般采取四级调速：在每级转速下磨合 15 min，共 60 min，如表 8-1 所示。

表 8-1　发动机磨合规范

发动机额定转速 n_e（r/min）	磨合转速（r/min）	时间（min）	总时间（h）
≤3 200	400、600～800、800～1 000、1 000～1 200	15	1
>3 200	500、900、1 200、1 400	15	1

2. 冷磨合载荷

实践证明，装好汽缸盖和火花塞，借助汽缸的压缩力来增加冷磨合载荷，可以提高磨合效率，取得较好的效果。

3. 冷磨合的润滑

现行的润滑方式有自润滑、油浴式润滑和机外润滑，其中机外润滑方式效果最好。所谓机外润滑，是指由专门的泵送系统，将专门配制的黏度较低、硫化极性添加剂含量高的专用发动机润滑油，以较大的流量送入发动机进行润滑的一种方式。机外润滑不但使摩擦表面松软，加速磨合过程，而且润滑、散热以及清洁能力很强，提高了磨合过程的可靠性。

（二）热磨合规范

1. 无负荷热磨合

无负荷热磨合是为有载热磨合做准备的，其磨合原理与冷磨合类似，因此无负荷热磨合转速取（0.4～0.55）n_e。

2. 有负荷热磨合

磨合起始转速为（0.4～0.5）n_e，终了转速一般取 0.8 n_e，四级调速。起始加载取 0.2P_e（P_e 为发动机标定功率），磨合终了前载荷取 0.8P_e，采取四级加载方式，与四级调速相组合。磨合时间的确定，多以每级磨合中的转速变化或润滑油的温度来判断。当每级负载不变时,随着磨合时间的延续、零件工作表面质量的改善、摩擦损失的减小,发动机转速会有明显的升高,就表明这一级磨合已达到磨合要求,可以转入高一级转速、负荷的磨合。也可以用润滑油的温度变化评价每级磨合的时间,在发动机冷却液温度保持恒定的条件下,摩擦阻力进入稳定阶段后,润滑油温度也从升温转入温度稳定状态,此时就可以转入高一级磨合。

上述磨合规范的总磨合时间为 120 ~ 150 min。在热磨合的过程中,必须进行发动机的检查调整和发动机性能试验,排除故障,使发动机符合大修竣工技术条件。热磨合后,应清洗润滑系,更换润滑油和滤清器滤芯,加装限速装置。

单元二　发动机的磨合设备

发动机磨合的主要设备是冷磨时发动机的固定设备、拖动设备和有负荷热磨合时给发动机加载的加载设备。

磨合的拖动装置和加载装置是发动机磨合最主要、最基本的设备。使用较普遍的是具有冷磨合、热试(无负荷热磨合)和有负荷热磨合三种功能的联合装置,如图 8-1 所示。

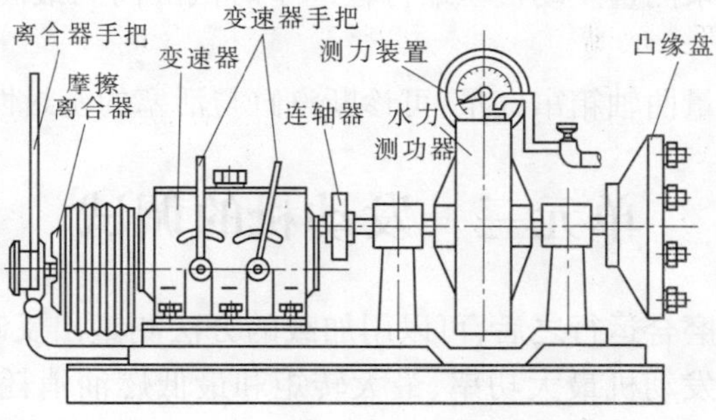

图 8-1　发动机磨合、试验、测功联合装置

一、基本结构

联合装置由电动机、传动带及带轮、摩擦离合器、变速箱、单向离合器和发动机测功装置等组成。

二、联合装置的工作过程

(一)冷磨时,联合装置的工作过程

冷磨时,发动机与发动机测功机另一端凸缘盘连接,要保证发动机输出轴中心线与测功机旋转轴线在一条直线上。此时,测功机不工作,只起传递动力的作用,用变速手柄改变变速箱输出转速至冷磨起始转速。启动电动机,操纵离合器手柄使摩擦离合器慢慢平稳接合。电动机动力传递路线为离合器—变速器—单向离合器—测功机—发动机,发动机即以磨合起始转速拖动,开始冷磨作业。在以后的磨合过程中,按磨合规范要求,不断通过操纵摩擦离合器和变速器来改变磨合转速,直至冷磨结束。

(二)热试时,联合装置的工作过程

热试时,发动机与联合装置的连接方式同冷磨时的。由于热试是无负荷热磨合,所以测

功机仍不工作。磨合时,启动发动机,慢慢加速至起始转速后稳定油门,使发动机保持起始转速运转到磨合规范所规定的磨合时间。在磨合过程中,动力传至单向离合器即中断。

(三)有负荷热磨合时,联合装置的工作过程

有负荷热磨合与热试的不同之处是测功机参加工作,负责向发动机定量加载。磨合时,启动发动机慢慢加速,同时测功机工作,对发动机施加制动力,以实现对发动机加载。当加载至初始负荷,同时发动机也达到了初始转速时,发动机保持这一工况稳定运转一段时间,以后按磨合规范,通过测功机对发动机施加不同的制动力来对发动机实现不同的加载,同时改变油门使发动机在不同的对应转速下工作,直至发动机在终止负荷和终止转速的工况下磨合一段时间,有负荷的热磨合过程结束。

在整个磨合过程中,还有用来检测、调整发动机工况的一些附加设备,如发动机转速表、点火正时灯和汽缸压缩压力表等。

发动机转速表主要用于磨合时标定各磨合阶段的额定转速。转速表种类较多,有机械离心式转速表、磁性转速表和晶体管数字式转速计等。

点火正时灯是用来测量发动机点火时刻、正确调整点火时刻的。

汽缸压缩压力表用来测量发动机压缩行程终了时汽缸内的最高压力,可以表明汽缸的密封性。

气体流量计用来测量曲轴箱窜气量,可诊断汽缸与活塞的密封性。

单元三　发动机的调试

大修的发动机经过磨合运行之后,可以用加载的方法测量出反映发动机动力性和经济性的几项技术指标——发动机最大功率、最大转矩和最低燃油消耗率,以及它们的对应转速,用以鉴定发动机大修后的性能是否达到标准。

一、准备工作

将发动机固定在试验台上,并确保固定牢靠;按使用说明书加注冷却液和润滑油;按规定调整火花塞电极间隙和分电器断电器触点间隙;接入试验台机油散热系统;接入测量燃油消耗量的量油装置;选用规定燃料;预热发动机至水温达 80 ℃。

二、发动机试验的操作方法

启动发动机,逐渐打开节气门直至全开,同时调整测功机的负荷,使发动机在最低稳定转速下运转。这时,测功机磅秤上指示的数值达到最大值,此时试验台上所指示的转速,即为发动机最大转矩时对应的转速。发动机最大转矩可用下式计算:

$$M_e = 7.026P \tag{8-1}$$

式中　M_e——发动机的最大转矩;

P——测功机磅秤指示数值。

逐渐减小发动机负荷,使转速逐渐升高。当转速达到说明书规定的额定转速时,记下测功机磅秤所指示的数值 P_e。发动机的有效功率可用下式计算:

$$P_e = 0.736 \times 10^{-3} Pn \tag{8-2}$$

式中　P_e——发动机的有效功率,kW;

P——测功机磅秤指示数值;

n——发动机最大功率对应的转速,r/min。

在发动机(节气门全开)最低稳定转速和最大功率转速之间,选取包括最大转矩转速和最大功率转速在内的6~8个被测转速点,并测出上述转速点的耗油率,从而确定出最低耗油点的对应转速。

小　结

在发动机的零部件中,经修复的零件和调换的新零件虽然其尺寸精度、表面粗糙度、形位误差都符合技术要求,但其仍会具有一定的微观和宏观上的误差,再加上装配误差,这就使有相对摩擦运动的零件表面实际接触面积减小、单位压力增加。磨合就是扩大零件配合表面的实际接触面积,使零件摩擦表面做好承受使用载荷的准备,通过磨合来提高零件摩擦表面的质量、耐磨性、抗疲劳强度和抗腐蚀性能。同时,通过磨合,降低配合表面的粗糙度、增大配合间隙,可及时发现和清除在零件修理和装配中由于偏离技术条件而引起的缺陷,这样可以提高零件摩擦表面质量,使其能承受足够大的载荷,减少初期磨损量,延长发动机使用寿命。

思考题

1. 发动机装配的基本要求和注意事项有哪些?
2. 为什么要对大修发动机进行磨合?
3. 发动机磨合的类型有哪些?
4. 发动机冷磨的规范是什么?
5. 汽缸压缩压力表的工作原理是什么?

参考文献

[1] 汤定国.汽车发动机构造与维修[M].北京:人民交通出版社,2005.
[2] 杨承明.汽车发动机构造与维修[M].杭州:浙江科学技术出版社,2006.
[3] 史雷鸣.汽车发动机构造与维修[M].北京:国防科技大学出版社,2008.
[4] 梁朝彦.汽车构造与维修(发动机部分)[M].北京:北京航空航天大学出版社,2008.
[5] 吕秋霞.汽车发动机构造与维修[M].北京:人民交通出版社,2005.
[6] 陈文华.汽车发动机构造与维修[M].北京:人民交通出版社,2001.
[7] 陈家瑞.汽车构造[M].北京:人民交通出版社,2002.
[8] 关文达.汽车构造[M].北京:机械工业出版社,2002.
[9] 鲁民巧.汽车构造[M].北京:机械工业出版社,2003.
[10] 廖祥兵,满维龙,等.汽车维修工艺[M].北京:金盾出版社,2006.
[11] 闫岩,臧杰,等.汽车构造实训指导[M].北京:机械工业出版社,2005.
[12] 史雷鸣.汽车发动机机械系统检修[M].哈尔滨:哈尔滨工程大学出版社,2011.
[13] 伊文德.汽车发动机总成拆装[M].上海:上海科学技术出版社,2007.
[14] 唐晓丹.汽车冷却系与润滑系维修[M].上海:上海科学技术出版社,2007.
[15] 武华.汽车发动机构造与拆装工作页[M].北京:人民交通出版社,2007.
[16] 郭清华.汽车发动机检测与维修实训[M].北京:机械工业出版社,2008.
[17] 张建俊.汽车检测设备应用技术[M].北京: 机械工业出版社, 2002 .
[18] 解福泉.电控发动机维修[M].北京:高等教育出版社,2007.
[19] 冯渊.汽车电子控制技术[M].北京:机械工业出版社,2005.
[20] 张秀然.电子技术[M].北京:机械工业出版社,1998.
[21] 张吉国.汽车修理工[M].北京:机械工业出版社,2005.
[22] 王秀红.汽车发动机电控技术[M].大连:大连理工大学出版社,2007.
[23] 舒华.汽车电子控制技术[M].北京:人民交通出版社,2008.
[24] 邹长庚.现代汽车电子控制系统构造原理与故障诊断[M].北京:北京理工大学出版社,2004.
[25] 凌永成.汽车电子控制技术[M].北京:中国林业出版社,2006.
[26] 魏彦召.汽车发动机电控系统检修[M].哈尔滨:哈尔滨工程大学出版社,2011.
[27] 陈培陵.汽车发动机原理[M].北京:人民交通出版社,2004.
[28] 刘振楼.汽车维修技术机修方向[M].北京:人民交通出版社,2005.
[29] 王志成.汽车装配与调试[M].大连:大连理工大学出版社,2006.
[30] 薛华,郭文洋.汽车发动机构造与维修[M].大连:大连理工大学出版社,2007.